Fortran-Kurs technisch orientiert

Einführung in die Programmierung
mit Fortran 77

von
Prof. Dipl.-Ing. Günter Schmitt

8. Auflage

R. Oldenbourg Verlag München Wien 1992

Die Deutsche Bibliothek — CIP-Einheitsaufnahme

Schmitt, Günter:
Fortran-Kurs technisch orientiert : Einführung in die
Programmierung mit Fortran 77 / von Günter Schmitt. — 8.
Aufl. — München ; Wien : Oldenbourg, 1992
  ISBN 3-486-22210-4

Unveränderter Nachdruck der 7. Auflage

Gesamtherstellung: Hofmann Druck, Augsburg

ISBN 3-486-22210-4

Inhaltsverzeichnis

Vorwort zur 8. Auflage

Die vorliegende Auflage orientiert sich weiterhin an dem Standard Fortran 77, dessen Sprachumfang in einführenden Lehrveranstaltungen nicht immer voll ausgeschöpft werden kann. Die neueren Versionen der Fortran Compiler haben inzwischen fast alle den Datentyp "COMPLEX" implementiert, so daß die Beispiele und Übungen des Abschnitts 8.3 direkt getestet werden können. Mit Hilfe der dort abgebildeten Unterprogramme lassen sich der Zahlenbereich und die Genauigkeit der komplexen Rechnung erweitern. Ich hoffe, daß damit die Diskussion um die komplexe Rechnung, die man in anderen Programmiersprachen schmerzlich vermißt, abgeschlossen ist.

Groß-Umstadt, im März 1992   Günter Schmitt

Vorwort zur 6. Auflage

Aufgrund von Leserzuschriften möchte ich besonders darauf hinweisen, daß in der von mir verwendeten Version 2.0 des FORTRAN-Compilers die Variablen vom Typ COMPLEX (Abschnitt 8.3) nicht verfugbar sind. Es wird jedoch gezeigt, wie die komplexen Funktionen mit Hilfe von Unterprogrammen realisiert werden können. Allen Lesern, die mich darauf aufmerksam gemacht haben, sei an dieser Stelle herzlich gedankt.

Groß-Umstadt, im Dezember 1988   Günter Schmitt

Vorwort zur 4. Auflage

Die vorliegende 4. Auflage wurde der Entwicklung der Programmiersprache FORTRAN und der Softwaretechnik angepaßt, ohne auf die bewährte Struktur und Darstellungsweise des Werkes zu verzichten. Die Lochkarte wurde dem Museum für Datenverarbeitung übergeben und durch das Bildschirmgerät ersetzt, mit dem heute sowohl der Ingenieur am Arbeitsplatzrechner (Personal Computer) als auch der Programmierer von Großrechnern seine Programme eingibt und testet.

Der Abschnitt "Einführung" vergleicht die datenverarbeitenden Geräte Mensch, Taschenrechner, Mikrocomputer und Großrechner und erklärt die Bedeutung des Betriebssystems.

Das Ziel des Abschnitts "Grundlagen" ist es, den Leser möglichst schnell in die Lage zu versetzen, einfache FORTRAN-Programme erfolgreich entwerfen und testen zu können. Nichts ist beim Erlernen einer Programmiersprache wichtiger als die ersten Erfolgserlebnisse, selbst auf die Gefahr hin, daß die ersten Lösungen noch nicht ausgereift sind.

Die folgenden Abschnitte bringen eine systematische Einführung in die verschiedenen Programmiertechniken von Programmverzweigungen, Schleifen, Feldern und Unterprogrammen. Die Beispiele und Übungsaufgaben sind möglichst einfach und leicht durchschaubar gehalten und können alle im Dialog getestet werden.

Während die ersten Abschnitte nur mit ganzen und reellen Zahlen arbeiten, folgen nun Abschnitte über weitere Möglichkeiten der Ein/Ausgabe, über die Arbeit mit externen Speichern und über weitere Datentypen.

Die Aufgabensammlung zeigt Beispiele und Aufgaben aus verschiedenen Gebieten wie z.B. Mathematik, Elektrotechnik und Datenverarbeitung; für alle Aufgaben enthält der Abschnitt 11 Lösungsvorschläge.

Die vorliegende Neubearbeitung orientiert sich am Standard "FORTRAN 77", ohne jedoch auf alle Sprachelemente dieses Standards oder herstellerspezifische Spracherweiterungen einzugehen. Alle Beispiele und Lösungen wurden an einem Arbeitsplatzrechner (IBM AT) getestet. Frau Deinaß vom Verlag R. Oldenbourg danke ich für die seit langem bewährte gute Zusammenarbeit.

Groß-Umstadt, im Juli 1985   Günter Schmitt

1 Einführung

Aller Anfang ist schwer - auch der Einstieg in die Datenverarbeitung. Diese Einführung erklärt Ihnen den Aufbau eines Rechners und einige Grundbegriffe der Datenverarbeitung. Dies geschieht mit Hilfe eines einführenden Beispiels, das wir mit verschiedenen Geräten der Datenverarbeitung, dem rechnerlosen Menschen, dem Taschenrechner, dem programmierbaren Taschenrechner, dem Großrechner und dem neusten Kind der Datenverarbeitung, dem Arbeitsplatzrechner oder Personal Computer, lösen werden.

1.1 Was ist elektronische Datenverarbeitung?

Der folgende Abschnitt beantwortet diese Frage anhand eines einfachen Beispiels, das sicher allen Lesern vertraut ist. Bei der Auswertung von Meßergebnissen haben Sie die Aufgabe, aus fünf Meßwerten den Mittelwert zu bilden. **Bild 1-1** zeigt die Liste mit den fünf Zahlen für jede Meßreihe. In die letzte Spalte tragen Sie als Ergebnis das arithmetische Mittel ein.

Messung	Nr.1	Nr.2	Nr.3	Nr.4	Nr.5	Mittel
10.00	14,3	14,4	12,3	13,0	14,4	
10.30	17,4	15,5	13,9	14,7	16,1	
11.00	19,5	14,9	16,0	17,5	18,3	
11.30						

Bild 1-1: Die Daten des einführenden Beispiels

Sehen wir Ihnen bei der Arbeit zu:

Als **rechnerloser Mensch** nehmen Sie Papier und Bleistift zur Hand, addieren schriftlich die fünf Meßwerte einer Zeile, dividieren die Summe schriftlich durch die Konstante 5 und schreiben das Ergebnis in die letzte Spalte der Tabelle. Dann fahren Sie mit der nächsten Zeile fort, bis keine Zahlen mehr da sind.

In der Fachsprache der Datenverarbeitung ausgedrückt haben Sie die veränderlichen (variablen) Zahlen oder **Eingabedaten** mit dem Eingabegerät Auge vom Datenträger Liste gelesen und auf den Arbeitsspeicher Schmierpapier übertragen. Dort haben Sie gerechnet. Dabei wurde die Zwischensumme durch die konstante Zahl 5 dividiert. Dann haben Sie das Ergebnis, die **Ausgabedaten**, mit dem Ausgabegerät Kugelschreiber auf dem Datenträger Liste ausgegeben.

Daten sind Mitteilungen über bestimmte Dinge; sie bestehen aus Zahlen oder aus Zeichen wie z.B. Texten.

Variablen sind veränderliche Daten, deren Zahlenwert erst während der Datenverarbeitung bekannt wird.

Konstanten sind Daten, deren Zahlenwert bereits vor Beginn der Arbeit feststeht und die sich im Laufe der Verarbeitung auch nicht verändern.

Daten verarbeiten heißt Daten übertragen, speichern, berechnen und auswerten.

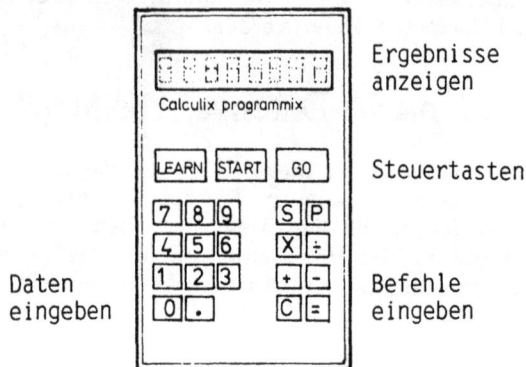

Bild 1-2: Taschenrechner (programmierbar)

Als moderner Mensch rechnen Sie nicht mehr mit Papier und Bleistift, sondern benutzen einen **Taschenrechner (Bild 1-2)** . Für jede Meßreihe müssen Sie nun die Daten (Zahlenwerte) und Funktionstasten für die Rechenoperationen eingeben. Die Rechentasten (+ , - , x und /) sind Anweisungen an den Taschenrechner, Zahlen (Daten) miteinander zu verknüpfen. Bei umfangreichen Formeln wie z.B. bei der Berechnung von Filterkurven wird es nun sehr lästig, bei jeder Rechnung neben den Zahlen auch noch die Rechenoperationen eingeben zu müssen. Sie werden daher zu einem **programmierbaren Taschenrechner** greifen. Dieser kennt z.B. die beiden Betriebsarten "LEARN" zur Eingabe der Rechenschritte und "START" zur Eingabe der Daten, die mit den gespeicherten Rechenschritten berechnet werden. In unserem einfachen Beispiel bestehen die Rechenschritte (Befehle) aus Additionsbefehlen, der Konstanten 5 und dem Divisionsbefehl. Sie bilden eine Arbeitsanweisung (Programm), das im Taschenrechner gespeichert wird und das sich beliebig oft auf die eingegebenen Daten anwenden läßt.

Ein **Befehl** ist eine Anweisung an den Rechner, etwas Bestimmtes zu tun z.B. zwei Zahlen zu addieren.

Mehrere Befehle bilden zusammen mit konstanten Daten ein **Programm** z.B. zur Berechnung des Mittelwertes aus fünf Zahlen.

Liegt das Programm im **Programmspeicher** des Rechners, so kann es beliebig oft auf verschiedene Daten angewendet werden.

Sicherlich werden Sie im Laufe der Zeit mehrere Programme für Ihren programmierbaren Taschenrechner schreiben und sich eine Programmbibliothek in einem Aktenordner anlegen. Vor jedem Programmlauf müssen Sie das Programm der Bibliothek entnehmen, laden und starten. Meßreihen lassen sich nach verschiedenen Gesichtspunkten auswerten wie z.B. Mittelwert bilden, Standardabweichung berechnen oder die Funktion grafisch darstellen. Sie werden also auch Ihre Meßreihen in einem Aktenordner aufbewahren und, natürlich mit Hilfe von Programmen, nach verschiedenen Gesichtspunkten auswerten. In der Datenverarbeitung legt man Programme und Daten auf magnetischen Speichern ab. Dazu gehören Magnetkarten (bei Taschenrechnern), Floppy Disks oder Disketten bei Personal Computern und Plattenlaufwerke und Magnetbandstationen bei Großrechnern. Ergebnisse können ebenfalls auf einem Magnetspeicher ausgegeben werden.

Eine **Datei** ist eine Sammlung von Programmen oder Daten auf einem – meist magnetischen – Speicher.

Wenn Sie als Physiker in einem Kernforschungsinstitut Meßreihen auswerten müssen, so werden Sie es vermutlich mit einem Taschenrechner nicht weit bringen, wenn bei einem Experiment die Daten schneller anfallen als Sie sie verarbeiten können. Zunächst werden Sie versuchen, die Meßwerte nicht mehr einzeln von einem Meßgerät abzulesen und aufzuschreiben, sondern automatisch zu erfassen und auf einem Magnetband zu speichern. Für die Auswertung steht Ihnen ein Großrechner mit mehr als 1 Million Rechenoperationen pro Sekunde zur Verfügung, den Sie natürlich auch verwenden, wenn Sie für eine theoretische Überprüfung Ihrer Meßergebnisse z.B. Formeln auswerten. Die Programme werden Sie sowohl bei der Auswertung von Meßreihen als auch bei der Berechnung von Formeln selbst schreiben müssen, weil nur Sie das Rechenverfahren auswählen und die Ergebnisse kritisch beurteilen können. Mit den technischen Einzelheiten des Großrechners können und wollen Sie sich nicht beschäftigen, Sie interessieren sich nur für Ihre Forschungen. Sie wollen also nicht mehr wie bei der Programmierung eines Taschenrechners die einzelnen Rechenschritte, sondern nur die auszuwertende Formel eingeben. Dazu benötigen Sie ein Programm, das die Formel aus der wissenschaftlichen Schreibweise in die Befehle der Rechenanlage übersetzt. Ein derartiges Übersetzungsprogramm nennt man einen Compiler.

Die Programmierung von technisch-wissenschaftlichen Anwendungen geschieht in der Regel in einer aufgabenorientierten Programmiersprache, deren Befehle durch einen **Compiler** in die Befehle der Rechenanlage übersetzt werden.

Wie ist nun ein **Großrechner** aufgebaut? **Bild 1-3** zeigt die Funktionseinheiten Eingabe, Zentraleinheit und Ausgabe.

Die wichtigsten **Eingabegeräte** sind eine Tastatur für die Bedienung und die Eingabe von Programmen bei der Programmentwicklung sowie Magnetband- und Plattengeräte für die Eingabe von Daten und Programmen aus Dateien. Dazu gehört auch der Compiler für die Übersetzung von Programmen aus einer höheren Programmiersprache in die Maschinensprache. In der Ecke steht vielleicht

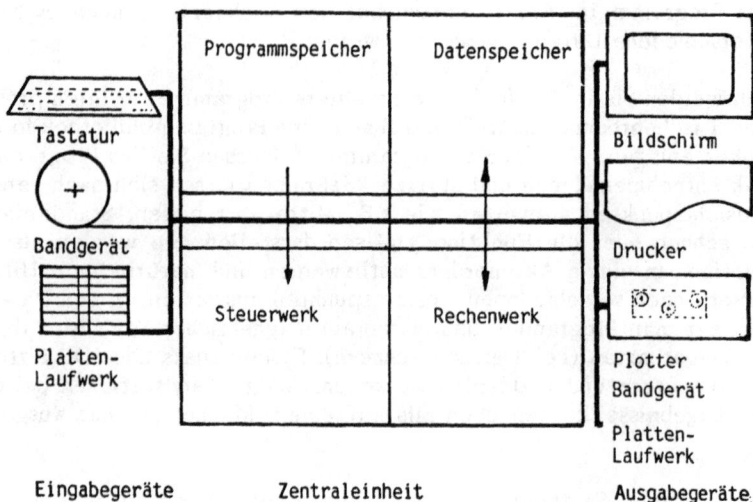

```
        ┌──────────────────┬──────────────────┐   ┌────────────┐
        │  Programmspeicher │  Datenspeicher   │   │            │
Tastatur│                  │                  │   │            │
        │                  │                  │   │ Bildschirm │
   ⊕    │                  │                  │   ┌────────────┐
        │                  │                  │   │            │
Bandgerät                                         │  Drucker   │
        │                  │                  │   ┌────────────┐
        │                  │                  │   │  ⌢ ⊙ ⌢    │
        │   Steuerwerk     │   Rechenwerk     │   └────────────┘
Platten-│                  │                  │   Plotter
Laufwerk│                  │                  │   Bandgerät
        └──────────────────┴──────────────────┘
                                                   Platten-
                                                   Laufwerk
Eingabegeräte          Zentraleinheit              Ausgabegeräte
```

Bild 1-3: Aufbau eines Großrechners

noch ein Kartenleser, um auch noch ältere Programme aus der Lochkartenzeit laden zu können.

Die **Zentraleinheit** besteht aus einem Programmspeicher für das auszuführende Programm und einem Steuerwerk, das sich die Maschinenbefehle einzeln holt, decodiert und ausführt. Die Rechenwerk verarbeitet die Daten. Zwischenergebnisse werden kurzzeitig im Datenspeicher aufbewahrt.

Die wichtigsten **Ausgabegeräte** sind ein Bildschirmgerät für die Bedienung und die Programmentwicklung, Drucker und Plotter für Listen und Zeichnungen sowie magnetische Speicher für die Aufbewahrung von Ergebnissen, die weiterverarbeitet werden sollen.

Vielleicht steht an Ihrem Arbeitsplatz aber auch ein Personal Computer, Ihr persönlicher Rechner, der nur etwa 10 000 bis 100 000 Rechenoperationen in der Sekunde ausführen kann. **Bild 1-4** zeigt den Aufbau eines **Arbeitsplatzrechners** . Der Mikroprozessor enthält das Steuerwerk und das Rechenwerk. Bei den Speicherbausteinen unterscheidet man Festwertspeicher (EPROM) für Betriebsprogramme und Schreib/Lesespeicher (RAM) für Anwenderprogramme und Daten sowie für das Betriebssystem. Über Peripheriebausteine sind ein Bildschirmgerät für die Bedienung, der Drucker für die Datenausgabe und magnetische Speicher (Diskettenlaufwerke) angeschlossen. Auch mit diesem Rechner können Sie in aufgabenorientierten Sprachen wie z.B. FORTRAN programmieren. Nur arbeitet der Arbeitsplatzrechner bei der Übersetzung und Ausführung des Programms langsamer als der Großrechner.

Das folgende einführende Beispiel sowie alle Programme dieses Buches können sowohl auf einem Großrechner (z.B. UNIVAC 1100) als auch auf einem Arbeitsplatzrechner (z.B. IBM PC) übersetzt und ausgeführt werden.

```
┌─────────────────────────────────────────────┐    ┌──────────────┐
│ Festwert-    │ Schreib/Lese-│ Ein/Ausgabe    │    │ Disketten-   │
│ Speicher     │ Speicher     │ Bausteine      │    │ Laufwerke    │
│              ├──────────────┤                │    │              │
│              │ Programm Daten│               │    │ Drucker      │
│              │              │                │    │              │
│                                              │    └──────────────┘
│  ┌──────────────────────────────────┐        │
│  │ Steuerwerk    │    Rechenwerk     │        │
│  │               │                   │        │
│  │       Mikroprozessor              │        │
│  └──────────────────────────────────┘        │
└─────────────────────────────────────────────┘

                                    K o n s o l e
                              Tastatur  und  Bildschirm
```

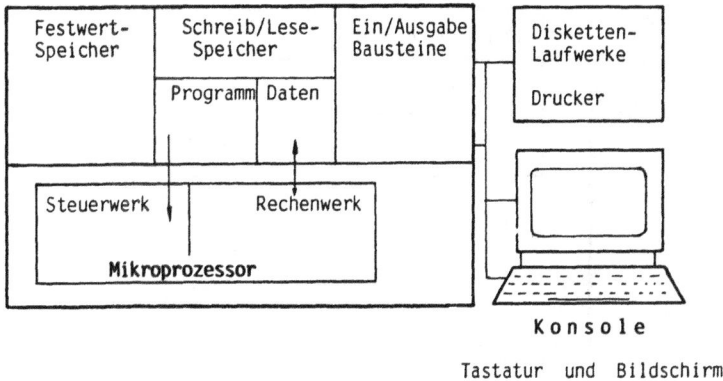

Bild 1-4: Aufbau eines Arbeitsplatzrechners (Personal Computer)

1.2 Wie entsteht ein FORTRAN-Programm?

> **Aufgabe:**
> Man entwickle ein FORTRAN-Programm, das aus fünf einzulesenden Zahlen
> den Mittelwert berechnet und ausgibt. Es sollen beliebig viele Meßrei-
> hen zu je fünf Meßwerten verarbeitet werden. Für den Mittelwert Null
> werde das Programm beendet.

Bild 1-5: Aufgabenstellung des einführenden Beispiels

Die Aufgabenstellung **Bild 1-5** verlangt die Berechnung und Ausgabe des Mittelwertes aus fünf einzulesenden Meßwerten einer Meßreihe. Damit das Programm
nicht für jede Meßreihe neu geladen und gestartet werden muß, soll es solange
Werte lesen und verarbeiten, bis es durch eine Endebedingung abgebrochen wird.
Sind keine Eingabedaten mehr vorhanden, so werden fünf Nullen eingegeben,
die den Mittelwert Null ergeben und damit das Programm abbrechen. Dabei
muß sichergestellt sein, daß der Mittelwert Null nicht als Ergebnis einer zulässigen Dateneingabe erscheint. Wir werden später bessere Möglichkeiten ken-
nenlernen, ein Programm anzuhalten. Die Lösung der Aufgabe wird nun in einem
Struktogramm entsprechend **Bild 1-6** grafisch dargestellt.

Das Struktogramm zeigt eine Lösung als Dialogprogramm. Auf dem Bildschirm
erscheint zunächst eine Meldung für den Benutzer, daß das Programm auf die
Eingabe von Daten über die Tastatur wartet. Die Ergebnisse erscheinen auf dem
Bildschirm und können gleichzeitig auch auf dem Drucker ausgegeben werden.
Der Anhang enthält eine Zusammenstellung der Sinnbilder für Struktogramme.

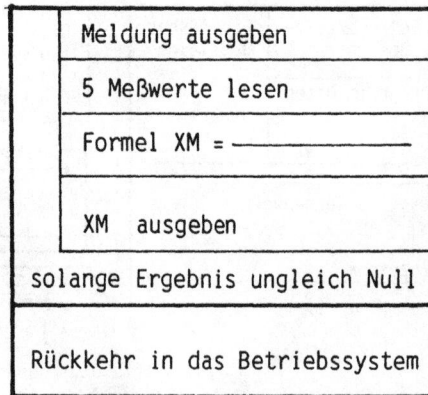

Bild 1-6: Struktogramm des einführenden Beispiels

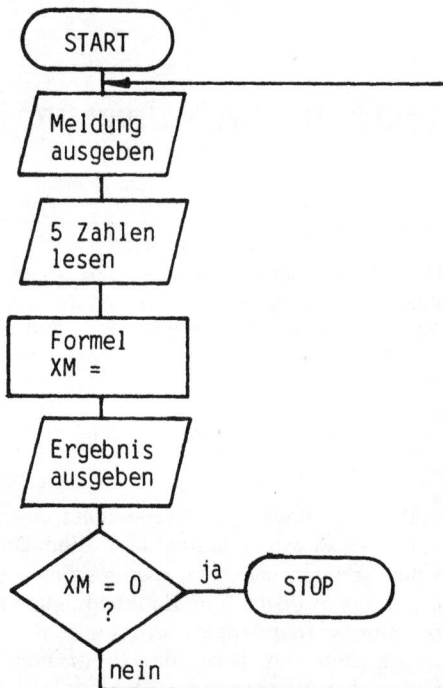

Bild 1-7: Programmablaufplan des einführenden Beispiels

Der Programmablaufplan **Bild 1-7** zeigt im Gegensatz zum Struktogramm bereits die einzelnen Befehle. Der Anhang enthält eine Zusammenstellung der Sinnbilder für Programmablaufpläne. Nun folgt die Programmierung auf einem Entwurfsformular, das bereits die Eingabevorschriften der Programmiersprache FORTRAN berücksichtigt. Wir wollen das Programm **Bild 1-8** kurz erklären.

C ← Bei Bemerkung	Folge	Anweisungen bzw.
1 Nr 5	6	7 10 15 20 25 30 35 4
C EINF		UEHRENDES BEISPIEL
10		WRITE(*,*) '5 WERTE EINGEBEN'
		READ(*,*) X1, X2, X3, X4, X5
		XM =(X1 + X2 + X3 + X4 + X5)/ 5.
		WRITE(*,*) 'MITTEL =' XM
		IF(XM .EQ. 0.) STOP
		GOTO 10
		END

Bild 1-8: FORTRAN-Programm des einführenden Beispiels

Die 1. Zeile beginnt mit einem C in Spalte 1 und ist eine Kommentarzeile, die das Programm beschreibt und keine Anweisung an den Rechner darstellt.

Die 2. Zeile enthält eine Marke 10 und eine WRITE-Anweisung, die die Meldung "5 WERTE EINGEBEN" auf dem Bildschirm erscheinen läßt.

Die 3. Zeile besteht aus einer Leseanweisung READ, mit der 5 Dezimalzahlen gelesen, in Dualzahlen umgewandelt und abgespeichert werden.

Die 4. Zeile besteht aus der Formel zur Berechnung des arithmetischen Mittelwertes aus 5 Meßwerten. Das Ergebnis wird in der Speicherstelle XM abgelegt.

Die 5. Zeile enthält eine Ausgabeanweisung, mit der das Ergebnis zusammen mit dem Text "MITTEL =" auf dem Bildschirm erscheint.

Die 6. Zeile enthält die Abbruchbedingung. Wenn sich ein Mittelwert Null ergibt, so stoppt das Programm.

Ist der Mittelwert ungleich Null und damit die Abbruchbedingung nicht erfüllt, so setzt der Sprungbefehl GOTO der 7. Zeile das Programm an der Sprungmarke 10 mit der Ausgabe einer neuen Meldung fort.

Die 8. Zeile mit der END-Anweisung zeigt dem Übersetzer, dem FORTRAN-Compiler, das Ende der Programmzeilen an.

Das Programm muß nun in den Rechner eingegeben, übersetzt, geladen und gestartet werden. Dies geschieht mit Hilfe des Betriebssystems.

1.3 Wie arbeitet das Betriebssystem?

Bei einem (programmierbaren) Taschenrechner muß der Benutzer alle Arbeiten, die für die Bedienung des Gerätes erforderlich sind, selbst ausführen. Dazu muß er das Programm in der Programmbibliothek suchen, in den Rechner eingeben und dann starten. Die Ergebnisse sind von der Anzeige abzulesen und auf die Liste zu übertragen. Bei einem Arbeitsplatzrechner oder gar Großrechner würden diese einzelnen Handgriffe zu unerträglich langen Verarbeitungszeiten führen. Daher läßt man in den Rechnern Programme ablaufen, die die Arbeit der **Anlage** steuern und überwachen. Sie bilden das Betriebssystem. Die Programme des Betriebssystems liegen entweder fest im Arbeitsspeicher oder werden bei Bedarf von den magnetischen Speichern geladen. Der Benutzer ruft sie mit Kommandos auf. Bei einem Arbeitsplatzrechner könnten diese Befehle wie folgt aussehen:

```
EDLIN  TEST.FOR
```

Der Editor EDLIN ist ein Systemprogramm, mit dessen Hilfe das FORTRAN-Programm in den Rechner eingegeben und in einer Datei gespeichert wird. Mit seiner Hilfe lassen sich Programmzeilen eingeben, ändern, löschen und einfügen. Das FORTRAN-Programm erhält in dem vorliegenden Beispiel den frei gewählten Namen TEST mit dem Zusatz FOR als Abkürzung für FORTRAN.

```
FOR1  TEST,,,;
```

Der 1. Durchlauf des Compilers FOR1 prüft die Programmzeilen und gibt gegebenenfalls Fehlermeldungen aus. Der erzeugte Maschinencode wird auf der Diskette abgelegt.

```
FOR2
```

Der 2. Durchlauf des Compilers FOR2 optimiert den Maschinencode, um eine möglicht geringe Laufzeit des Programms zu erzielen.

```
LINK  TEST,,;
```

Der Binder LINK verbindet das übersetzte Maschinenprogramm mit Hilfsprogrammen wie z.B. Unterprogrammen des Betriebssystems für die Ein/Ausgabe.

```
TEST
```

Das fertige Programm wird durch Eingabe des Namens von der Diskette in den Arbeitsspeicher geladen und gestartet. Es meldet sich auf dem Bildschirm mit der Nachricht "5 WERTE EINGEBEN".

```
B>EDLIN TEST.FOR
New file
*I
      1:*C Einführendes Beispiel Mittelwert
      2:*10        WRITE(*,*) '5 WERTE EINGEBEN'
      3:*          READ(*,*) X1,X2,X3,X4,X5
      4:*          XM = (X1 + X2 + X3 + X4 + X5) / 5
      5:*          WRITE(*,*) 'MITTEL =', XM
      6:*          IF(XM.EQ.0) STOP
      7:*          GOTO 10
      8:*          END
      9:*^Z
*E

B>FOR1 TEST,,.;

IBM Personal Computer FORTRAN Compiler
Version 2.00
(C)Copyright IBM Corp 1982, 1984
(C)Copyright Microsoft Corp 1982, 1984

  Pass One     No Errors Detected
               8 Source Lines

B>FOR2

  Code Area Size = #012E  (   302)
  Cons Area Size = #0024  (    36)
  Data Area Size = #001A  (    26)

  Pass Two     No Errors Detected.

B>LINK TEST,,;

IBM Personal Computer Linker
Version 2.20 (C)Copyright IBM Corp 1981, 1982, 1983, 1984


B>TEST
5 WERTE EINGEBEN
1 2 3 4 5
MITTEL =          3.0000000
5 WERTE EINGEBEN
17.3 22.5 4.9 11.7 30
MITTEL =         17.2800000
5 WERTE EINGEBEN
1.2E3 3.6E5 33E4 12E-4 2.24E5
MITTEL =     183040.0000000
5 WERTE EINGEBEN
0   0   0   0   0
MITTEL =  0.000000E+000
Stop - Program terminated.

B>
```

Bild 1-9: Testlauf des einführenden Beispiels (IBM PC)

Der in **Bild 1-9** dargestellte Testlauf entstand an einem Arbeitsplatzrechner und zeigt die Eingabe, die Übersetzung, die Verbindung mit Systemprogrammen und den Start des einführenden Beispiels. Alle Eingaben des Benutzers wurden nachträglich unterstrichen. Es wurden drei Meßreihen mit je fünf Meßwerten eingegeben und zwar in den Zahlendarstellungen ganzzahlig (z.B. 1), reell (z.B. 17.3) und in der Exponentenschreibweise (z.B. 1.2E3). Die Meßreihe 0 0 0 0 0 ergab den Mittelwert 0 und beendete das Programm.

Bei der Arbeit mit dem Betriebssystem eines Großrechners gibt es andere Betriebssystemkommandos, aber die Arbeit im Prinzip die gleiche:

FORTRAN-Programm mit dem Editor eingeben,
FORTRAN-Programm mit dem Compiler prüfen und übersetzen,
übersetztes Programm mit Systemprogrammen verbinden,
fertiges Maschinenprogramm laden und starten sowie
falls im Programm vorgesehen Daten eingeben.

An einem Arbeitsplatzrechner arbeitet normalerweise nur ein Benutzer gleichzeitig, und der Rechner führt auch nur ein Programm gleichzeitig aus. Bei Großrechnern unterscheidet man mehrere Betriebsarten:

Großrechner arbeiten so schnell, daß besonders bei der Eingabe und Ausgabe von Daten erhebliche Wartezeiten entstehen können. Während dieser Pausen läßt man andere Programme arbeiten. Im **Timesharing-Betrieb** laufen mehrere Programme zeitlich verschachtelt in einer einzigen Zentraleinheit ab. Das Betriebssystem teilt jedem Programm je nach Wichtigkeit (Priorität) Rechenzeit zu. Damit können z.B. 50 Benutzer an Bildschirmgeräten an einem Großrechner arbeiten. Durch die zeitliche Verschachtelung hat jeder den Eindruck, der Rechner arbeite nur für ihn. Laufen jedoch gleichzeitig rechenintensive Programme mit höherer Priorität, so kann es zu Wartezeiten kommen.

Die höchste Priorität haben **Echtzeitprogramme,** die z.B. für die Steuerung einer Raffinerie die ankommenden Daten sofort verarbeiten müssen. Programme werden heute fast ausschließlich im **Dialogbetrieb** mit einem Bildschirmgerät eingegeben und getestet. Bildschirmgeräte erhalten daher die nächsthöhere Priorität, denn Programmierer sind hochbezahlte Arbeitskräfte, die immer an ganz dringenden Projekten arbeiten. Bei der Wirkverarbeitung laufen die Anwendungsprogramme oft im **Stapelbetrieb,** d.h. sie werden ohne Priorität in der Reihenfolge ausgeführt, in der die Start-Kommandos eingegeben wurden. Die Programme des Betriebssystems haben die allerhöchste Priorität, denn sie müssen ja den Ablauf und den Betrieb der gesamten Rechenanlage überwachen.

1.4   Zur Geschichte des FORTRAN

Nichts geschieht von allein, auch nicht in der Datenverarbeitung. Daher benötigt auch ein Computer eine Arbeitsanweisung, die Programm genannt wird und die in einer dem Rechner verständlichen Darstellung abgefaßt sein muß. In der Steinzeit der Datenverarbeitung wurde binär programmiert. Das bedeutet, daß alle Daten und Befehle durch zwei Zustände verschlüsselt (codiert) werden müssen, also durch "Loch" bzw. "Nicht Loch" eines Papierstreifens oder durch "Schalter oben" bzw. "Schalter unten" eines Schalterfeldes. Dann wurde der Assembler erfunden. Der Programmierer arbeitet mit symbolischen Befehlen wie z.B. LDA für "Lade Akkumulator" oder JMP für "Springe zu einem bestimmten Befehl". Die Eingabe erfolgt über eine Schreibmaschinentastatur. Ein Übersetzungsprogramm, der Assembler, wandelt die symbolischen Befehle um in den binären Code der Maschine. Da jeder Rechnertyp eine eigene Maschinensprache hat, lassen sich Assemblerprogramme nicht zwischen verschiedenen Rechnertypen austauschen. Beispiel:

Assemblerbefehl des Rechners XYZ 85:

LDA ADAT ; Lade den Akkumulator mit dem Inhalt von ADAT

Übersetzter Maschinenbefehl des Rechners XYZ 85:

0011101001001111100010001

Dann wurde etwa um 1954 ein Formelübersetzer (FORmula TRANslator oder FORTRAN) geschaffen, der Formeln aus der mathematisch-technischen Schreibweise in den Maschinencode übersetzen konnte. Beispiel:

Formel:

$$x = \frac{a + b}{c - d}$$

FORTRAN-Schreibweise:

X = (A + B) / (C - D)

Übersetzte Befehle in der Assemblerschreibweise:

```
LDA  CDAT  ; Lade den Akkumulator mit dem Inhalt von CDAT
SUB  DDAT  ; Subtrahiere vom Akkumulator den Inhalt von DDAT
STA  RETT  ; Speichere die Differenz in eine Hilfsspeicherstelle
LDA  ADAT  ; Lade den Akkumulator mit dem Inhalt von ADAT
ADD  BDAT  ; Addiere zum Akkumulator den Inhalt von BDAT
DIV  RETT  ; Dividiere den Akkumulator durch den Inhalt von RETT
STA  XDAT  ; Speichere das Ergebnis in die Speicherstelle XDAT
```

Zu dem eigentlichen Formelübersetzer treten Eingabebefehle (READ) zur Umwandlung der eingegebenen Dezimalzahlen in die interne binäre Darstellung und Ausgabebefehle (WRITE), mit denen die Ergebnisse aus der internen binären Darstellung wieder in Dezimalzahlen umgewandelt werden. Ein Rechner kann mehr als nur rechnen, er kann auch Zahlen miteinander vergleichen und ist auch imstande, Entscheidungen über den weiteren Ablauf des Programms zu treffen. Dies geschieht durch einfache Kontrollbefehle wie z.B. "Setze das Programm bei einem bestimmten Befehl fort" (GOTO) oder "Verzweige nur dann, wenn ...." (IF). Das Übersetzungsprogramm, das Formeln, Ein/Ausgabeanweisungen und Kontrollbefehle in den binären Maschinencode übersetzt, wird als FORTRAN-Compiler bezeichnet.

Im Laufe der Jahre wurde FORTRAN weiterentwickelt und um weitere Datentypen (z.B. CHARACTER), Datenstrukturen (z.B. Felder), Programmstrukturen (z.B. DO-Schleife) und Ein/Ausgabebefehle (z.B. Plattendateien) erweitert. Der Umfang der Programmiersprache FORTRAN ist heute in den amerikanischen Normen (ANSI X3.9 - 1978) und deutschen Normen (DIN 66027, 1980) festgelegt. Dieser Standard wird als FORTRAN 77 bezeichnet. Damit ist es möglich, ein FORTRAN-Programm unabhängig von einem Maschinentyp zu erstellen und FORTRAN-Programme zwischen verschiedenen Rechnertypen auszutauschen.

In der Praxis hat es sich jedoch gezeigt, daß trotz dieser Normung die FORTRAN-Compiler der verschiedenen Hersteller Unterschiede haben; meist handelt es sich um Spracherweiterungen gegenüber dem Standard-FORTRAN 77.

Neben FORTRAN entstanden im Laufe der Jahre weitere Programmiersprachen. Dazu gehören COBOL für kaufmännische Anwendungen, BASIC als einfache Einsteigersprache für Hobbyanwendungen und PASCAL als Programmiersprache der Informatik. Und dann gibt es noch 100 weitere Programmiersprachen, von denen jeder Anwender behauptet, sie sei die beste. Und welche ist nun wirklich die beste? Lassen Sie mich dazu die Computersprachen mit den Menschensprachen vergleichen. Italienisch für Opernarien, Französisch für Liebesschwüre, Deutsch für philosophischen Tiefgang und Englisch für Big Business. Und wofür nun FORTRAN?

FORTRAN als dienstälteste anwendungsorientierte Programmiersprache wird heute vorwiegend für die Programmierung von Problemen der Wissenschaft und Technik verwendet. Sie ist leicht erlernbar und entspricht damit der Arbeitsweise des Ingenieurs, für den eine Programmiersprache kein Selbstzweck, sondern ein Werkzeug ist, mit dem er seine Probleme lösen will. Gerade im Bereich der Technik existieren umfangreiche Programmbibliotheken und Programmsammlungen, in denen der FORTRAN-Programmierer fertige Lösungen oder Anregungen für eigene Programme findet. Die neuen Kontrollstrukturen (IF ... ELSE) des FORTRAN 77 ermöglichen es, die modernen Methoden der "Strukturierten Programmierung" auch in FORTRAN anzuwenden.

2 Grundlagen des FORTRAN

Dieser Abschnitt führt Sie in die Grundlagen der Programmierung und der FORTRAN-Sprache ein. Am Ende können Sie Ihre ersten einfachen Programme schreiben und im Dialog am Bildschirm testen.

2.1 Allgemeine Eingaberegeln

In FORTRAN können Sie folgende **Zeichen** verwenden:

Ziffern	0 bis 9	für Zahlen
Große Buchstaben	A bis Z	für Namen und Texte
Kleine Buchstaben	a bis z	für Namen und Texte
Sonderzeichen	*	Stern als Multiplikationszeichen
	.	Punkt als Dezimalpunkt
	,	Komma als Trennzeichen
	/	Schrägstrich als Divisionszeichen
	+	Plus als Vorzeichen und Rechenzeichen
	-	Minus als Vorzeichen und Rechenzeichen
	'	Apostroph als Begrenzung von Texten
	$	Dollarzeichen
	()	runde Klammern
		Leerzeichen (blank)

In Texten sind alle Sonderzeichen der verwendeten Rechenanlage außer dem Apostroph, dem Begrenzungszeichen, erlaubt. Kleine Buchstaben werden, außer bei Texten, in große Buchstaben umgewandelt.

FORTRAN kennt fest vereinbarte **Namen** oder Kennwörter wie z.B. READ für das Lesen von Daten oder WRITE für die Datenausgabe. Andere Namen wie z.B. die Namen von Speicherstellen vergeben Sie selbst. Für diese frei wählbaren Namen gelten allgemein folgende Regeln:

Sie dürfen aus höchstens sechs Buchstaben oder Ziffern bestehen,
das erste Zeichen muß ein Buchstabe sein,
Sonderzeichen als Bestandteil des Namens sind verboten und
Kennwörter sollten nicht als frei wählbare Namen verwendet werden.

Alle **Daten** werden im Rechner binär gespeichert. Man unterscheidet ganze Zahlen (INTEGER), reelle Zahlen (REAL), doppelt genaue Zahlen (DOUBLE PRECISION), komplexe Zahlen (COMPLEX), logische Größen (LOGICAL) und Textzeichen (CHARACTER). Für veränderliche Daten (Variablen) vergeben Sie einen symbolischen Namen, unter dem diese Größe im Programm angesprochen werden kann. Beispiel:

```
READ(*,*) X1, X2, X3, X4, X5
```

Die fünf einzulesenden Zahlen werden unter den frei gewählten symbolischen Namen X1, X2, X3, X4 und X5 im Arbeitsspeicher des Rechners abgelegt. Für diese Variablen geben Sie nach dem Start des Programms dezimale Zahlenwerte ein; Hilfsprogramme des Betriebssystems rechnen sie in das duale Zahlensystem um und legen sie im Speicher ab.

Daten, die bereits bei der Programmierung bekannt sind, heißen Konstanten. Sie erscheinen z.B. als Dezimalzahlen in Formeln. Beispiel:

$$XM = (X1 + X2 + X3 + X4 + X5) / 5.$$

Die Zahl 5 ist eine Konstante. Sie erscheint als Dezimalzahl in einer Formel.

Die **Eingaberegeln** des FORTRAN stammen noch aus der Lochkartenzeit. An die Stelle der 80spaltigen Lochkarte tritt heute die Bildschirmzeile. Die in **Bild 2-1** an einem Beispiel dargestellte Spalteneinteilung wird bei der Eingabe durch den Editor des Betriebssystems unterstützt. Mit Hilfe der Tabulatortaste kann der Cursor (Schreibmarke) des Bildschirmgerätes auf bestimmte Spalten gesetzt werden.

Bild 2-1: FORTRAN-Eingabeformular

Kommentare werden durch den Buchstaben "C" oder das Zeichen "*" in Spalte 1 gekennzeichnet. Der nachfolgende Text wird vom Compiler als Anmerkung aufgefaßt und nicht in Maschinenbefehle übersetzt.

Marken sind ganze Zahlen von 1 bis 99999 und stehen in den Spalten 1 bis 5. Sie bezeichnen Sprungziele oder FORMAT-Beschreibungen. Sie werden vom Programmierer vergeben und sind **nicht** wie in BASIC identisch mit den Zeilennummern des Editors! Eine Marke darf nur einmal im Programm erscheinen.

FORTRAN-Anweisungen stehen in den Spalten 7 bis 72. Durch das Einfügen von Leerzeichen, außer in Texten, lassen sich Programmzeilen besser lesen. Die Anweisung muß nicht in Spalte 7 beginnen; Strukturblöcke lassen sich durch Einrücken besser überblicken. Jede FORTRAN-Anweisung steht auf einer neuen Zeile. Reicht eine Zeile nicht aus, so kann die Anweisung auf der nächsten Zeile fortgesetzt werden.

Fortsetzungszeilen erhalten ein beliebiges Zeichen außer "0" oder Leerzeichen in Spalte 6 der Eingabezeile. Es sind bis zu 19 Fortsetzungszeilen möglich. Kommentarzeilen lassen sich nicht fortsetzen; jede Kommentarzeile muß mit einem "C" oder "*" in Spalte 1 beginnen.

In den Spalten 73 bis 80 der Eingabezeile können beliebige Zeichen oder Zahlen stehen, die vom Compiler nicht beachtet werden. Bei langen FORTRAN-Anweisungen besteht die Gefahr, daß man in die Spalten 73 bis 80 gerät und daß der Compiler diesen Teil der Eingabe nicht beachtet.

2.2 Die Darstellung ganzer Zahlen durch INTEGER-Größen

Das Kind beginnt sein mathematisches Leben mit ganzen Zahlen: 1 Daumen, 2 Bonbons, 3 Finger usw.; erst später lernt es das Nichts, die Null, und die Schulden, die negativen Zahlen, kennen. Ganze positive und negative Zahlen einschließlich der Null werden in FORTRAN als INTEGER-Größen bezeichnet. An vielen Stellen müssen Sie INTEGER-Größen verwenden:

Einheit der Ein/Ausgabeanweisungen READ und WRITE,
Marken für Sprungziele und FORMAT-Beschreibungen,
Exponenten von reellen Zahlen und
bei älteren Compilern Laufgrößen von DO-Schleifen und Indizes von Feldern.

INTEGER-Zahlen werden im Rechner als Dualzahlen mit Vorzeichen gespeichert; sie werden jedoch dezimal ein- und ausgegeben. Der zulässige Zahlenbereich hängt von der verwendeten Maschine ab und kann dem Handbuch des Herstellers entnommen werden. Reelle Zahlen (REAL-Größen) können Stellen hinter dem Dezimalkomma enthalten und werden im Rechner daher dual in der Mantisse-Exponent-Darstellung abgespeichert. Da der Compiler für INTEGER- und für REAL-Zahlen unterschiedliche Rechenbefehle erzeugen muß, ist es nötig, diese beiden Zahlentypen im Programm voneinander zu unterscheiden.

INTEGER-Konstanten sind ganze Zahlen ohne Dezimalpunkt, dabei kann ein positives Vorzeichen entfallen. Beispiele für INTEGER-Konstanten:

```
-100
4711
0
-2147483647   (kleinste Zahl bei 4 Bytes Speichergröße)
+2147483647   (größte Zahl bei 4 Bytes Speichergröße)
```

Einige Rechner speichern eine INTEGER-Zahl in 36 Bits ab und haben einen größeren INTEGER-Zahlenbereich! Für die Dateneingabe von INTEGER-Zahlen während des Programmlaufes gelten die gleichen Regeln.

Wenn eine **Variable** als ganze Zahl in der INTEGER-Zahlendarstellung verarbeitet werden soll, so müssen Sie entweder den Typ besonders vereinbaren oder Sie müssen den Anfangsbuchstaben des Namens entsprechend der Namensregel wählen.

Bei der expliziten (erklärten) Typvereinbarung folgt auf das Kennwort INTEGER eine Liste von Variablennamen, die als INTEGER-Größen behandelt werden sollen.

INTEGER   Liste von Variablennamen

Beispiele:

    INTEGER ZAHL,WERTE,NR

In der Indexschreibweise und bei einfachen Zählern verwendet man in der Mathematik sehr oft die Buchstaben i, j, k , l, m oder n. Daher gibt es in FORTRAN die **Namensregel** , die allen Variablen, die mit den Buchstaben

---

    I , J , K , L , M oder N

---

beginnen, den Typ INTEGER zuweist; alle anderen Anfangsbuchstaben kennzeichnen REAL-Größen. Beispiele für die Namensregel:

INTEGER-Größen sind die Variablen IN , J , KO , LAENG , MONAT und N

REAL-Größen sind die Variablen X , Y , Z , ANZ , RX , X3 und OTTO

Vergibt man die Namen von Variablen entsprechend der Namensregel (implizite oder vorausgesetzte Typvereinbarung), so können besondere explizite Typvereinbarungen entfallen. Durch eine IMPLICIT-Vereinbarung läßt sich die Namensregel auf weitere Anfangsbuchstaben ausdehnen.

2.3   Die Darstellung reeller Zahlen durch REAL-Größen

Reelle Zahlen können Stellen hinter dem Dezimalkomma enthalten. Wie bei Taschenrechnern arbeitet man in FORTRAN mit einem Dezimalpunkt anstelle des Kommas. Ergeben sich bei wissenschaftlichen Rechnungen sehr große oder sehr kleine Zahlen, so schreibt man sie bequemer als Zehnerpotenz. Anstelle des Basis 10 steht in FORTRAN der Kennbuchstabe E für Exponent.

 REAL-Konstanten schreibt man in FORTRAN immer als Dezimalzahl mit einem Dezimalpunkt. In der Exponentenschreibweise steht der Kennbuchstabe E vor dem ganzzahligen Exponenten zur Basis 10. Beispiele für REAL-Konstanten:

    +13.5   für 13,5
    13.5   für 13,5
    -3.1415927   für - 3,1415927
    1.3E+4   für 1,3·10^4

```
1.E-3        für 0,001 = 1·10⁻³
-2.25E10     für -2,25·10¹⁰
1E5          für 100000 = 1·10⁵
+3.0E-39     kleinste positive Zahl (bei 4 Bytes Speichergröße)
+1.7E+38     größte positive Zahl (bei 4 Bytes Speichergröße)
-3.0E-39     kleinste negative Zahl (bei 4 Bytes Speichergröße)
-1.7E+38     größte negative Zahl (bei 4 Bytes Speichergröße)
```

Ein positives Vorzeichen kann sowohl bei der Basis als auch beim Exponenten entfallen. In der Exponentenschreibweise darf auch der Dezimalpunkt der Mantisse weggelassen werden. Die Genauigkeit und der zulässige Zahlenbereich hängen vom Rechner ab und können den Handbüchern des Herstellers entnommen werden. Normalerweise wird eine REAL-Größe in vier Bytes gespeichert. Dann beträgt die Genauigkeit mindestens sechs Dezimalstellen, und der Zahlenumfang reicht von 1.E-38 bis 1.E+38. Für die Dateneingabe von REAL-Zahlen während des Programmlaufes gelten die gleichen Regeln.

Wenn eine **Variable** als reelle Zahl in der REAL-Zahlendarstellung verarbeitet werden soll, so müssen Sie entweder den Typ besonders vereinbaren oder Sie müssen den Anfangsbuchstaben des Namens entsprechend der Namensregel wählen.

Bei der expliziten (erklärten) Typvereinbarung folgt auf das Kennwort REAL eine Liste von Variablennamen, die als REAL-Größen verarbeitet werden sollen.

```
┌─────────────────────────────────────────────┐
│                                             │
│  REAL    Liste von Variablennamen           │
│                                             │
└─────────────────────────────────────────────┘
```

Beispiele für reelle Formelgrößen:

```
REAL XM , MITTEL , IND , KAP
```

Nach der **Namensregel** sind alle Variablen, die mit den Buchstaben

```
┌─────────────────────────────────────────────┐
│                                             │
│  A bis H    oder   0 bis Z                  │
│                                             │
└─────────────────────────────────────────────┘
```

beginnen, vom Typ REAL. Daher kann man sich durch die Wahl des Variablennamens explizite Typvereinbarungen sparen. Beispiele für die Namensregel:

REAL-Größen sind die Variablen XM , C , FLAE , VOL , SUM

Die Namensregel kann mit der IMPLICIT-Anweisung auf weitere Anfangsbuchstaben ausgedehnt werden. Variablen sollte man entsprechend den Bezeichnungen der zu programmierenden Formeln wählen. Dann ist jedoch darauf zu achten, daß alle mit den Buchstaben I , J , K , L , M oder N beginnenden Variablennamen zu REAL erklärt werden, wenn sie reelle Zahlen aufnehmen sollen. Beispiele für reelle Formelgrößen:

REAL IND , MITTEL , MW , KAP , L

REAL-Zahlen werden dezimal als Konstanten vereinbart bzw. dezimal während der Verarbeitung eingelesen. Der Compiler bzw. Hilfsprogramme des Betriebssystems wandeln die Dezimalzahl um in eine duale Mantisse und einen dualen Exponenten. Dabei entstehen Umwandlungs- und Rundungsfehler. Der endliche Dezimalbruch 0.1 ergibt z.B. den periodischen Dualbruch $0.000\overline{1100}$......., der wegen der endlichen Stellenzahl des Rechners abgebrochen werden muß. Auch beim Rechnen selbst entstehen Rundungsfehler, wenn z.B. die Anzahl der zur Verfügung stehenden Stellen nicht ausreicht, das Ergebnis aufzunehmen. Als Beispiel betrachten wir einen Rechner, der mit acht Dezimalstellen Genauigkeit arbeitet, und stellen ihm die Aufgabe, die Zahlen 100 000 000 und 1 in der REAL-Zahlendarstellung zu addieren. Die duale Mantisse-Exponent-Darstellung wollen wir hier zur Veranschaulichung dezimal wiedergeben. Beide Zahlen werden auf acht Stellen genau gespeichert:

$$100\ 000\ 000 : 0.10000000 \cdot 10^9$$
$$1 : 0.10000000 \cdot 10^1$$

Vor der Addition gleicht das Rechenwerk den Exponenten der kleineren Zahl an den Exponenten der größeren Zahl an. Unter der Annahme, daß das Rechenwerk mit neun Stellen Genauigkeit arbeitet, ergibt sich folgende Rechnung:

$$
\begin{aligned}
100\ 000\ 000 : &\quad 0.100000000 \cdot 10^9 \\
1 : &+ 0.000000001 \cdot 10^9 \\
\hline
\text{Ergebnis:} &= 0.100000001 \cdot 10^9 \quad \text{auf 9 Stellen genau im Rechenwerk} \\
&= 0.10000000 \ \ \cdot 10^9 \quad \text{auf 8 Stellen genau im Speicher}
\end{aligned}
$$

Wird das neunstellige Ergebnis des Rechenwerks im Speicher achtstellig abgelegt, so geht die letzte Stelle verloren. Die Summe der Zahlen 100 000 000 und 1 ergibt bei der REAL-Rechnung 100 000 000 und nicht 100 000 001. Der gleiche Rundungsfehler tritt auf, wenn der Rechner im dualen Zahlensystem mit dualer Mantisse und dualem Exponenten arbeitet.

Führt man die gleiche Rechnung ganzzahlig mit zehnstelligen INTEGER-Zahlen durch, so ist das Ergebnis richtig 100 000 001.

Will man die Genauigkeit in der Mantisse-Exponent-Darstellung verbessern, so muß man mehr Stellen vorsehen. Die doppelt genaue Zahlendarstellung des FORTRAN (REAL*8 oder DOUBLE PRECISION) speichert eine Zahl in acht Bytes. Die Genauigkeit beträgt dann z.B. 15 Dezimalstellen bei einem Zahlenumfang von 10^{-307} bis 10^{+308}.

2.4 Einfache Dateneingabe und Datenausgabe im Dialog

Für die ersten Programmierübungen ist es sehr wichtig, Testdaten am Eingabegerät einzugeben und Ergebnisse auf dem Bildschirm zu sehen, die mit Hilfe des Betriebssystems auf den Drucker umgesteuert werden können. Daher zeigt Ihnen dieser Abschnitt einfache listengesteuerte Eingabe- und Ausgabemöglichkeiten über das Bedienungsgerät, die Konsole. Falls Ihr Betriebssystem die in diesem Abschnitt vorgestellten Befehle nicht kennt, müssen Sie sich im Abschnitt 7 mit der formatierten Ein/Ausgabe beschäftigen.

Die Anweisung

```
READ(*,*)  Variablenliste
```

liest Daten von der Konsole (*) ohne FORMAT-Beschreibung (*) und legt sie unter den in der Variablenliste genannten Namen im Speicher ab. Beispiel:

```
READ(*,*) X1, X2, X3, X4, X5
```

Wird die Anweisung nach dem Start des Programms ausgeführt, so wartet der READ-Befehl auf die Eingabe von fünf Dezimalzahlen in der REAL-Schreibweise. Die Eingabezeile könnte z.B. lauten:

```
3.4  5.1E3  7.4   0.  -11
```

Die Zahlen sind durch mindestens ein Leerzeichen voneinander zu trennen. Eine Zahl der Eingabedatenzeile entspricht einem Namen der Variablenliste. Die 1. Zahl (im Beispiel 3.4) wird unter dem Namen der 1. Variablen (im Beispiel X1) im Speicher abgelegt. Die Zahlen sind in der Reihenfolge einzugeben, in der die Variablennamen in der READ-Anweisung stehen. Für INTEGER-Variablen sind nur INTEGER-Zahlen ohne Dezimalpunkt zulässig. Für REAL-Variablen können Zahlen mit Dezimalpunkt, Zahlen in der Exponentenschreibweise und ganze Zahlen ohne Dezimalpunkt eingegeben werden. Ein positives Vorzeichen kann entfallen. In dem obigen Beispiel werden den Variablen folgende Werte zugewiesen:

```
X1 = 3.4    X2 = 5100   X3 = 7.4   X4 = 0   X5 = -11
```

Die einfache READ-Anweisung zur Eingabe von Daten über die Konsole kann bei Ihrem Rechner und Betriebssystem auch anders aussehen, so z.B.

READ(5,*) Variablenliste Beispiel: READ(5,*) X1,X2,X3,X4,X5

oder

READ * , Variablenliste Beispiel: READ * , X1,X2,X3,X4,X5

Auch im Aufbau der Eingabedatenzeile können sich Unterschiede ergeben. So ist es z.B. auch erlaubt, die Eingabedaten durch ein Komma oder einen Schräg-strich zu trennen. Beispiel:

3.4 , 5.1E3 , 7.4 , 0. , -11

Die Anweisung

```
WRITE(*,*)  Ausgabeliste
```

dient zur Ausgabe von Daten auf der Konsole. Die Ausgabeliste kann enthalten:

Namen von Variablen, deren Inhalt ausgegeben werden soll,
Textkonstanten, die zwischen zwei Apostrophzeichen zu setzen sind,
Zahlenkonstanten oder
Rechenausdrücke, deren Ergebnis ausgegeben wird.

Ältere Compilerversionen lassen nur Namen von Variablen zu. Die Ergebnisse von Rechenausdrücken sind dann vorher in eine Variable zu bringen; Texte sind in einer FORMAT-Anweisung oder in einer Variablen abzulegen.

Die Anweisung zur einfachen Ausgabe von Daten auf der Konsole kann bei Ihrem Rechner auch anders aussehen, so z.B.

```
WRITE(6,*)  Ausgabeliste
```

oder

```
PRINT * , Ausgabeliste
```

Die Daten werden in der in der Liste genannten Reihenfolge auf der Konsole ausgegeben. Ihre Anordnung und das Format hängen vom Rechner und vom Betriebssystem ab. Ein Ausgabeanweisung ohne Liste erzeugt eine Leerzeile.

Nach dem Start eines Programms im Dialogbetrieb sollte zunächst eine Meldung ausgegeben werden; desgleichen vor einer READ-Anweisung, um den Benutzer auf die nun einzugebenden Daten hinzuweisen. Beispiel:

```
WRITE(*,*) '5 WERTE EINGEBEN:'
READ (*,*) X1 , X2 , X3 , X4 , X5
```

Ergebnisse sollten ebenfalls durch Bezeichnungen und Maßeinheiten kommentiert werden, denn Zahlenfriedhöfe allein sagen wenig aus und führen leicht zu Mißverständnissen und Fehlern. Beispiel:

```
WRITE(*,*) 'MITTEL=',XM,' KM/STUNDE'
```

Wenn Sie mit dieser einfachen listengesteuerten Datenausgabe nicht zufrieden sind, weil Sie z.B. Tabellen drucken wollen, so müssen Sie sich im Abschnitt 7 mit der formatierten Ausgabe beschäftigen.

Eingabe- und Ausgabeanweisungen erscheinen im Programmablaufplan als Parallelogramm. **Bild 2-2** zeigt ein Beispiel für ein Programm, das zwei reelle Zahlen liest, die Summe berechnet und diese ausgibt. Die beiden Parallelogramme "Meldung" und "Lesen" könnte man zu einem Symbol zusammenfassen.

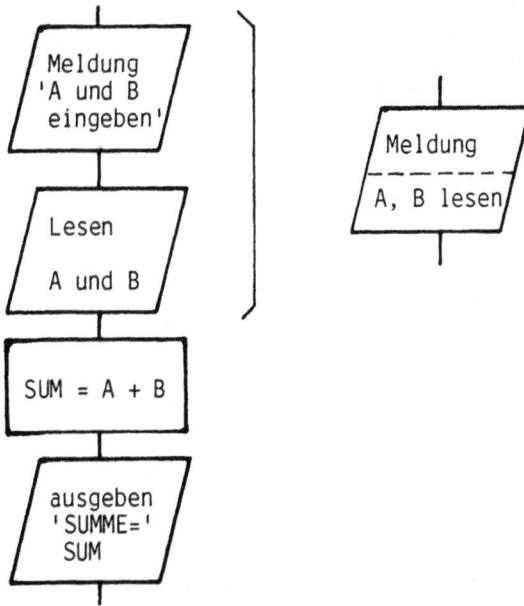

Bild 2-2: Eingabe- und Ausgabebefehle im Programmablaufplan

2.5 Die Progammierung von Formeln

FORTRAN trägt seinen Namen von FORmula TRANslation (Formelübersetzung) und wurde ursprünglich nur dazu geschaffen, Formeln aus der wissenschaftlich-technischen Schreibweise in Maschinenbefehle zu übersetzen. Beginnen wir mit einem einfachen Beispiel:

Sie wollen den Flächeninhalt eines Kreises aus seinem Durchmesser berechnen und finden in einer Formelsammlung:

$$F = \frac{\pi \cdot d^2}{4}$$

Diese Formel schreiben Sie in FORTRAN als arithmetische Anweisung:

```
F = 3.1415927*D**2/4.0
```

Der Compiler erzeugt folgende Maschinenbefehle:

Lade in Inhalt der Speicherstelle D in das Rechenwerk
Multipliziere dazu den Inhalt von D

Multipliziere das Ergebnis mit der Konstanten 3.1415927
Dividiere das Ergebnis durch die Konstante 4.0
Speichere das Ergebnis in die Speicherstelle F

Eine **arithmetische Anweisung** enthält von links nach rechts:

```
name  =  ausdruck
```

1. Den Namen der Variablen, die das Ergebnis aufnimmt.
2. Das Zuordnungszeichen =.
3. Einen arithmetischen Ausdruck bestehend aus Variablen, Konstanten und Rechenzeichen.

Das **Ergebnis** einer arithmetischen Anweisung wird in der Speicherstelle abgelegt, deren Name links vom Zuordnungszeichen steht. Der alte Inhalt dieser Speicherstelle geht verloren.

Das **Zuordnungszeichen** ist kein Gleichheitszeichen wie in der Mathematik, sondern es ordnet der links stehenden Variablen das Ergebnis der rechten Seite zu. Die Anweisung

$$I = I + 1$$

ist mathematisch äußerst bedenklich; der Rechner führt sie jedoch in folgenden Schritten aus:

Lade das Rechenwerk mit dem Inhalt der Speicherstelle I
Addiere dazu die Konstante 1
Speichere das Ergebnis in die Speicherstelle I

Nach der Ausführung der FORTRAN-Anweisung $I = I + 1$ hat sich der Inhalt von I um 1 erhöht. Dies bezeichnet man auch als Aufwärtszählen oder Inkrementieren.

Der **arithmetische Ausdruck** kennt folgende Rechenzeichen:

```
      **   Potenzieren
       *   Multiplizieren
       /   Dividieren
       +   Addieren
       -   Subtrahieren
 + und -   sind auch Vorzeichen
```

Diese Rechenzeichen gelten für alle Zahlentypen, also für REAL und INTEGER und die noch zu besprechenden doppelt genauen (DOUBLE PRECISION) und komplexen (COMPLEX) Größen. Für jeden Zahlentyp gibt es bestimmte Rechenbefehle. Der Compiler entscheidet anhand des Variablentyps und der Konstantenschreibweise, welche Befehle zu erzeugen sind. Werden Zahlen verschiedenen

Typs in einem Ausdruck gemischt, so müssen sie vorher umgeformt werden. Dazu gibt es besondere Befehle. Die Rechenoperationen eines arithmetischen Ausdrucks werden in folgender Reihenfolge ausgeführt:

1. Klammerausdrücke beginnend mit der innersten Klammer,
2. Standardfunktionen wie z.B. SQRT (Quadratwurzel),
3. Potenzieren,
4. Multiplizieren und Dividieren,
5. Addieren und Subtrahieren.

Es folgen einige **Regeln** über den Aufbau von arithmetischen Ausdrücken.

Division durch 0 ist verboten. Einige Rechner reagieren dabei mit Fehlermeldungen, andere rechnen falsch weiter.

Arithmetische Ausdrücke können mehrfach geschachtelte runde Klammern enthalten, die die Reihenfolge der Verarbeitung festlegen. Leerzeichen machen den Ausdruck übersichtlicher.

```
XD = ( (X ** 2) + (Y ** 2) ) ** (1./2.)
```

Arithmetische Ausdrücke können auch allein aus einer Konstanten oder einer Variablen bestehen. Man spricht dann von einer einfachen Wertzuweisung.

```
PI  = 3.1415927
SUM = 0.
X = X0
```

Vorzeichen und Rechenzeichen sind durch Klammern zu trennen. Das Multiplikationszeichen zwischen zwei Klammern muß immer gesetzt werden.

```
Z = 12.0 * (-X)
X = (A + B) * (C - D)
```

Der Schrägstrich ist kein Bruchstrich, sondern ein Divisionszeichen. Daher sind Zähler und Nenner bei Summen und Differenzen zu klammern.

```
X = (A + B) / (A - B)
```

Die Ausführung des Potenzierens hängt vom Compiler und von der Rechenanlage ab. Bei ganzzahligem Exponenten sollte man INTEGER-Größen verwenden, da dann mehrmals multipliziert wird. Bei reellem Exponenten wird über die Funktionen ln und e gerechnet. In diesem Fall darf die Basis nicht negativ sein.

```
R ** 4     wird gerechnet wie R * R * R * R

R ** 4.0   wird gerechnet wie EXP (4.0 * ALOG(R))
```

Für eine Reihe von mathematischen Funktionen stellt das Betriebssystem fertige Unterprogramme als **Standardfunktionen** zur Verfügung. Die wichtigsten sind in **Bild 2-3** zusammengestellt. Der Anhang enthält weitere Funktionen.

Funktion	Bedeutung	Wertebereich
SQRT(X)	$\sqrt{x}$	x positiv
SIN(X)	sin x	x im Bogenmaß
COS(X)	cos x	x im Bogenmaß
TAN(X)	tan x	x im Bogenmaß
EXP(X)	e^x	x kleiner 88
ALOG(X)	ln x	x positiv ≠ 0
ALOG10(X)	log x	x positiv ≠ 0
ABS(X)	|x|	
FLOAT(I)	mache reell	I=INTEGER-Ausdruck
IFIX(X)	mache ganzzahlig	X = REAL-Ausdruck

Bild 2-3: Die wichtigsten Standardfunktionen

Man beachte, daß alle Winkelfunktionen im Bogenmaß einzugeben sind. Beispiel:

Formel: $z = h \cdot \cos\left(\alpha \cdot \dfrac{\pi}{180}\right)$

$$Z = H * COS(ALFA * PI /180.)$$

Für **gemischte Ausdrücke** , in denen REAL- und INTEGER-Größen gemeinsam vorkommen, gibt es die Umwandlungsfunktionen FLOAT und IFIX. In den folgenden Beispielen gelte die Namensregel, nach der die Variablen I und N vom Typ INTEGER und die Variablen SUM, X und Z vom Typ REAL sind. Die Umwandlungsfunktionen werden nur im Rechenwerk wirksam und haben keinen Einfluß auf den Inhalt der in Klammern stehenden Größe.

Die Funktion **FLOAT** verwandelt eine INTEGER-Größe in die REAL-Zahlendarstellung, so daß sie mit REAL-Größen verknüpft werden kann. Beispiel:

$$X = SUM * FLOAT (N)$$

Die in der INTEGER-Speicherstelle N befindliche ganze Dualzahl wird in das Rechenwerk gebracht, dort in die duale Mantisse-Exponent-Darstellung umgewandelt und mit dem Inhalt der REAL-Speicherstelle SUM multipliziert. Das Produkt wird in der Mantisse-Exponent-Darstellung in der REAL-Speicherstelle X abgelegt. Der Inhalt der Speicherstellen SUM und N bleibt erhalten; die Speicherstelle X erhält einen neuen Wert.

Die Funktion **IFIX** verwandelt eine REAL-Größe in die INTEGER-Zahlendarstellung, so daß sie mit INTEGER-Größen verknüpft werden kann. Beispiel:

$$I = N + IFIX (Z + 0.5)$$

Der Inhalt der REAL-Speicherstelle Z wird in das Rechenwerk gebracht, dort um die REAL-Konstante 0.5 erhöht und in eine ganze Dualzahl verwandelt. Dabei werden alle Stellen hinter dem Dezimalpunkt abgeschnitten. Das Ergebnis der dualen Addition wird in der Speicherstelle I als ganze Dualzahl abgelegt.

Die Speicherstellen N und Z bleiben unverändert. Da die IFIX-Funktion nicht rundet, sondern alle Stellen hinter dem Dezimalpunkt abschneidet, wird in dem Beispiel die Konstante 0.5 dazuaddiert.

Die meisten Compiler wandeln gemischte Ausdrücke selbständig um, so daß die Funktionen FLOAT und IFIX entfallen können. Steht links vom Zuordnungszeichen eine INTEGER-Variable, so ist das Ergebnis **immer** ganzzahlig.

Arithmetische Anweisungen stellen wir im Programmablaufplan durch ein Rechteck dar. Oft genügt es, nur den Namen der empfangenden Variablen einzutragen. **Bild 2-4** zeigt ein Beispiel, das eine Nachricht auf dem Bildschirm ausgibt, zwei reelle Zahlen liest, nach dem Satz des Pythagoras die Hypothenuse berechnet und das Ergebnis ausgibt. **Bild 2-5** zeigt das vollständige ablauffähige Programm. Die beiden zusätzlichen Anweisungen STOP und END werden im nächsten Abschnitt erklärt.

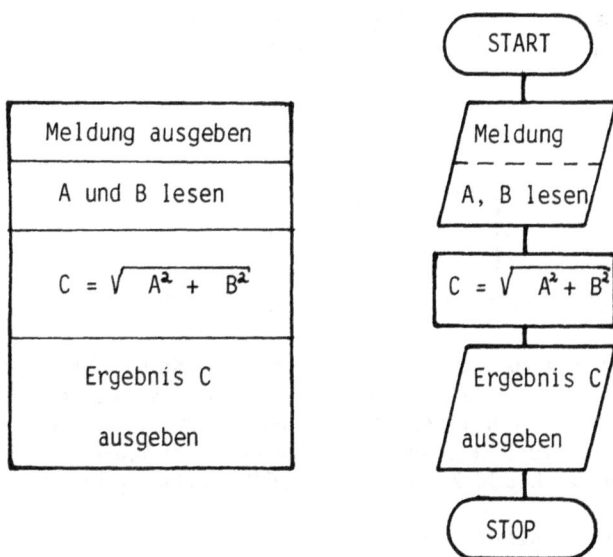

Bild 2-4: Struktogramm und Programmablaufplan zur Formelauswertung

```
C BILD 2-5 SATZ DES PYTHAGORAS
        WRITE(*,*) 'A UND B EINGEBEN'
        READ(*,*) A,B
        C = SQRT (A**2 + B**2)
        WRITE(*,*) 'C=',C
        STOP
        END

B>TEST
A UND B EINGEBEN
3. 4.
C=        5.0000000
Stop - Program terminated.
```

Bild 2-5: Programm zur Auswertung einer Formel mit Testlauf

2.6   Die wichtigsten Steueranweisungen

Sie wollen nun sicher Ihre ersten Testprogramme in den Rechner eingeben und
ausführen lassen. Dazu benötigen Sie noch einige Anweisungen, die keine Daten
übertragen oder berechnen, sondern die den Lauf des Programms steuern.

Die Anweisung

```
GOTO    n
```

bewirkt, daß das Programm nicht bei der folgenden Anweisung, sondern bei der
Anweisung Nr. n weiterarbeitet. Dabei ist die Sprungmarke n eine positive ganze Zahl in den Spalten 1 bis 5 der Programmzeile, an der das Programm weiter-
arbeiten soll.

Die Anweisung

```
STOP
```

bricht Ihr Programm ab und übergibt die Kontrolle an das Betriebssystem, das
sich wieder auf der Konsole (Bildschirm) meldet und Sie zu weiteren Eingaben
auffordert. Hinter dem Kennwort STOP kann durch ein Leerzeichen getrennt
eine Nachricht aus fünf Zeichen stehen, die beim Erreichen der STOP-Anweisung ausgegeben wird. Bild 2-4 zeigt die STOP-Anweisung im Ablaufplan.

Hinter der letzten Programmzeile steht die Anweisung

```
END
```

Alle auf die END-Anweisung folgenden Zeilen werden vom Compiler nicht übersetzt. Fehlt das END, so gibt der Compiler eine Fehlermeldung aus. Die END-
Anweisung darf keine Sprungmarke haben, denn sie ist keine STOP-Anweisung
für den Rechner, sondern eine Endemarke für den Compiler.

2.7 Die Struktur der einfachen Verarbeitungsschleife

Betrachten wir das Programm Bild 2-4 und Bild 2-5, so stellen wir fest, daß es aus den drei Programmblöcken "Lesen", "Rechnen" und "Ausgeben" besteht. **Bild 2-6** zeigt die Struktur einer **Folge** von Programmblöcken.

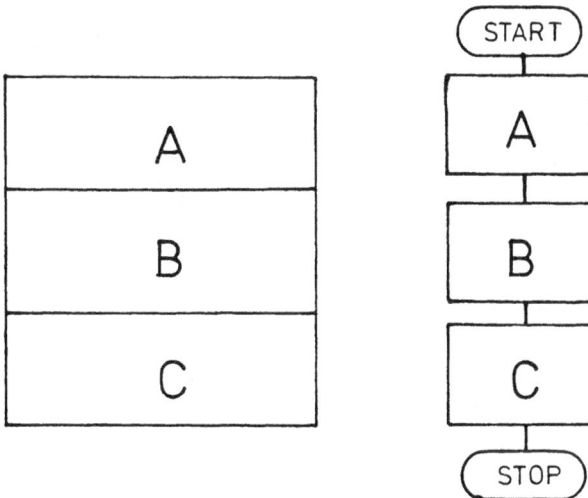

Bild 2-6: Struktur einer Folge von Programmblöcken

Wenn wir die Formel mehrmals mit verschiedenen Eingabedaten durchrechnen wollten, so müßten wir entweder das Programm Bild 2-5 mehrmals laden und starten oder wir müßten das Programm ändern, indem wir die Befehlsfolge zum Lesen, Rechnen und Ausgeben mehrmals programmieren. Eine bessere Lösung läßt die Befehlsfolge einfach mehrmals ausführen. Dies bezeichnet man als Schleife. Am Ende der mehrmals auszuführenden Befehle steht die Anweisung GOTO zurück zum ersten Befehl der Schleife. Der unbedingte Sprungbefehl GOTO wird im Ablaufplan durch eine Verbindungslinie mit Pfeil zum Sprungziel dargestellt. **Bild 2-7** zeigt die Struktur einer Schleife **ohne** Abbruchbedingung. Das Programmbeispiel **Bild 2-8** berechnet jetzt den Satz des Pythagoras in einer unendlichen Schleife für beliebig viele Eingabewerte.

Aber wie kann man den Rechner nach dem Start des Programms wieder anhalten? Dazu gibt es sehr brutale Methoden wie z.B.

Eingabefehler machen, die zum Abbruch führen,
besondere Abbruchkommandos des Betriebssystems eingeben oder
den Netzstecker ziehen.

Für uns kommt aber nur ein programmtechnisch einwandfreier Programmabbruch in Frage. Dazu geben wir auf der Konsole ein Sonderzeichen (z.B. CTRL und C)

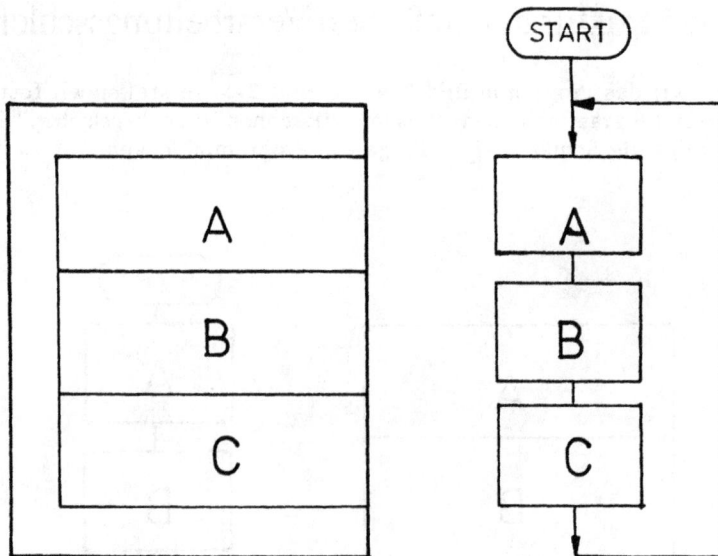

Bild 2-7: Die Struktur einer unendlichen Schleife

```
C BILD 2-8 UNENDLICHER PYTHAGORAS
10      WRITE(*,*) 'A UND B EINGEBEN'
        READ(*,*) A,B
        C = SQRT (A**2 + B**2)
        WRITE(*,*) 'C=',C
        GOTO 10
        END

B> TEST
A UND B EINGEBEN
1 2
C=          2.2360680
A UND B EINGEBEN
3. 4.
C=          5.0000000
A UND B EINGEBEN
3.E4 4.E4
C=      50000.0000000
A UND B EINGEBEN
^Z

? Error: Operation error in file USER
  Error Code 1298, Status  0003
PC = 0CA9: 00D4; SS = 115C, FP = EEDA, SP = EEDC

B>
```

Bild 2-8: Programmbeispiel für eine unendliche Schleife

oder ein Betriebssystemkommando (z.B. /* oder @EOF) ein. Zur Auswertung dieser Endemarken müssen wir die READ-Anweisung um eine Sprungbedingung erweitern.

```
READ (*,*,END = n ) Variablenliste
```

Erkennen die Eingabe-Unterprogramme des Betriebssystems die Endemarke, so führt das Programm einen Sprung zu der Anweisung aus, deren Anweisungsnummer hinter dem **END=** der READ-Anweisung steht. Befindet sich an dieser Stelle ein STOP-Befehl, so wird das Programm ordnungsgemäß beendet. Es ist jedoch auch möglich, das Programm mit weiteren Eingabe-, Ausgabe- oder Rechenbefehlen fortzusetzen. Das folgende Beispiel verzweigt nach Eingabe der Endemarke zur Anweisung 20 und verabschiedet sich dort mit der Meldung "AUF WIEDERSEHEN".

```
10      READ (*,*, END = 20) X, Y , Z
        .
        .
        GOTO 10
20      WRITE (*,*) 'AUF WIEDERSEHEN'
        STOP
```

In der Beschreibung Ihrer Rechenanlage finden Sie das Sonderzeichen oder das Steuerkommando, das auf die END-Bedingung der READ-Anweisung wirkt. Sollte Ihre Rechenanlage diese Abbruchmöglichkeit nicht kennen, so müssen Sie die Abbruchbedingung durch einen bedingten Sprungbefehl selbst programmieren. In dem folgenden Beispiel beendet der Eingabewert X = 0 die Schleife.

```
10      READ (*,*) X , Y , Z
        IF (X.EQ.0.) GOTO 20
        .
        .
        GOTO 10
20      WRITE(*,*) 'AUF WIEDERSEHEN'
        STOP
```

Bild 2-9 zeigt die Struktur einer Eingabeschleife mit Abbruchbedingung. In **Bild 2-10** finden Sie ein Programmbeispiel mit einem Testlauf, das den Pythagoras so lange in einer Schleife berechnet, bis das Programm durch die Eingabe einer Endemarke abgebrochen wird.

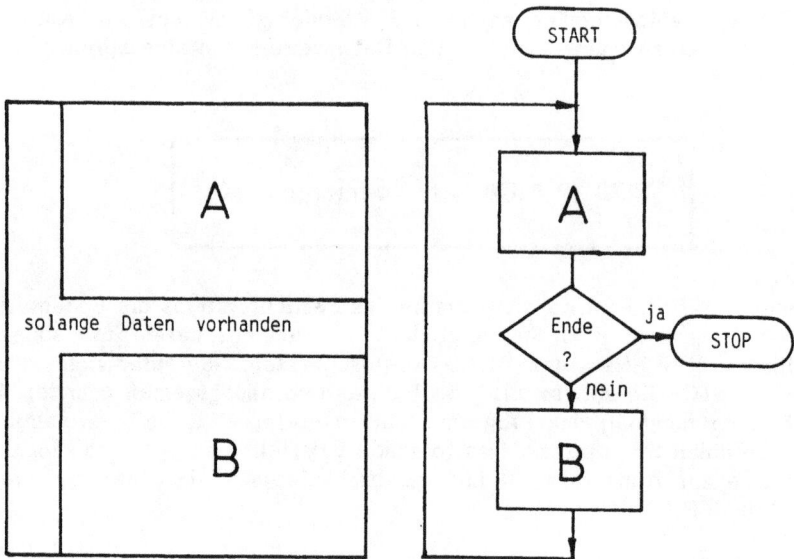

Bild 2-9: Struktur einer Eingabeschleife mit Abbruchbedingung

```
C BILD 2-10 PYTHAGORAS MIT ABBRUCHBEDINGUNG F6-TASTE
10      WRITE(*,*) 'A UND B EINGEBEN'
        READ(*,*,END=20) A,B
        C = SQRT (A**2 + B**2)
        WRITE(*,*) 'C=',C
        GOTO 10
20      STOP
        END

B>TEST
A UND B EINGEBEN
3 4
C=          5.0000000
A UND B EINGEBEN
3. 4.
C=          5.0000000
A UND B EINGEBEN
^Z
Stop - Program terminated.
```

Bild 2-10: Programmbeispiel einer Eingabeschleife mit Abbruchbedingung

Das folgende Beispiel zeigt Ihnen, daß bei der Auswertung von Formeln auch andere Programmstrukturen erforderlich sein können. Wenn Sie den Widerstand einer Drosselspule nach der Formel

$$Z = \sqrt{R^2 + (2 \cdot \pi \cdot f \cdot L)^2}$$

als Funktion der Frequenz berechnen wollen, so müssen zunächst der Ohmsche Widerstand R und die Induktivität L bekannt sein, bevor die Formel für verschiedene Frequenzen durchgerechnet wird. **Bild 2-11** zeigt ein Programmbeispiel, das zuerst R und L und dann erst die Frequenz in einer Eingabeschleife liest. Stellen Sie zur Übung das Struktogramm und den Ablaufplan auf!

```
C BILD 2-11  WIDERSTAND ALS FUNKTION DER FREQUENZ
      REAL L
      PI = 3.1415927
      WRITE(*,*) 'R IN OHM UND L IN HENRY EINGEBEN'
      READ(*,*) R , L
10    WRITE(*,*) 'F IN HZ EINGEBEN'
      READ(*,*,END=20) F
      Z = SQRT(R**2 + (2.0*PI*F*L)**2)
      WRITE(*,*) 'Z=' , Z , ' (OHM)'
      GOTO 10
20    STOP
      END

B>TEST
R IN OHM UND L IN HENRY EINGEBEN
1.  0.16
F IN HZ EINGEBEN
1
Z=           1.4179730 (OHM)
F IN HZ EINGEBEN
10
Z=          10.1027100 (OHM)
F IN HZ EINGEBEN
100
Z=         100.5359000 (OHM)
F IN HZ EINGEBEN
1000
Z=        1005.3100000 (OHM)
F IN HZ EINGEBEN
^Z
Stop - Program terminated.
```

Bild 2-11: Programmbeispiel Widerstand als Funktion der Frequenz

2.8 Übungen zum Abschnitt Grundlagen

Der Abschnitt 11 enthält für alle Aufgaben Lösungsvorschläge.

1. Aufgabe:
Für den Durchmesser D einer Kugel berechnet man das Volumen V und die Oberfläche M nach folgenden Formeln:

$$V = \frac{\pi \cdot d^3}{6} \qquad\qquad M = \pi \cdot d^2$$

Lesen Sie in einer Eingabeschleife mehrere Durchmesser und geben Sie das Volumen V und die Oberfläche M aus!

2. Aufgabe:
Den Widerstand Z einer Drosselspule berechnet man aus dem Ohmschen Widerstand R, der Induktivität L und der Frequenz f nach folgender Formel:

$$Z = \sqrt{R^2 + (2 \cdot \pi \cdot f \cdot L)^2}$$

Lesen Sie in einer Eingabeschleife jeweils einen Zahlenwert für R, L und f
ein, berechnen Sie den Widerstand Z und geben Sie das Ergebnis aus.

3. Aufgabe:
Wenn Sie als Baustatiker Träger dimensionieren wollen, so berechnen Sie die
Auflagerkraft A (kp) und das Biegemoment M (kpm) aus der Last q (kp/m)
und der Länge l (m) nach den Formeln

$$A = \frac{q \cdot l}{2} \qquad\qquad M = \frac{q \cdot l^2}{8}$$

Schreiben Sie ein Programm, das in einer Eingabeschleife jeweils einen Zahlenwert für q und l einliest, daraus A und M berechnet und alle vier Zahlen mit
ihren Maßeinheiten ausgibt.

4. Aufgabe:
Sie wollen als Elektrotechniker den Verlauf des Stromes nach dem Einschalten
einer RC-Schaltung berechnen nach der Formel

$$i = \frac{U_0}{R} \cdot e^{-\frac{t}{R \cdot C}}$$

Lesen Sie zunächst von einer Eingabezeile Werte für U in Volt, R in Ohm und
C in Farad und geben Sie die eingegebenen Zahlen mit ihren Einheiten wieder
aus.

Dann folgen beliebig viele Eingabezeilen mit einer Zeit t in Sekunden nach dem
Einschalten, für die der Strom zu berechnen und auszugeben ist. Geben Sie bitte
zusätzlich die Einheiten mit aus.

2.9   Die häufigsten Fehler

Hoffentlich hatten Sie die Gelegenheit, die Übungsprogramme auf einer Rechenanlage zu testen und hoffentlich haben Sie dabei Fehler gemacht; denn nur aus
Fehlern kann man lernen.

Die **Fehlermeldungen des Compilers** geben Ihnen Hinweise auf Verstöße gegen
die Regeln der FORTRAN-Sprache, die Sie mit Hilfe des Editors korrigieren
müssen. Die meisten Compiler unterscheiden zwischen Warnungen (warnings)
und Fehlern (errors).

Die Anweisungen dürfen erst ab Spalte 7 beginnen. Die Spalten 1 bis 5 nehmen
ganze positive Anweisungsnummern auf. Ist die Spalte 6 nicht leer oder 0, so
wird die Zeile als Fortsetzung der vorhergehenden angesehen.

Schreibt man eine Anweisung über die Spalte 72 hinaus, so werden Zeichen der Spalten 73 bis 80 nicht beachtet, weil sie der Compiler als Kennungen ansieht.

Der Compiler kontrolliert die Zahl der rechten und linken Klammerzeichen. Zwischen Klammern müssen Rechenzeichen wie z.B. das Multiplikationszeichen stehen, das man in der Mathematik oft wegläßt.

REAL-Konstanten müssen mit einem Dezimalpunkt anstelle eines Dezimalkommas geschrieben werden.

Links vom Zuweisungszeichen = darf nur der Name einer Variablen stehen, der ein Wert zugewiesen wird. Es sind nur Zahlenrechnungen, keine Buchstabenrechnungen oder Umformungen von Gleichungen möglich.

Beachten Sie genau der Schreibweise der Kennwörter und der von Ihnen gewählten Namen. Besorgen Sie sich zusätzlich das Handbuch des FORTRAN-Compilers der Rechenanlage, mit der Sie arbeiten. Nur hier finden Sie die Einschränkungen und Erweiterungen gegenüber dem Standard "FORTRAN 77" dieses Buches. Schreiben Sie gegebenenfalls kleine Testprogramme, um Unklarheiten in der Sprachbeschreibung aufzuhellen.

Bei der Ausführung eines Programms können **Fehlermeldungen des Betriebssystems** auf der Konsole erscheinen. Diese betreffen Division durch Null, Zahlenüberlauf oder Zahlenunterlauf und Fehler bei der Dateneingabe.

Alle Buchstaben und Sonderzeichen (außer Vorzeichen) führen bei der Eingabe von Zahlen zu Fehlermeldungen.

INTEGER-Zahlen werden ohne Dezimalpunkt eingegeben. REAL-Zahlen wahlweise mit oder ohne Dezimalpunkt oder in der dezimalen Exponenten-Mantisse-Darstellung. Der Kennbuchstabe **E** steht vor dem Exponenten zur Basis 10. Bei der listengesteuerten Eingabe ohne FORMAT muß mindestens ein Leerzeichen zwischen zwei Zahlen stehen; Leerzeichen zwischen den Ziffern einer Zahl sind nicht zulässig.

Im schlimmsten Fall entstehen fehlerhafte Ergebnisse **ohne** Fehlermeldungen durch den Compiler oder das Betriebssystem. Die häufigsten Ursachen sind:

Falsch programmierte Formeln oder Rechenverfahren,
fehlende Wertzuweisung an Variablen eines arithmetischen Ausdrucks und
Mischung von REAL- und INTEGER-Größen und dadurch Abschneiden von Stellen hinter dem Dezimalpunkt.

Lassen Sie Ihr Programm mit Testdaten laufen, die alle Möglichkeiten erfassen und rechnen Sie die Ergebnisse mit dem Taschenrechner nach. Aber auch dann noch können Ihre Programme Fehler bei der Verarbeitung enthalten.

3 Programmverzweigungen

Der Abschnitt 2 zeigte Ihnen die einfachen Programmstrukturen Folge und Schleife. Der Rechner führt die Anweisungen in der Reihenfolge aus, in der sie im Programm angeordnet sind. Aber der Rechner kann mehr als nur rechnen und Daten übertragen; er kann auch Daten miteinander vergleichen und dann entscheiden, welche Anweisungen er als nächste ausführt. Dieser Abschnitt zeigt Ihnen die FORTRAN-Anweisungen, mit denen Sie Vergleiche und Verzweigungen programmieren können.

3.1 Die Vergleichsoperationen

Im mathematischen und im täglichen Leben begegnen Ihnen Aussagen wie z.B.

Wenn A gleich B, dann . . .
Für X kleiner Null berechne . . .
Liegt das Bußgeld unter 50 DM, dann . . .
Bei einem Einkommen von mehr als 60 000 DM müssen Sie . . .

Auf diese Vergleiche gibt es nur zwei Anworten:
Bei "ja" wird das getan, was hinter dem Vergleich steht.
Bei "nein" wird die hinter dem Vergleich stehende Tätigkeit nicht ausgeführt.

In FORTRAN programmieren wir diese Entscheidungen mit dem logischen IF.

```
IF( Vergleich )  Anweisung
```

Die **hinter** der Klammer stehende Anweisung wird nur dann ausgeführt, wenn die **in** der Klammer stehende Vergleichsbedingung erfüllt ist.

Die mathematische Aussagenlogik (Bool'sche Algebra) beschäftigt sich mit Ja-Nein-Entscheidungen. Der Abschnitt über logische Größen (LOGICAL) zeigt Ihnen, daß man diese Aussagen in Formeln fassen kann und daß man mit ihnen rechnen kann wie mit Zahlen. Für den Vergleich zweier arithmetischer Größen gibt es die folgenden Vergleichsoperationen:

```
.EQ.    =    gleich
.NE.    ≠    ungleich
.LT.    <    kleiner als
.LE.    ≤    kleiner oder gleich
.GE.    ≥    größer oder gleich
.GT.    >    größer als
```

Die beiden Punkte gehören zur Vergleichsoperation und dürfen nicht fortgelassen werden. Das Ergebnis eines Vergleiches ist ein logischer Ausdruck, der entweder "wahr" oder "falsch" ist. Sie können Variablen, Konstanten und arithmetische Ausdrücke miteinander vergleichen. In den folgenden Beispielen setzen wir die Vergleichsoperation in Klammern.

```
(I.GE.K)            (I größer oder gleich K)
(M+K.LE.100)        (Summe vom M und K kleiner oder gleich 100)
(L.GT.LMAX)         (L größer als LMAX)
(I.EQ.1000)         (INTEGER-Variable I gleich INTEGER-Konstante 1000)
```

Wenn Sie reelle Größen auf Gleichheit oder Ungleichheit prüfen, so bedenken Sie bitte, daß bei REAL-Zahlen Umwandlungs- und Rundungsfehler auftreten können. Bei eingelesenen Werten können Sie direkt abfragen, bei berechneten Größen könnte es zweckmäßig sein, auf einen Bereich oder eine relative Abweichung zu prüfen. Beispiele:

```
READ(*,*) X             X lesen
IF(X.EQ.0.) STOP        Für X = 0  STOP

(D.LE.0.)               (D kleiner oder gleich 0)
```

$$(\text{ABS}((A-B)/A).LT.1.E-6) \qquad \left| \frac{A - B}{A} \right| < 10^{-6}$$

Vergleichsaussagen lassen sich miteinander verknüpfen:

Für A größer Null **und** A kleiner 1 ...
Für X gleich 0 **oder** X gleich 1 ...
Alle die verheiratet sind **und** mehr als 2 Kinder haben ...

Die Ergebnisse zweier arithmetischer Vergleiche können Sie in FORTRAN mit folgenden logischen Operationen verknüpfen:

```
.AND.   beide Bedingungen müssen erfüllt sein
.OR.    nur eine Bedingung muß erfüllt sein
```

Die beiden Punkte sind Bestandteil der Verknüpfungsoperation und dürfen nicht fortgelassen werden. Die Operation **.AND.** bildet das logische UND zweier Aussagen. Die Gesamtbedingung ist nur dann erfüllt, wenn beide Vergleiche richtig sind. Die Operation **.OR.** bildet das logische ODER zweier Vergleiche. Hier genügt es, daß eine der beiden Aussagen richtig ist. Es lassen sich auch mehr als zwei Vergleiche logisch miteinander verknüpfen. Weitere Regeln und Operationen finden Sie im Abschnitt über logische Größen (LOGICAL). Leerzeichen machen den Ausdruck lesbarer. Beispiele für die logische Verknüpfung mehrerer Vergleiche:

```
(I.GT.10 .AND. K.LT.100)      (I größer 10 UND K kleiner 100)
(A.GT.1.5 .OR. B.GT.2.)       (A größer 1.5 ODER B größer 2.)

READ(*,*) A , B , C
IF(A.EQ.0. .AND. B.EQ.0. .AND. C.EQ.0.) STOP
```

Verknüpft man zwei Vergleiche durch das logische UND bzw. logische ODER, so kann man einen Zahlenbereich überprüfen. Als Beispiel sollen alle ganzen zweistelligen Zahlen, also der Bereich von 10 bis 99, herausgesucht werden.

```
(I.GE.10 .AND. I.LE.99)   (I größer/gleich 10  UND  I kleiner/gleich 99)
```

Will man alle Zahlen heraussuchen, die **nicht** in dem Bereich von 10 bis 99 liegen, so verwendet man die ODER-Verknüpfung.

```
(I.LT.10 .OR. I.GT.99)    (I kleiner 10  ODER  I größer 99)
```

3.2   Die einseitig bedingte Anweisung, das logische IF

Der Abschnitt 3.1 zeigte, daß man Variablen, Konstanten und arithmetische Ausdrücke miteinander vergleichen kann. Es entsteht ein logischer Ausdruck, der entweder "wahr" oder "falsch" ist. Mit Hilfe des logischen IF ist es möglich, eine Anweisung nur dann auszuführen, wenn die Bedingung "wahr" ist.

```
IF( logischer Ausdruck ) Anweisung1

Anweisung2
```

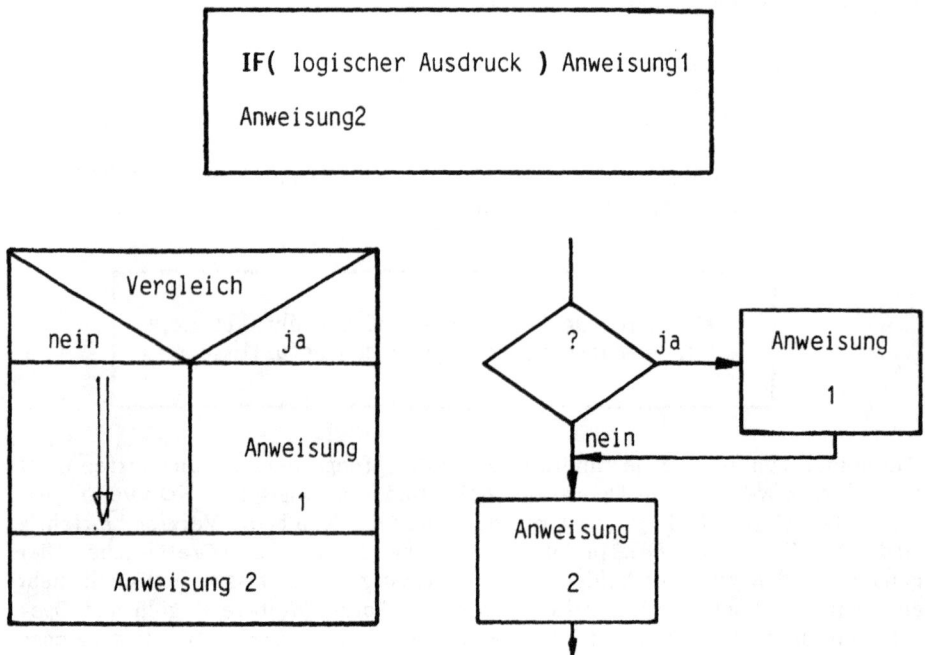

Bild 3-1: Die Struktur der einseitig bedingten Anweisung

IF ist das Kennwort. Der logische Ausdruck ergibt sich aus einem Vergleich von arithmetischen Größen. Ist die Aussage "wahr", so wird die hinter der Klammer stehende Anweisung1 ausgeführt. Ist dies weder eine STOP- noch eine GOTO-Anweisung, so folgt anschließend die Anweisung2 der nächsten Zeile. Ist die Aussage "falsch", so wird die hinter der Klammer stehende Anweisung1 **nicht** ausgeführt, sondern das Programm fährt mit der Anweisung2 der nächsten Zeile fort. **Bild 3-1** zeigt die Struktur der einseitig bedingten Anweisung.

Das in **Bild 3-2** dargestellte Testprogramm untersucht von der Tastatur einzugebende reelle Zahlen, ob sie positiv sind und gibt eine entsprechende Meldung auf dem Bildschirm aus.

```
C BILD 3-2 BEDINGTE ANWEISUNG
10      WRITE(*,*) 'REELLE ZAHL EINGEBEN'
        READ(*,*,END = 20) X
        IF(X.GT.O.) WRITE(*,*) X , '  POSITIV'
        GOTO 10
20      STOP
        END

B>TEST
REELLE ZAHL EINGEBEN
3.
        3.0000000  POSITIV
REELLE ZAHL EINGEBEN
-3.
REELLE ZAHL EINGEBEN
10.E10
   1.000000E+011  POSITIV
REELLE ZAHL EINGEBEN
^Z
Stop - Program terminated.
```

Bild 3-2: Beispiel für eine einseitig bedingte Anweisung

Will man bei "Ja" mehr als eine Anweisung ausführen, so kommt man in die Versuchung, hinter das IF einfach eine GOTO-Anweisung zu setzen, die zu der bei "ja" auszuführenden Befehlsfolge führt. Bei älteren FORTRAN-Compilern mußte tatsächlich so verfahren werden; moderne Compiler, die dem Standard FORTRAN 77 entsprechen, kennen das im nächsten Abschnitt behandelte Block-IF.

3.3 Der Aufbau von Blockstrukturen durch das Block-IF

Bitte prüfen Sie zunächst in dem Handbuch Ihrer Rechenanlage, ob Ihr FORTRAN-Compiler schon das Block-IF kennt. Wenn nicht, dann müssen Sie alle Beispiele dieses Abschnitts mit dem logischen IF und dem unbedingten Sprung GOTO oder dem arithmetischen IF programmieren. Die Abschnitte 3.4 und 3.5 liefern dazu Beispiele.

Ein **Block** ist ein geschlossenes Programmstück, das nur einen Anfang (Eingang) und ein Ende (Ausgang) besitzt. Blöcke können aus einer Folge, einer Schleife oder einer Alternative bestehen

Eine **Folge** besteht aus mehreren Anweisungen oder mehreren Blöcken, die nacheinander ausgeführt werden. Bild 2-6 zeigt die Struktur einer Folge.

Eine **Schleife** besteht aus einem Block, der mehrmals ausgeführt wird. Bild 2-9 zeigt die Struktur einer Eingabeschleife mit Abbruchbedingung.

Mit dem logischen IF ist es möglich, eine Anweisung nur dann auszuführen, wenn eine Bedingung erfüllt ist. Sie läßt sich auch auf Programmblöcke anwenden.

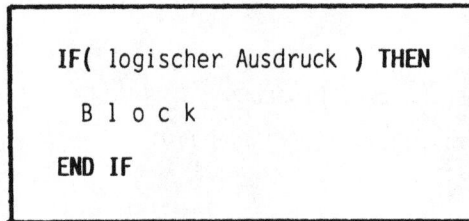

```
IF( logischer Ausdruck ) THEN

    B l o c k

END IF
```

Der zwischen den Anweisungen IF...THEN und END IF stehende Block wird nur dann ausgeführt, wenn die Bedingung des logischen Ausdrucks erfüllt ist. Sonst wird die Anweisung bzw. der Block ausgeführt, der auf die Anweisung END IF folgt. **Bild 3-3** zeigt die Struktur des bedingten Block-IF.

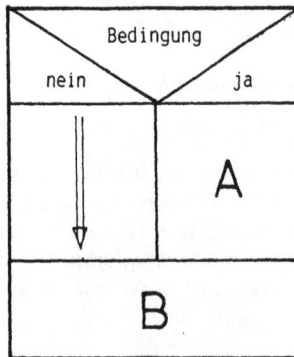

Bild 3-3: Die Struktur des bedingten Blocks

Ist die Bedingung des logischen Ausdrucks erfüllt, so werden der Block "A" und anschließend der Block "B" ausgeführt. Ist die Bedingung nicht erfüllt, so wird nur der Block "B" ausgeführt. **Bild 3-4** zeigt ein Beispiel, das in einer Eingabeschleife reelle Zahlen liest und nur für positive Zahlen die Wurzel zieht und ausgibt.

```
C BILD 3-4  BEDINGTER BLOCK
10      WRITE(*,*) 'REELLE ZAHL EINGEBEN'
        READ(*,*,END=20) X
        IF(X.GT.O.) THEN
         Z = SQRT(X)
         WRITE(*,*) 'WURZEL =',Z
        END IF
        GOTO 10
20      STOP
        END
```

```
B>TEST
REELLE ZAHL EINGEBEN
4
WURZEL =           2.0000000
REELLE ZAHL EINGEBEN
100
WURZEL =          10.0000000
REELLE ZAHL EINGEBEN
-9
REELLE ZAHL EINGEBEN
1.E38
WURZEL =  1.000000E+019
REELLE ZAHL EINGEBEN
^Z
Stop - Program terminated.
```

Bild 3-4: Programmbeispiel für einen bedingten Block

Das Block-IF läßt sich mit Hilfe der ELSE-Anweisung zur **Alternative** erweitern. Bei dieser Programmstruktur wird immer nur einer von zwei Blöcken ausgeführt.

```
IF( logischer Ausdruck ) THEN
    B l o c k  A
ELSE
    B l o c k  B
END IF
```

Ist die Bedingung des logischen Ausdrucks erfüllt, so wird der zwischen IF... THEN und ELSE stehende Block ausgeführt. Ist die Bedingung nicht erfüllt, so wird der zwischen ELSE und END IF stehende Block ausgeführt. **Bild 3-5** zeigt die Struktur der alternativen Blöcke.

Ist die Bedingung des logischen IF erfüllt, so wird erst der Block "A" und anschließend der Block "C" ausgeführt; der Block "B" wird nicht ausgeführt. Ist die Bedingung nicht erfüllt, so lautet die Reihenfolge Block "B" und anschließend Block "C", aber nicht Block "A". **Bild 3-6** zeigt ein Testprogramm, das beim Wurzelziehen zwischen den Fällen Radikand positiv und Radikand negativ unterscheidet.

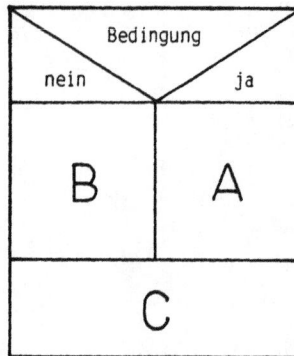

Bild 3-5: Die Struktur der alternativen Blöcke

```
C BILD 3-6 ALTERNATIVE BLOECKE
10      WRITE(*,*) 'REELLE ZAHL EINGEBEN'
        READ(*,*,END=20) X
        IF(X.GE.O.) THEN
          Z = SQRT(X)
          WRITE(*,*) 'REELLE WURZEL =', Z
        ELSE
          Z = SQRT(ABS(X))
          WRITE(*,*) 'IMAGINAERE WURZEL =', Z , ' i'
        END IF
        GOTO 10
20      STOP
        END

B>TEST
REELLE ZAHL EINGEBEN
81.
REELLE WURZEL =         9.0000000
REELLE ZAHL EINGEBEN
-81.
IMAGINAERE WURZEL =        9.0000000 i
REELLE ZAHL EINGEBEN
+10000
REELLE WURZEL =       100.0000000
REELLE ZAHL EINGEBEN
-1.E-20
IMAGINAERE WURZEL = 1.000000E-010 i
REELLE ZAHL EINGEBEN
^Z
Stop - Program terminated.
```

Bild 3-6: Programmbeispiel für alternative Blöcke

Soll im Programm zwischen mehr als zwei Blöcken unterschieden werden, so spricht man von einer **Fallunterscheidung** . Sie läßt sich auf beliebig viele Blöcke anwenden. Das Beispiel zeigt nur vier Blöcke.

```
IF( logischer Ausdruck1 ) THEN

  B l o c k  A

ELSE IF( logischer Ausdruck2 ) THEN

  B l o c k  B

ELSE IF( logischer Ausdruck3 ) THEN

  B l o c k  C

ELSE

  B l o c k  D

END IF
```

Es wird nur der Block ausgeführt, für den der logische Ausdruck wahr ist, alle anderen Blöcke bleiben unberücksichtigt. Anschließend wird der Block ausgeführt, der auf das END IF folgt. Ist keine Bedingung eines IF erfüllt, so wird der Block ausgeführt, der auf das ELSE folgt. Sind die Bedingungen mehrerer logischer Ausdrücke erfüllt, so wird nur der Block ausgeführt, der auf den **ersten** als wahr erkannten Ausdruck folgt, alle anderen ebenfalls erfüllten Blöcke werden **nicht** ausgeführt. Die zuerst definierten Blöcke haben also Vorrang. **Bild 3- 7** zeigt die Struktur einer Fallunterscheidung.

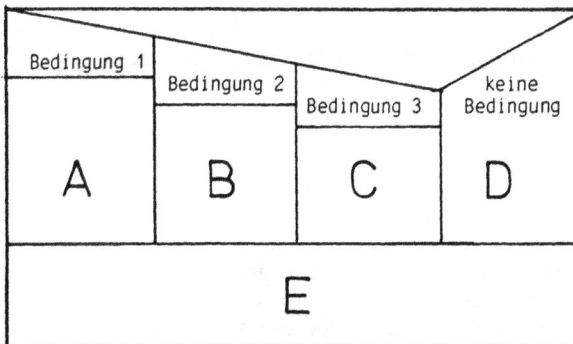

Bild 3-7: Die Struktur einer Fallunterscheidung

In Abhängigkeit von drei Bedingungen werden einer der drei Blöcke "A" oder "B" oder "C" und anschließend der auf die Fallunterscheidung folgende Block "E" ausgeführt. Ist keine der drei Bedingungen erfüllt, so werden der Block "D" und anschließend der Block "E" ausgeführt. **Bild 3-8** zeigt ein Programmbeispiel, das die Fälle "reelle Wurzel", "imaginäre Wurzel" und "keine Wurzel" unterscheidet. Da es keine vierte Möglichkeit gibt, wird der vierte Block hinter dem ELSE nie ausgeführt. Er könnte den letzten bedingten IF-Block ersetzen oder aber entfallen.

```
C BILD 3-8 FALLUNTERSCHEIDUNG
10      WRITE(*,*) 'REELLE ZAHL EINGEBEN'
        READ(*,*,END=20) X
        IF(X.GT.O.) THEN
          Z = SQRT(X)
          WRITE(*,*) 'REELLE WURZEL =', Z
        ELSE IF(X.EQ.O.) THEN
          Z = O.
          WRITE(*,*) 'WURZEL NULL', Z
        ELSE IF(X.LT.O.) THEN
          Z = SQRT(ABS(X))
          WRITE(*,*) 'IMAGINAERE WURZEL =' , Z , ' i'
        ELSE
          WRITE(*,*) 'DARF NICHT ERREICHT WERDEN'
        END IF
        GOTO 10
20      STOP
        END


B>TEST
REELLE ZAHL EINGEBEN
9.
REELLE WURZEL =         3.0000000
REELLE ZAHL EINGEBEN
0.
WURZEL NULL  0.000000E+000
REELLE ZAHL EINGEBEN
-9.
IMAGINAERE WURZEL =         3.0000000 i
REELLE ZAHL EINGEBEN
^Z
Stop - Program terminated.
```

Bild 3-8: Programmbeispiel für eine Fallunterscheidung

Alternativen und Fallunterscheidungen lassen sich schachteln. **Bild 3-9** zeigt die Struktur einer geschachtelten Fallunterscheidung, mit der die Lage eines Punktes im Koordinatensystem bestimmt wird. In dem Beispiel unterscheidet die erste Stufe die X-Koordinate, die zweite Stufe die Y-Koordinate. Es ist aber auch eine andere Struktur möglich, die zuerst die Y-Koordinate und dann die X-Koordinaten unterscheidet. Blöcke, die ausgeführt werden, wenn keine Bedingung erfüllt ist, sind in dem Beispiel nicht vorgesehen.

Für die FORTRAN-Programmierung der in Bild 3-9 gezeigten Struktur gibt es mehrere Möglichkeiten, von denen nur zwei als Beispiel ausgeführt werden sollen. **Bild 3-10** zeigt ein Programmbeispiel, das mit geschachtelten Fallunterscheidungen arbeitet. Zur besseren Lesbarkeit sind die Blöcke eingerückt.

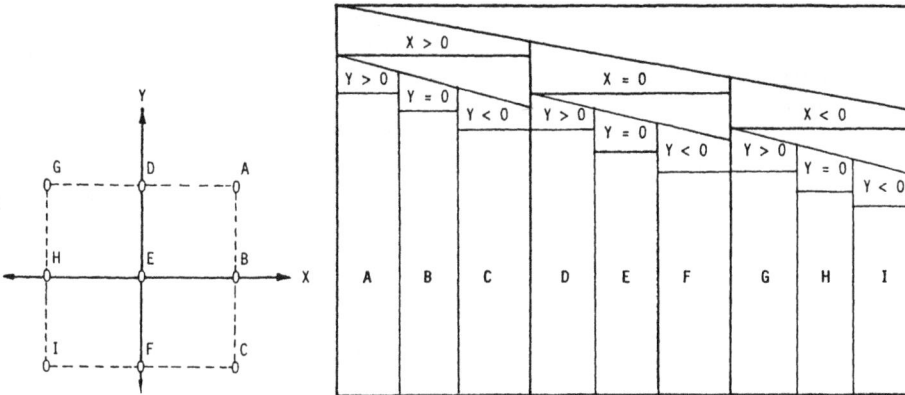

Bild 3-9: Die Struktur einer geschachtelten Fallunterscheidung

```
C BILD 3-10  GESCHACHTELTE BLOECKE
10      WRITE(*,*) 'KOORDINATEN X UND Y EINGEBEN'
        READ(*,*,END=20) X,Y
        IF(X.GT.O.) THEN
          IF(Y.GT.O.) THEN
            WRITE(*,*) 'LAGE A IM 1. QUADRANTEN'
          ELSE IF(Y.EQ.O.) THEN
            WRITE(*,*) 'LAGE B AUF POS. X-ACHSE'
          ELSE
            WRITE(*,*) 'LAGE C IM 4. QUADRANTEN'
          END IF
        ELSE IF(X.EQ.O.) THEN
          IF(Y.GT.O.) THEN
            WRITE(*,*) 'LAGE D AUF POS. Y-ACHSE'
          ELSE IF(Y.EQ.O.) THEN
            WRITE(*,*) 'LAGE E IM NULLPUNKT'
          ELSE
            WRITE(*,*) 'LAGE F AUF NEG. Y-ACHSE'
          END IF
        ELSE
          IF(Y.GT.O.) THEN
            WRITE(*,*) 'LAGE G IM 2. QUADRANTEN'
          ELSE IF(Y.EQ.O.) THEN
            WRITE(*,*) 'LAGE H AUF NEG. X-ACHSE'
          ELSE
            WRITE(*,*) 'LAGE I IM 3. QUADRANTEN'
          END IF
        END IF
        GOTO 10
20      STOP
        END

B>TEST
KOORDINATEN X UND Y EINGEBEN
1 1
LAGE A IM 1. QUADRANTEN
```

Bild 3-10: Programmbeispiel einer geschachtelten Blockstruktur

Die Auswahl der in Bild 3-9 gezeigten neun Blöcke erfolgt durch die beiden Auswahlgrößen X und Y. Im Abschnitt 3.1 haben wir gesehen, daß sich arithmetische Vergleiche durch das logische UND (.AND.) und das logische ODER (.OR.) verknüpfen lassen. Deshalb zeigt das Programmbeispiel **Bild 3-11** eine Lösung, die zwei arithmetische Vergleiche durch .AND. verknüpft. Da jeder Block nur aus einer WRITE-Anweisung besteht, wurde in dem Beispiel die einseitig bedingte Anweisung (logisches IF) anstelle der Fallunterscheidung (Block-IF) verwendet.

```
C BILD 3-11  LOGISCH VERKNUEPFTE BEDINGUNGEN
10      WRITE(*,*) 'KOORDINATEN X UND Y EINGEBEN'
        READ(*,*,END=20) X,Y
        IF(X.GT.0. .AND. Y.GT.0.) WRITE(*,*) '1. QUADRANT'
        IF(X.GT.0. .AND. Y.EQ.0.) WRITE(*,*) 'POS. X-ACHSE'
        IF(X.GT.0. .AND. Y.LT.0.) WRITE(*,*) '4. QUADRANT'
        IF(X.EQ.0. .AND. Y.GT.0.) WRITE(*,*) 'POS. Y-ACHSE'
        IF(X.EQ.0. .AND. Y.EQ.0.) WRITE(*,*) 'NULLPUNKT'
        IF(X.EQ.0. .AND. Y.LT.0.) WRITE(*,*) 'NEG. Y-ACHSE'
        IF(X.LT.0. .AND. Y.GT.0.) WRITE(*,*) '2. QUADRANT'
        IF(X.LT.0. .AND. Y.EQ.0.) WRITE(*,*) 'NEG. X-ACHSE'
        IF(X.LT.0. .AND. Y.LT.0.) WRITE(*,*) '3. QUADRANT'
        GOTO 10
20      STOP
        END

B>TEST
KOORDINATEN X UND Y EINGEBEN
1. 1.
1. QUADRANT
```

Bild 3-11: Programmbeispiel logisch verknüpfter Bedingungen

3.4 Programmverzweigungen mit dem arithmetischen IF

Die älteste bedingte Sprunganweisung in der Geschichte des FORTRAN ist das arithmetische IF, das einen arithmetischen Ausdruck auf kleiner Null (negativ), gleich Null und größer Null (positiv) untersucht. Entsprechend dem Ergebnis wird zu einem von drei Zielen gesprungen. Diese Art der Verzweigung kommt der Arbeitsweise des Rechners am nächsten, der nur die Maschinenbefehle "Springe bei negativ", "Springe bei Null" und "Springe bei positiv" kennt. Der FORTRAN-Compiler muß also das logische IF und das Block-IF durch Rechenoperationen (z.B. Differenzbildung) auf diese drei Grundbefehle zurückführen.

```
IF( arithmetischer Ausdruck )  n1 , n2 , n3
```

Der arithmetische Ausdruck kann bestehen aus einer Variablen oder aus einer arithmetischen Verknüpfung von Variablen, Konstanten und Funktionen. Die Sprungziele sind Anweisungsnummern, die im Programm als Sprungmarken in den Spalten 1 bis 5 einer Programmzeile definiert sein müssen. Sie können vor oder hinter dem IF liegen. Die Reihenfolge der Sprungziele in der Liste ist festgelegt.

Das 1. Sprungziel n1 wird angesprungen für den Fall, daß der arithmetische Ausdruck negativ ist.

Das 2. Sprungziel n2 wird angesprungen für den Fall, daß der arithmetische Ausdruck Null ist.

Das 3. Sprungziel n3 wird angesprungen für den Fall, daß der arithmetische Ausdruck positiv aber ungleich Null ist.

Mehrere Ausgänge dürfen auf eine Anweisungsnummer geführt werden. Kann einer der drei Fälle mit Sicherheit nicht auftreten, so darf die Anweisungsnummer entfallen; das Komma muß als Trennzeichen erhalten bleiben. Wenn Sie zwei REAL-Größen auf Gleichheit prüfen, so beachten Sie bitte, daß Umwandlungs- und Rundungsfehler auftreten können. Untersuchen Sie in diesem Fall den Absolutwert der relativen Abweichung! Beispiele für das arithmetische IF:

```
IF (I) 10,20,30      Es wird die Variable I untersucht
IF (I - 5) 40,30,10  Es wird I auf kleiner,gleich,größer 5 untersucht
```

Das folgende Beispiel vergleicht die REAL-Variablen X0 und X1 auf 3 Stellen:

```
IF (ABS((X0-X1)/X1) - 1.0E-3) 100 , 100 , 200
```

Das **Bild 3-12** zeigt die Struktur des arithmetischen IF. Es liefert lediglich Sprungziele, aber keine Kontrolle der Fallunterscheidung wie das Block-IF. Daher gehört an das Ende jedes Blockes ein unbedingter Sprungbefehl GOTO, der an das Ende der Fallunterscheidung springt.

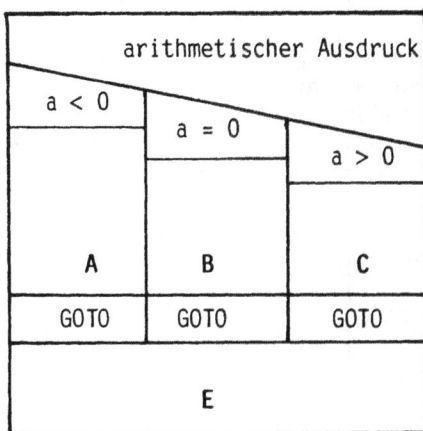

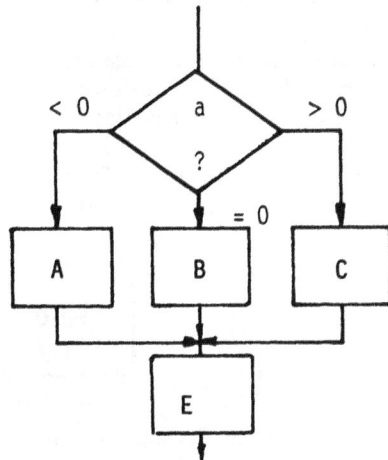

Bild 3-12: Die Struktur des arithmetischen IF

Das Programmbeispiel **Bild 3-13** untersucht eine reelle Zahl auf die drei Fälle negativ, Null und positiv, zieht die Wurzel und gibt das Ergebnis aus. Die gleiche Aufgabe hatten wir im Bild 3-8 mit dem Block-IF gelöst. Die vorliegende Lösung mit dem arithmetischen IF gehorcht der strengen Regel der Strukturierten Programmierung, daß ein Block nur einen Eingang und einen Ausgang haben darf und führt die Ausgänge aller drei Programmzweige auf die Anweisung 50. Als "unstrukturierter" Programmierer würden Sie die Anweisung 50 weglassen und am Ende aller drei Programmzweige zur Marke 10 springen, also GOTO 10 statt GOTO 50. Dafür würde man Sie als "Spaghetti"-Programmierer bezeichnen.

```
C BILD 3-13  ARITHMETISCHES IF
10      WRITE(*,*) 'REELLE ZAHL EINGEBEN'
        READ(*,*,END=60) X
        IF(X) 20 , 30 ,40
20      Z = SQRT(ABS(X))
        WRITE(*,*) 'IMAGINAERE WURZEL =', , Z , ' i'
        GOTO 50
30      Z= 0.
        WRITE(*,*) 'WURZEL NULL' , Z
        GOTO 50
40      Z = SQRT(X)
        WRITE(*,*) 'REELLE WURZEL =' , Z
        GOTO 50
50      GOTO 10
60      STOP
        END

B>TEST
REELLE ZAHL EINGEBEN
4
REELLE WURZEL =           2.0000000
```

Bild 3-13: Programmbeispiel Fallunterscheidung mit dem arithmetischen IF

3.5   Programmverzweigungen mit dem GOTO-Befehl

Für alle Anhänger der Strukturierten Programmierung ist der Befehl **GOTO** ein rotes Tuch, denn er verleitet den Programmierer, Programme zu entwerfen, bei denen die Programmzweige ungeordnet und unübersichtlich angeordnet sind wie Spaghetti auf dem Teller. Leider geht es in FORTRAN nicht ganz ohne den unbedingten Sprung GOTO zu einer Marke, die als positive ganze Zahl in den Spalten 1 bis 5 des Sprungziels steht.

```
GOTO  Sprungmarke
```

Der unbedingte Sprung wird oft zusammen mit dem logischen IF dazu benutzt, Programmverzweigungen zu programmieren. Bei "ja" wird gesprungen, bei "nein" wird die auf das IF folgende Anweisung ausgeführt. Wir wollen diese Kombination als bedingten Sprungbefehl bezeichnen.

```
IF( logischer Ausdruck ) GOTO Sprungmarke

Anweisung
```

Bild 3-14 zeigt den Aufbau einer Alternative mit Hilfe des bedingten Sprung-befehls. Am Ausgang jedes Blocks steht wieder ein GOTO-Befehl, der auf den gemeinsamen Ausgang des Alternativ-Blocks führt.

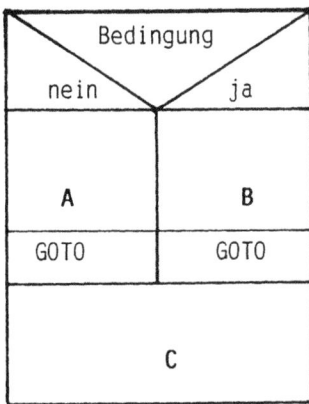

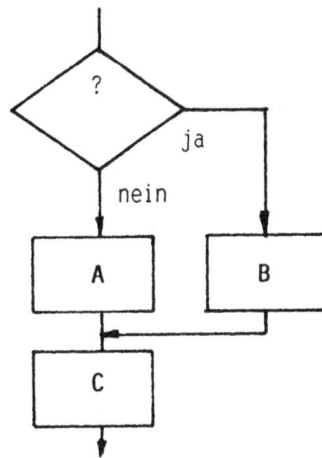

Bild 3-14: Aufbau einer Alternative mit dem bedingten Sprungbefehl

Mit mehreren bedingten Sprungbefehlen lassen sich nach dem gleichen Muster Fallunterscheidungen aufbauen. Dabei sollte man die bedingten Sprünge mög-lichst zusammenfassen und die Ausgänge aller Blöcke auf ein gemeinsames Sprungziel führen, das am Ende der Fallunterscheidung steht. **Bild 3-15** zeigt als Beispiel die Untersuchung einer reellen Zahl auf positiv, negativ und Null. Diese Aufgabe haben wir schon mit dem Block-IF (Bild 3-8) und dem arithme-tischen IF (Bild 3-13) gelöst. Auch die vorliegende Lösung mit bedingten Sprungbefehlen enthält ganz im Sinne der Strukturierten Programmierung ei-gentlich überflüssige Sprunganweisungen, die das Programm übersichtlicher ma-chen. Versuchen Sie doch einmal eine kürzere, aber "unstrukturierte" Lösung!

Mit Hilfe des berechneten GOTO ist es möglich, mit einfachen Mitteln eine Fallunterscheidung für eine INTEGER-Größe zu programmieren.

```
GOTO ( n1 , n2 , n3 , . . ., nk ) , i
```

```
C BILD 3-15  BEDINGTE SPRUNGBEFEHLE
10      WRITE(*,*) 'REELLE ZAHL EINGEBEN'
        READ(*,*,END=60) X
        IF(X.LT.0.) GOTO 20
        IF(X.EQ.0.) GOTO 30
        IF(X.GT.0.) GOTO 40
        GOTO 50
20      Z = SQRT(ABS(X))
        WRITE(*,*) 'IMAGINAERE WURZEL =' , Z , ' i'
        GOTO 50
30      Z= 0.
        WRITE(*,*) 'WURZEL NULL' , Z
        GOTO 50
40      Z = SQRT(X)
        WRITE(*,*) 'REELLE WURZEL =' , Z
        GOTO 50
50      GOTO 10
60      STOP
        END


B>TEST
REELLE ZAHL EINGEBEN
9
REELLE WURZEL =        3.0000000
REELLE ZAHL EINGEBEN
0
WURZEL NULL  0.000000E+000
```

Bild 3-15: Programmbeispiel Fallunterscheidung mit bedingten Sprüngen

Hinter dem GOTO steht eine Klammer mit einer Liste von möglichen Sprungzielen (Marken). Hinter der Klammer steht ein arithmetischer Ausdruck vom Typ INTEGER; das Komma zwischen Klammer und Ausdruck kann entfallen. Der Wert der INTEGER-Größe entscheidet, zu welchem Ziel gesprungen wird.

Für i = 1 Sprung zur 1. Marke
Für i = 2 Sprung zur 2. Marke
Für i = 3 Sprung zur 3. Marke

Für i = k Sprung zur k. Marke

Die Sprungmarken sind positive ganze Zahlen, die in den Spalten 1 bis 5 der Sprungziele erscheinen müssen. Es besteht kein Zusammenhang zwischen dem Zahlenwert der INTEGER-Größen und der Nummer des Sprungziels, entscheidend ist die Position des Sprungziels in der Liste. Ist der INTEGER-Ausdruck negativ, Null oder größer als die Anzahl der vereinbarten Sprungziele, so kann der Sprung nicht ausgeführt werden, weil kein Sprungziel vorhanden ist. Um Fehlerabbrüche während der Verarbeitung zu vermeiden, sollte man vor dem berechneten GOTO den zulässigen Bereich der Sprungziele überprüfen. Das folgende Beispiel verlangt die Eingabe einer INTEGER-Zahl von 1 bis 4 und verzweigt in vier Programmblöcke; der Fehlerfall wird vorher abgefragt.

```
C BILD 3-16  FALLUNTERSCHEIDUNG BERECHNETES GOTO
10        WRITE(*,*) 'ZAHL VON 1 BIS 4 EINGEBEN'
          READ(*,*,END=80) I
          IF(I.LE.0 .OR. I.GT.4) GOTO 60
          GOTO(20 , 30 , 40 , 50) , I
20        WRITE(*,*) 'EINS'
          GOTO 70
30        WRITE(*,*) 'ZWEI'
          GOTO 70
40        WRITE(*,*) 'DREI'
          GOTO 70
50        WRITE(*,*) 'VIER'
          GOTO 70
60        WRITE(*,*) 'FEHLER'
          GOTO 70
70        GOTO 10
80        WRITE(*,*) 'AUF WIEDERSEHEN'
          STOP
          END

B>TEST
ZAHL VON 1 BIS 4 EINGEBEN
1
EINS
```

Bild 3-16: Programmbeispiel Fallunterscheidung mit dem berechneten GOTO

Das berechnete GOTO eignet sich für die Programmierung eines Bildschirm-
dialogs. Dem Benutzer werden in einem "Menü" mehrere Möglichkeiten ange-
boten, von denen er durch Eingabe einer Kennzahl eine auswählt.

Das zugeordnete GOTO hat keine große praktische Bedeutung. Zunächst weist
man mit einer ASSIGN-Anweisung einer Schaltervariablen eine Sprungmarke zu.

> **ASSIGN** Sprungmarke **TO** Schaltervariable

Der Schaltervariablen können im Programm beliebige Sprungziele zugewiesen
werden. Der letzte Wert des Schalters bestimmt das Sprungziel.

> **GOTO** Schaltervariable , (Liste möglicher Sprungmarken)

Das Komma zwischen dem Namen der Schaltervariablen und der Liste möglicher
Sprungmarke kann entfallen. Mit dem zugeordneten GOTO können wie mit dem
berechneten GOTO Verzweigungen programmiert werden, bei denen das Sprungziel erst während des Programmlaufes bestimmt wird. Einige Compiler verlan-
gen, daß die Schaltervariable vom Typ INTEGER sein muß. In dem folgenden
Beispiel wird der Schaltervariablen MARKE das Sprungziel 30 zugewiesen.
Daraufhin springt der zugeordnete GOTO-Befehl zur Anweisung 30. Es ist nicht

möglich, den Wert der Schaltervariablen mit einer arithmetischen Anweisung berechnen zu lassen.

```
ASSIGN 30 TO MARKE

GOTO MARKE , (10,20,30,40,50)
```

3.6 Übungen zum Abschnitt Programmverzweigungen

Der Abschnitt 11 enthält für alle Aufgaben Lösungsvorschläge!

1. Aufgabe:
Für die Kennlinie einer Diode gelten folgende Bereiche:

Für U kleiner/gleich 0 Volt ist I = 0
Für U im Bereich größer Null und kleiner 1 Volt ist I = 0.001 * U
Für U größer/gleich 1 Volt ist I = 0.1 * U

Man entwickle ein FORTRAN-Programm, das in einer Leseschleife Spannungen liest und den Strom berechnet und ausgibt.

2. Aufgabe:
Für die Ausgangsspannungen von TTL-Bausteinen gelten folgende Bereiche:

U negativ: verboten
U positiv kleiner 0.4 Volt: LOW
U positiv größer/gleich 0.4 Volt und kleiner/gleich 2.4 Volt: verboten
U positiv größer 2.4 Volt und kleiner/gleich 5 Volt: HIGH
U positiv größer 5 Volt: verboten

Man entwickle ein FORTRAN-Programm, das in einer Leseschleife Spannungen liest und eine Meldung über den Zustand des Ausgangs ausgibt.

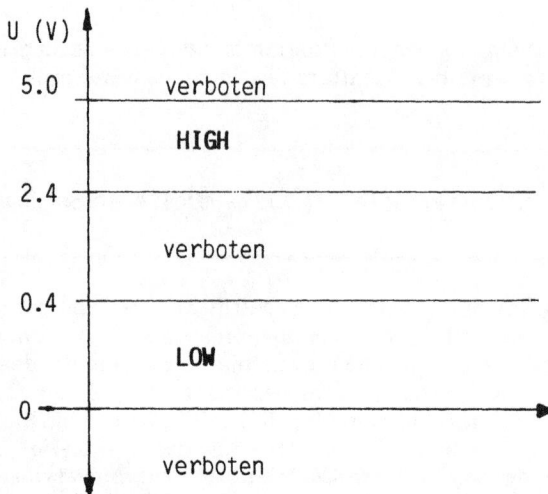

```
U (V)
 5.0 ┤         verboten

             HIGH

 2.4 ┤ ─────────────────────────

             verboten

 0.4 ┤ ─────────────────────────

             LOW

   0 ┼──────────────────────────►

             verboten
```

3. Aufgabe:
Man entwickle ein Programm, das in einer Eingabeschleife jeweils zwei nacheinander aufgenommene reelle Meßwerte liest, die Differenz bildet und aus-
wertet.

Ist die Differenz positiv, so erscheine die Meldung: "STEIGEND"
Ist die Differenz negativ, so erscheine die Meldung: "FALLEND "
Ist die Differenz Null, so erscheine die Meldung: "GLEICH "

Zusatzaufgabe:
Man lese jeweils nur einen Meßwert und berechne die Differenz zum vorher
eingegebenen Meßwert.

4. Aufgabe:
Für die Berechnung einer Funktion soll zunächst durch einen Bildschirmdialog
eine von drei Formeln ausgewählt werden.

Formel 1: Y = 2.0*X oder
Formel 2: Y = X**2   oder
Formel 3: Y = 0.5*X**3

Für die ausgewählte Formel sind in einer Eingabeschleife mehrere X-Werte zu
lesen und daraus die Y-Werte zu berechnen und auszugeben.

5. Aufgabe:
Eine Übertragungsschaltung habe folgendes Verhalten:

Für negative Eingangsspannungen sei die Ausgangsspannung Null
Für Eingangsspannungen von 0 bis 1 Volt sei die Kennlinie linear
Für Eingangsspannungen von 1 bis 10 Volt sei die Kennlinie quadratisch
Für Eingangsspannungen über 10 Volt sei die Ausgangsspannung auf 100 Volt
begrenzt.

Man entwickle ein FORTRAN-Programm, das in einer Eingabeschleife Eingangsspannungen liest und die Ausgangsspannung berechnet und ausgibt.

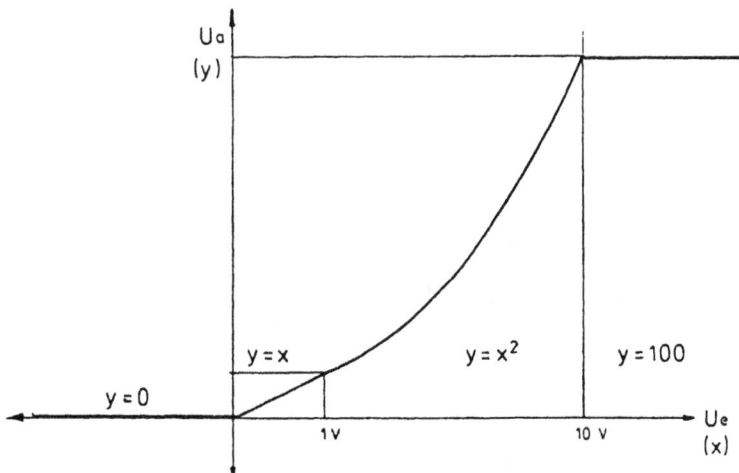

4 Programmschleifen

Eine Schleife besteht aus einem Programmblock, der mehrmals ausgeführt wird. Zu der bereits bekannten Eingabeschleife zeigt Ihnen dieser Abschnitt die Struktur der Zähl- und Näherungsschleifen.

4.1 Die Eingabeschleife

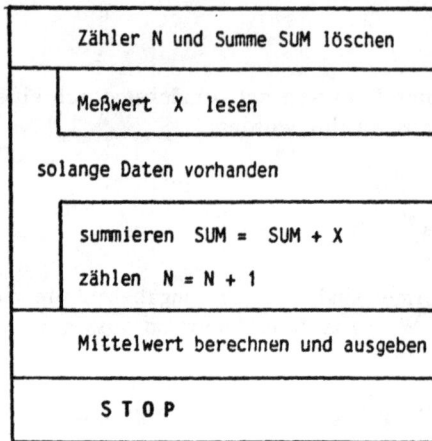

```
┌─────────────────────────────────────────┐
│    Zähler N und Summe SUM löschen        │
│  ┌─────────────────────────────────────┐ │
│  │    Meßwert  X  lesen                │ │
│  └─────────────────────────────────────┘ │
│  solange Daten vorhanden                  │
│    ┌───────────────────────────────────┐ │
│    │  summieren  SUM =  SUM + X        │ │
│    │  zählen  N = N + 1                │ │
│    └───────────────────────────────────┘ │
│  ┌─────────────────────────────────────┐ │
│  │  Mittelwert berechnen und ausgeben  │ │
│  └─────────────────────────────────────┘ │
│            S T O P                        │
└─────────────────────────────────────────┘
```

```
C BILD 4-1  EINGABESCHLEIFE UND MITTELWERT
        WRITE(*,*) 'WERTE AUF NEUER ZEILE EINGEBEN'
        N = 0
        SUM = 0.
10      READ(*,*,END=20) X
            SUM = SUM + X
            N = N + 1
        GOTO 10
20      WMITT = SUM / FLOAT(N)
        WRITE(*,*)'MITTEL =',WMITT,' BEI',N,'  WERTEN'
        STOP
        END
```

Bild 4-1: Struktur und Beispiel einer Eingabeschleife

Bild 4-1 zeigt die Struktur der Eingabeschleife, mit der wir Daten gelesen, berechnet und ausgegeben haben. Der erste Teilblock "Daten lesen" wird immer ausgeführt. Der zweite Teilblock "Daten berechnen und ausgeben" wird nur ausgeführt, wenn gültige Daten eingegeben wurden. Dann folgt wieder der erste Teilblock "Daten lesen". Wird während der Programmausführung anstelle gültiger Daten eine entsprechende Steueranweisung eingegeben, so ist die Laufbedingung nicht erfüllt; die Schleife wird abgebrochen, und es folgt die Ausführung des auf die Schleife folgenden Blockes. Anstelle des STOP-Befehls könnten weitere Blöcke folgen.

4.2 Der Aufbau von Zählschleifen mit der DO-Anweisung

Bei einer Zählschleife liegt die Anzahl der Schleifendurchläufe bereits vor dem Eintritt in die Schleife fest. Als Beispiel betrachten wir die Aufgabe, den Widerstand einer Drosselspule für Frequenzen von 45 Hz bis 55 Hz mit der Schrittweite 1 Hz zu berechnen. Die Formel lautet:

$$Z = \sqrt{R^2 + (2 \cdot \pi \cdot f \cdot L)^2}$$

Der Ohmsche Widerstand der Spule und ihre Induktivität seien während der Berechnung konstant. Anstatt wie im Bild 2-11 die Frequenzen einzulesen, wollen wir sie durch das Programm erzeugen lassen. In der Umgangssprache würden wir sagen:

> Für Werte von 45 bis 55 mit der Schrittweite 1 berechne

Die DO-Schleife des FORTRAN gestattet eine einfache Programmierung von Schleifen, für die die Laufparameter Anfangswert, Endwert und Schrittweite bekannt sein müssen:

> **DO** Endemarke Laufvariable = anf , end , schritt

DO ist das Kennwort für tue.
Die **Endemarke** ist eine Marke (Anweisungsnummer), die das Ende. Schleifenblocks kennzeichnet.

Die **Laufvariable** ist eine Variable, die innerhalb der Schleife alle Werte vom Anfangswert bis zum Endwert annimmt.

anf ist eine Konstante oder Variable mit dem Anfangswert.

end ist eine Konstante oder Variable mit dem Endwert.

schritt ist eine Konstante oder Variable mit der Schrittweite.

An das Ende des Schleifenblocks **kann** die Anweisung CONTINUE gesetzt werden, die in den Spalten 1 bis 5 die Endemarke der DO-Schleife enthält. CONTINUE ist eine Anweisung, die lediglich als Sprungmarke· oder Endemarke dient. Sie hat keinen Einfluß auf die Ausführung des Programms.

> Marke   **CONTINUE**

Bild 4-2 zeigt nun als Beispiel für eine DO-Schleife mit konstanten Laufparametern die Berechnung einer Drossel im Bereich von 45 bis 55 Hz mit der Schrittweite 1. Mit Rücksicht auf ältere FORTRAN-Versionen, die als Laufvariable und Laufparameter nur INTEGER-Größen zulassen, wurde die Frequenz F zu INTEGER erklärt.

```
C BILD 4-2  DO-SCHLEIFE MIT KONSTANTEN LAUFPARAMETERN
      REAL L
      INTEGER F
      PI = 3.1415927
      WRITE(*,*) 'R (OHM)  L(HENRY) EINGEBEN'
      READ (*,*) R , L
      DO 10 F=45 , 55 , 1
          Z = SQRT(R**2 + (2.0*PI*FLOAT(F)*L)**2)
          WRITE(*,*) 'F (HZ)=',F,'  Z (OHM)=',Z
10    CONTINUE
      STOP
      END

B>TEST
R (OHM)   L(HENRY)  EINGEBEN
10         0.16
F (HZ)=           45  Z (OHM)=      46.3309900
F (HZ)=           46  Z (OHM)=      47.3131100
F (HZ)=           47  Z (OHM)=      48.2961700
F (HZ)=           48  Z (OHM)=      49.2801400
F (HZ)=           49  Z (OHM)=      50.2649500
F (HZ)=           50  Z (OHM)=      51.2505500
F (HZ)=           51  Z (OHM)=      52.2369000
F (HZ)=           52  Z (OHM)=      53.2239600
F (HZ)=           53  Z (OHM)=      54.2117000
F (HZ)=           54  Z (OHM)=      55.2000700
F (HZ)=           55  Z (OHM)=      56.1890400
Stop - Program terminated.
```

Bild 4-2: Programmbeispiel DO-Schleife für variable Frequenz

Bild 4-3 zeigt die Struktur der DO-Schleife. Der Block A wird nur ausgeführt, wenn die Laufbedingung erfüllt ist. Ist sie nicht erfüllt, so wird die Schleife verlassen, und es wird der auf die Schleife folgende Block B ausgeführt. Der FORTRAN-Compiler muß die Struktur der DO-Schleife in den Maschinencode umsetzen. Dazu wird zunächst aus den Laufparametern ein Durchlaufzähler n berechnet. Ist z.B. der Anfangswert größer als der Endwert, so wird der sich daraus ergebende negative Durchlaufzähler Null gesetzt. Die meisten Compiler behandeln die DO-Schleife als abweisende Schleife. Die Schleifenkontrolle findet am Anfang der Schleife statt. Ist die Laufbedingung beim Eintritt in die Schleife nicht erfüllt, so wird die Schleife erst garnicht begonnen. Läge die Abfrage am Ende der Schleife, so würde die Schleife mindestens einmal durchlaufen werden.

Bei älteren FORTRAN-Compilern können abweichende Schleifenstrukturen vorhanden sein. Untersuchen Sie daher das Verhalten Ihres FORTRAN-Compilers mit dem Testprogramm **Bild 4-4** , das die Laufparameter als Variable von der Konsole einliest. Bevor Sie die Schrittweite Null eingeben, vergewissern Sie sich, wo die NOT-AUS-Taste Ihres Rechners liegt. Einer der vom Autor untersuchten Compiler lieferte in diesem Fall eine unendliche Schleife.

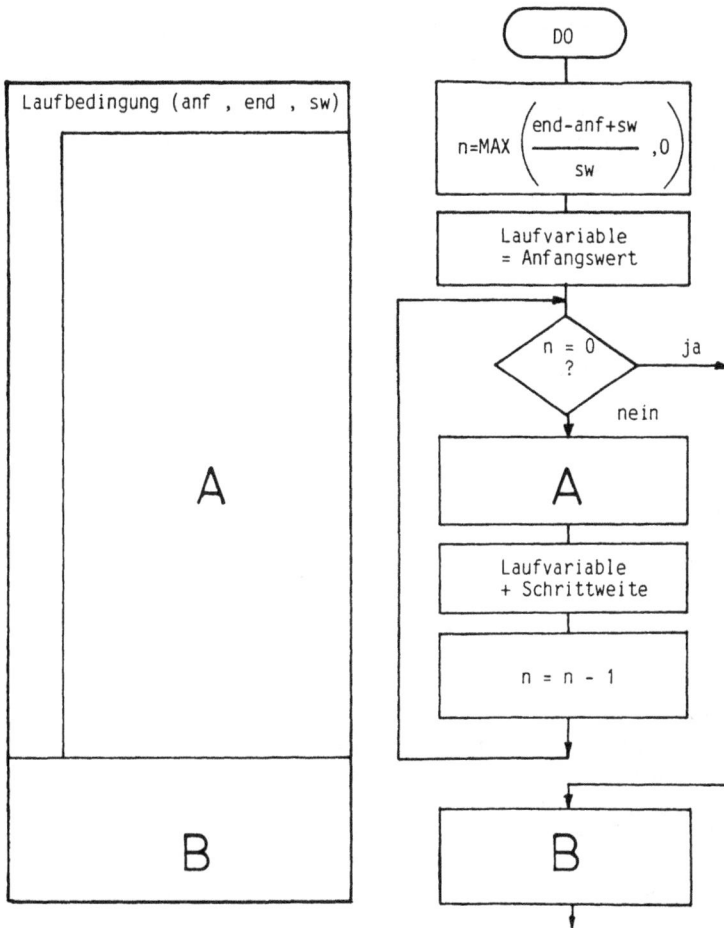

Bild 4-3: Die Struktur der DO-Schleife

```
C BILD 4-4  TESTPROGRAMM FUER DO-SCHLEIFE
10      WRITE(*,*) 'IA  IE  IS  EINGEBEN'
        READ(*,*,END=30) IA , IE , IS
        DO 20 I = IA,IE,IS
            WRITE(*,*) 'LAUFENDER WERT I=', I
20      CONTINUE
        WRITE(*,*) 'NACH SCHLEIFENENDE I =', I
        GOTO 10
30      STOP
        END

B>TEST
IA  IE  IS  EINGEBEN
1   3   1
LAUFENDER WERT I=            1
LAUFENDER WERT I=            2
LAUFENDER WERT I=            3
NACH SCHLEIFENENDE I = ,         4
```

Bild 4-4: Testprogramm für die Ausführung der DO-Schleife

Es folgen nun einige **Regeln** über den Aufbau von DO-Schleifen.

Die Endemarke steht in den Spalten 1 bis 5 der letzten Anweisung des Schleifenblocks. Diese Anweisung muß ausführbar sein. Sprunganweisungen oder IF-Anweisungen sind nicht zulässig. Im Zweifelsfall setze man an das Ende der DO-Schleife ein CONTINUE. Fehlt die Schrittweite, so wird sie automatisch 1 gesetzt. Beispiel einer DO-Schleife von 1 bis 100 mit der Schrittweite 1:

```
      DO 10 I = 1 , 100

10    CONTINUE
```

Compiler des FORTRAN 77 lassen Laufvariablen vom Typ INTEGER, REAL und DOUBLE PRECISION zu. Desgleichen können die Laufparameter beliebige arithmetische Ausdrücke vom Typ INTEGER, REAL und DOUBLE PRECISION sein. Beispiele:

```
      DO 20 F = FA , FA+10. , FA/10.

20    CONTINUE

      DO 10 F = 45.5 , 55.5 , 0.5

10    CONTINUE
```

Bei nichtganzzahligen Laufparametern können durch Umwandlungs- und Rundungsfehler Rechenungenauigkeiten bei der Addition der Schrittweite entstehen. Für Compiler, die nur INTEGER-Größen zulassen, muß die REAL-Größe aus der INTEGER-Laufvariablen berechnet werden. Beispiel:

```
      DO 10 I = 455 , 555 , 5
      F = 0.1 * FLOAT(I)

10    CONTINUE
```

Die Laufvariable und die Laufparameter dürfen in der Schleife nicht verändert werden. Sprünge aus DO-Schleifen heraus sind zulässig, Sprünge in DO-Schleifen hinein sind verboten. DO-Schleifen können vollständige IF-Blöcke enthalten oder selbst innerhalb eines IF-Blockes liegen.

DO-Schleifen lassen sich schachteln. Dabei muß jede innere Schleife vollständig innerhalb einer äußeren Schleife liegen. **Bild 4-5** zeigt Beispiele für zulässige Schachtelungen.

Bei geschachtelten DO-Schleifen ist die Gesamtzahl der Durchläufe gleich dem Produkt der Durchläufe der ineinander geschachtelten Schleifen. Bedenken Sie bei der Berechnung des Papierverbrauches und der Rechenzeit, daß z.B. die Schachtelung dreier DO-Schleifen von je 100 Durchläufen 1 Million Durchläufe ergibt.

Wird die DO-Schleife nach dem letzten Durchlauf verlassen, so steht entsprechend der Struktur Bild 4-3 die Laufvariable nicht auf dem Endwert, sondern auf dem um die Schrittweite erhöhten Endwert. Testen Sie Ihren Compiler mit

```
i = 1,100                        DO 40 I= 1,100

    j = 1,100                        DO 10 J = 1,100

              A                              A

                                 10  CONTINUE

    k= 1,100                         DO 30 K = 1,100

        l = 1,100                        DO 20 L = 1,100

              B                              B

                                 20      CONTINUE

                                 30  CONTINUE

         C                                  C

                                 40  CONTINUE
```

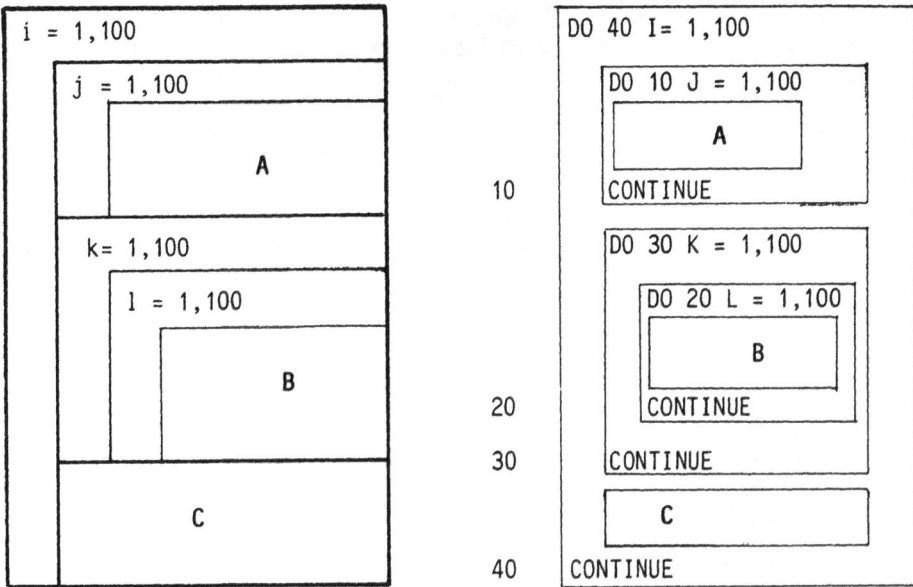

Bild 4-5: Geschachtelte DO-Schleifen

dem Programm Bild 4-4. Notfalls müssen Sie einen Zähler mitlaufen lassen oder eine eigene Zählschleife entsprechend dem folgenden Abschnitt programmieren.

4.3 Die Programmierung von Schleifen mit bedingten Sprungbefehlen

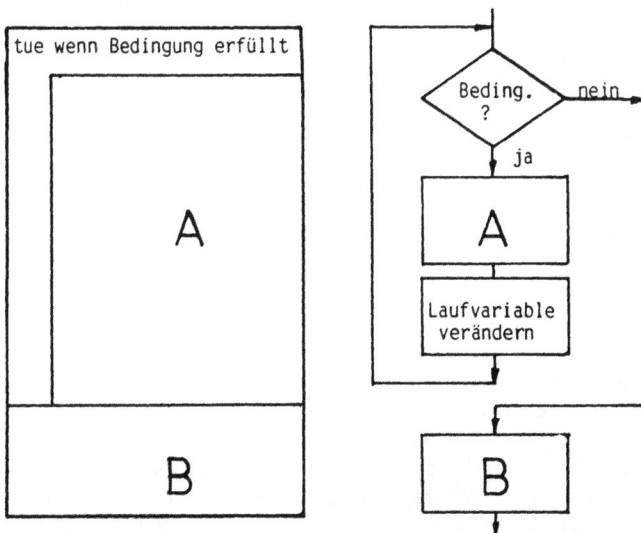

Bild 4-6: Die Struktur der abweisenden Schleife (DO-WHILE)

Mit Hilfe der bedingten Sprungbefehle logisches IF mit GOTO, arithmetisches
IF und   Block-IF lassen sich Zählschleifen und Näherungsschleifen aller Art
programmieren. Wir wollen hier die beiden wichtigsten Strukturen betrachten.
Die abweisende Schleife **Bild 4-6** prüft die Laufbedingung vor dem Eintritt in
die Schleife. Ist sie nicht erfüllt, so wird der Schleifenblock A nicht begonnen.

Die abweisende Schleife steht unter der Bezeichnung DO-WHILE-Schleife in
anderen Programmiersprachen als Anweisung zur Verfügung   **Bild 4-7** zeigt
als Beispiel für die Programmierung in FORTRAN ein Testprogramm, das den
Durchlaufzähler als INTEGER-Zahl einliest und sowohl in der Schleife als auch
nach ihrem Ende den laufenden Zählerstand ausgibt.

```
C BILD 4-7 ABWEISENDE SCHLEIFE (DO-WHILE)
10      WRITE(*,*) 'N EINGEBEN'
        READ(*,*,END=30) N
20      IF (N.GT.0) THEN
           WRITE(*,*) 'N =' , N
           N = N - 1
           GOTO 20
        END IF
        WRITE(*,*) 'N NACH SCHLEIFE =' , N
        GOTO 10
30      STOP
        END

B>TEST
N EINGEBEN
3
N =            3
N =            2
N =            1
N NACH SCHLEIFE =          0
N EINGEBEN
0
N NACH SCHLEIFE =          0
N EINGEBEN
-4
N NACH SCHLEIFE =          -4
N EINGEBEN
^Z
Stop - Program terminated.
```

Bild 4-7: Testprogramm für die abweisende Schleife

Das Gegenstück dazu ist die nichtabweisende Schleife mit der in **Bild 4-8** dargestellten Struktur. Da die Laufbedingung erst am Ende der Schleife geprüft
wird, wird der Schleifenblock A mindestens einmal durchlaufen.

Die nichtabweisende Schleife steht unter der Bezeichnung REPEAT-UNTIL-
Schleife in anderen Programmiersprachen als Anweisung zur Verfügung. **Bild 4-9**
zeigt als Beispiel für die Programmierung in FORTRAN ein Testprogramm, das
den Durchlaufzähler als INTEGER-Zahl einliest und den laufenden Zählerstand
sowohl in der Schleife als auch nach ihrem Ende ausgibt.

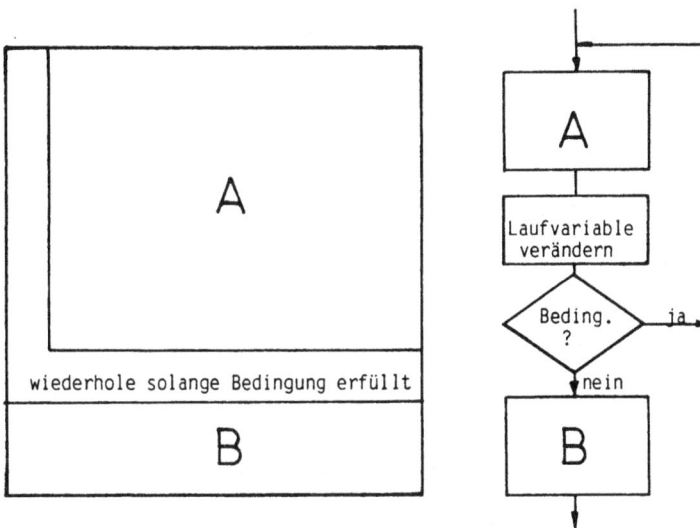

Bild 4-8: Die Struktur der nichtabweisenden Schleife (REPEAT-UNTIL)

```
C BILD 4-9  NICHTABWEISENDE SCHLEIFE (REPEAT-UNTIL)
10      WRITE(*,*) 'N EINGEBEN'
        READ(*,*,END=30) N
20      CONTINUE
        WRITE(*,*) 'N =',N
        N = N - 1
        IF (N.GT.0) GOTO 20
        WRITE(*,*) 'N NACH SCHLEIFE =', N
        GOTO 10
30      STOP
        END

B>TEST
N EINGEBEN
3
N =             3
N =             2
N =             1
N NACH SCHLEIFE =           0
N EINGEBEN
0
N =             0
N NACH SCHLEIFE =          -1
N EINGEBEN
-3
N =            -3
N NACH SCHLEIFE =          -4
N EINGEBEN
^Z
Stop - Program terminated.
```

Bild 4-9: Testprogramm für die nichtabweisende Schleife

4.4 Die Programmierung von Näherungsschleifen (Iteration)

Als Näherung oder Iteration bezeichnet man ein Rechenverfahren, das beim Erreichen einer hinreichenden Genauigkeit abgebrochen werden kann. Das Verfahren muß konvergieren, das heißt, ein nachfolgender Rechenschritt muß ein besseres Ergebnis als der Vorgänger liefern. Durch Umwandlungs- und Rundungsfehler kann es vorkommen, daß ein mathematisch konvergierendes Verfahren bei einem Rechner versagt, wenn nicht mit genügender Genauigkeit (Stellenzahl) gerechnet wird. Für kritische Verfahren steht der Zahlentyp DOUBLE PRECISION zur Verfügung.

Als Beispiel betrachten wir das Newtonsche Näherungsverfahren, das die Quadratwurzel x aus einer vorgegebenen positiven Zahl a mit der vorgegebenen Genauigkeit d berechnet. Es arbeitet in folgenden Schritten:

1. Wir geben uns eine beliebige Anfangslösung x0 vor.

2. Eine bessere Lösung x erhalten wir nach der Formel

$$x = \frac{1}{2}\left(x_0 + \frac{a}{x_0}\right)$$

3. Wir bilden die relative Abweichung

$$D = \left|\frac{x - x_0}{x_0}\right|$$

4. Ist die relative Abweichung D größer als die vorgegebene Genauigkeit d, so müssen wir im Schritt 2 eine noch bessere Lösung berechnen. Dazu setzen wir als Anfangslösung x0 unsere Lösung x ein.

Das folgende Zahlenbeispiel zeigt die Berechnung der Wurzel aus 4 mit der Anfangslösung x0 = 1.

$$x0 = 1 \qquad x = \frac{1}{2}\left(1 + \frac{4}{1}\right) = 2.5$$

$$x0 = 2.5 \qquad x = \frac{1}{2}\left(2.5 + \frac{4}{2.5}\right) = 2.05$$

$$x0 = 2.05 \qquad x = \frac{1}{2}\left(2.05 + \frac{4}{2.05}\right) = 2.0006097$$

Das folgende Programmbeispiel **Bild 4-10** zeigt ein Testprogramm, das nach dem Newtonschen Näherungsverfahren die Quadratwurzel zieht. Radikand, Anfangswert und Genauigkeit (relative Abweichung) sind einzugeben. In einer Eingabeschleife können mehrere Berechnungen durchgeführt werden. Die Zwischenergebnisse der Näherungsschleife werden ausgegeben. Das Programm eignet sich nur für einen Test im Dialog, da es bei negativem Radikanden oder übertriebenen Genauigkeitsforderungen nicht konvergiert und mit Hilfe des Betriebssystems abgebrochen werden muß. Das Beispiel ist entsprechend Bild 4-8 eine nichtabweisende Schleife.

```
C BILD 4-10   QUADRATWURZEL NACH NEWTON
10        WRITE(*,*)'A   XO    D  EINGEBEN'
          READ(*,*,END=30)A , XO , D
C NICHTABWEISENDE ITERATIONSSCHLEIFE
20        CONTINUE
          X = 0.5 * (XO + A/XO)
          DIFF = ABS((X-XO)/XO)
          WRITE(*,*)'X =',X,'  D =',DIFF
          XO = X
          IF(DIFF.GT.D) GOTO 20
          WRITE(*,*)
          GOTO 10
30        STOP
          END

B>TEST
A   XO    D  EINGEBEN
2   1     0
X =            1.5000000  D =  5.000000E-001
X =            1.4166670  D =  5.555558E-002
X =            1.4142160  D =  1.730077E-003
X =            1.4142140  D =  1.517284E-006
X =            1.4142140  D =  0.000000E+000


A   XO    D  EINGEBEN
100  .1   0
X =          500.0500000  D =      4999.5000000
X =          250.1250000  D =  4.998000E-001
X =          125.2624000  D =  4.992008E-001
X =           63.0303600  D =  4.968134E-001
X =           32.3084500  D =  4.874145E-001
X =           17.7018100  D =  4.520997E-001
X =           11.6754700  D =  3.404360E-001
X =           10.1202200  D =  1.332071E-001
X =           10.0007100  D =  1.180844E-002
X =           10.0000000  D =  7.142511E-005
X =           10.0000000  D =  0.000000E+000
```

Bild 4-10: Testprogramm für das Wurzelziehen nach Newton

Je besser die Anfangslösung, umso schneller konvergiert das Verfahren. Bei gegebenem Radikanden a könnte man als Anfangslösung setzen:

Für a größer 1 sei x0 = a/2

Für a kleiner 1 sei x0 = 2*a

Für eine weitere Verbesserung des Verfahrens sollte der Radikand auf negativ und Null geprüft werden. Die Zahl der Iterationsschritte sollte mit einem mitlaufenden Zähler kontrolliert werden. **Bild 4-11** zeigt die Struktur eines verbesserten Programms, das in einer Eingabeschleife nur noch den Radikanden einliest, die Konvergenz kontrolliert und das Ergebnis zusammen mit der Zahl der Iterationsschritte ausgibt. **Bild 4-12** zeigt das Programmbeispiel.

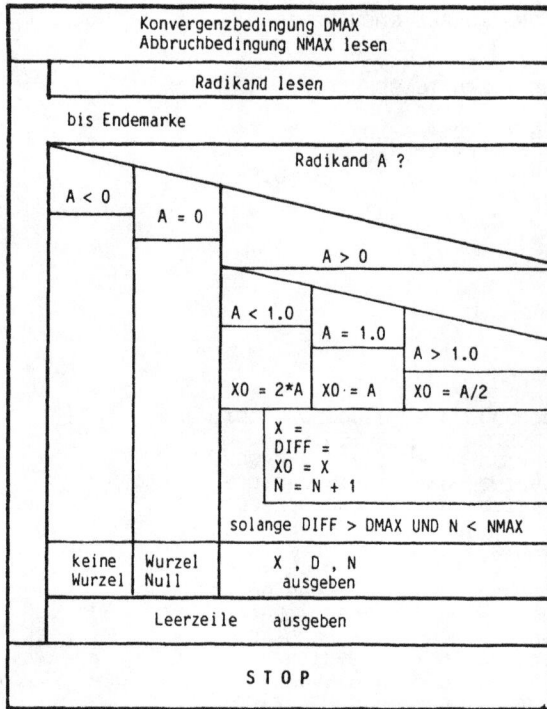

Bild 4-11: Wurzelziehen nach Newton mit Konvergenzkontrolle

```
C BILD 4-12  WURZEL MIT KONVERGENZKONTROLLE
        WRITE(*,*) 'DMAX UND NMAX EINGEBEN'
        READ (*,*) DMAX , NMAX
C EINGABESCHLEIFE
10      WRITE(*,*) 'RADIKAND EINGEBEN'
        READ (*,*,END=30) A
C FALLUNTERSCHEIDUNG
        IF (A.LT.0.) THEN
           WRITE(*,*)'RADIKAND NEGATIV'
        ELSE IF (A.EQ.0.) THEN
           WRITE(*,*)'ERGEBNIS NULL'
        ELSE
          IF (A.LT.1.0) XO = 2.0*A
          IF (A.EQ.1.0) XO = A
          IF (A.GT.1.0) XO = A/2.0
          N = 0
C ITERATIONSSCHLEIFE
20        CONTINUE
          X = 0.5*(XO + A/XO)
          DIFF = ABS ((X - XO)/XO)
          XO = X
          N = N + 1
          IF (DIFF.GT.DMAX .AND. N.LT.NMAX) GOTO 20
          WRITE(*,*)'X =',X,' D =',DIFF,'  N =',N
        END IF
        WRITE(*,*)
        GOTO 10
30      STOP
        END
```

Bild 4-12: Programmbeispiel Wurzel nach Newton mit Konvergenzkontrolle

4.5 Übungen zum Abschnitt Programmschleifen

Der Abschnitt 11 enthält für alle Aufgaben Lösungsvorschläge!

1. Aufgabe:
Berechnen Sie die Summe der Zahlen von 1 bis 100, also

$$S = 1 + 2 + 3 + 4 + 5 + \ldots + 95 + 96 + 97 + 98 + 99 + 100$$

2. Aufgabe:
Berechnen Sie die Fakultäten von 1! bis 100!

$$
\begin{aligned}
1! &= 1 \\
2! &= 1 \cdot 2 = 2 \\
3! &= 1 \cdot 2 \cdot 3 = 6 \\
4! &= 1 \cdot 2 \cdot 3 \cdot 4 = 24 \\
5! &= 1 \cdot 2 \cdot 3 \cdot 4 \cdot 5 = 120 \\
6! &= 1 \cdot 2 \cdot 3 \cdot 4 \cdot 5 \cdot 6 = 720 \\
&\;\;\vdots \\
100! &= 1 \cdot 2 \cdot 3 \cdot 4 \cdot 5 \cdot 6 \;\ldots\; 98 \cdot 99 \cdot 100 = \\
n! &= 1 \cdot 2 \cdot 3 \cdot 4 \cdot 5 \cdot 6 \;\ldots\; (n-1) \cdot n =
\end{aligned}
$$

Führen Sie die Berechnung und Ausgabe mit INTEGER- und REAL- und wenn Sie wollen auch mit DOUBLE PRECISION-Größen durch. Die Werte werden sehr schnell größer und werden wahrscheinlich den zulässigen Zahlenbereich Ihres Rechners überschreiten. Kontrollieren Sie sehr genau die Ergebnisse. Mit diesem Programm können Sie prüfen, wie Ihr Rechner auf Bereichsüberschreitungen reagiert.

3. Aufgabe:
Im Abschnitt 2.8 haben wir in der 4. Aufgabe den Strom nach dem Einschalten eines RC-Kreises in Abhängigkeit von der Zeit berechnet. Die Formel lautet:

$$i = \frac{U_0}{R} \cdot e^{-\frac{t}{R \cdot C}}$$

Lesen Sie in einer Eingabezeile Werte für U, R, C und für den Anfangswert, den Endwert und die Schrittweite der Zeit ein und geben Sie in einer Tabelle den Strom und den entsprechenden Zeitpunkt aus.

4. Aufgabe:
Die Zahl e ergibt sich aus

$$e = \left(1 + \frac{1}{n}\right)^n \quad \text{für } n = 1, 2, 3, 4 \ldots$$

Man setze für n nacheinander die Werte 1, 2, 3 ..... ein und gebe das Ergebnis aus. Die Schleife soll abgebrochen werden, wenn zwei aufeinander folgende Werte auf mehr als drei Stellen hinter dem Komma übereinstimmen.

5. Aufgabe:
Die Zahl e, die Basis der natürlichen Logarithmen, läßt sich auch aus einer
Reihe berechnen:

$$e = 1 + \frac{1}{1!} + \frac{1}{2!} + \frac{1}{3!} + \frac{1}{4!} + \frac{1}{5!} + \frac{1}{6!} + \ldots$$

$$= 1 + \frac{1}{1} + \frac{1}{1 \cdot 2} + \frac{1}{1 \cdot 2 \cdot 3} + \frac{1}{1 \cdot 2 \cdot 3 \cdot 4} + \frac{1}{1 \cdot 2 \cdot 3 \cdot 4 \cdot 5} + \ldots$$

Für eine besonders elegante Programmierung kann man die Tatsache ausnutzen,
daß sich jedes Glied der Reihe durch Division aus dem vorhergehenden errechnen
läßt.

$$e = 1 + g_1 + g_2 + g_3 + g_4 + \ldots$$

$$g_1 = 1; \quad g_2 = g_1/2; \quad g_3 = g_2/3; \quad g_n = g_{n-1}/n$$

Man gebe sich die gleiche Genauigkeit wie in der 4. Aufgabe vor, zähle die
Iterationsschritte und vergleiche die beiden Verfahren.

6. Aufgabe:
Schreiben Sie ein Programm zur Berechnung der dritten Wurzel. Die Näherungs-
formel lautet:

$$x_1 = \frac{1}{3}\left(2x_0 + \frac{a}{x_0^2}\right)$$

a ist der Radikand, x0 ist eine beliebige Anfangslösung. Überlegen Sie, was
bei negativen Radikanden und negativen Anfangslösungen passiert!

5 Indizierte Variablen (Felder)

Bisher haben wir jeder zu verarbeitenden Größe einen eigenen Namen gegeben und ihr damit einen einzelnen Speicherplatz zugeordnet. Wenn wir nun z.B. die Aufgabe hätten, aus 100 Meßwerten den Mittelwert und die Abweichung jedes Wertes vom Mittelwert zu berechnen, so müßten wir jeden Meßwert zweimal zur Verfügung haben. Einmal für die Summation und danach, um die Abweichung des Meßwertes vom Mittelwert zu berechnen. Dazu gibt es folgende Möglichkeiten:

Wir könnten die Meßwerte zweimal eingeben. Beim ersten Mal berechnen wir den Mittelwert und beim zweiten Mal die Abweichung. Bei langen Tabellen und bei Verfahren, bei denen wir die Daten noch öfter benötigen, würden wir versuchen, die Meßwerte nur einmal einzugeben und im Rechner zu speichern.

Wir könnten die Meßwerte als Datei auf einem Magnetband oder einer Magnetplatte ablegen und durch das Programm mehrmals lesen und verarbeiten lassen. Der Abschnitt 7 zeigt Ihnen die FORTRAN-Befehle für die Arbeit mit externen Speichern.

Wir könnten aber auch versuchen, die eingegebenen Werte im Arbeitsspeicher als Variablen abzulegen. Mit unseren bisherigen Kenntnissen würden wir jedem Wert einen eigenen Namen geben. Nur müßten wir dann alle Rechenverfahren auf einzelne Variablen anwenden und könnten keine Schleifen benutzen, die die Programmierung vereinfachen. Zur Lösung unseres Problems stellt uns FORTRAN die indizierten Variablen oder Felder zur Verfügung.

Die Mathematik bezeichnet die Elemente zusammenhängender Größen wie z.B. Vektoren mit einem Index. Die 100 Meßwerte unseres Beispiels heißen dann z.B.:

$$x_1 , x_2 , x_3 , x_4 , \ldots \ldots x_n$$

In FORTRAN müssen wir zunächst bekanntgeben, daß wir eine Variable indiziert verwenden wollen. Gleichzeitig müssen wir die Anzahl und die Anordnung ihrer Elemente festlegen. Dies kann in unserem Beispiel durch die Feldvereinbarung

    DIMENSION X(100)

geschehen. Den tiefgestellten Index der mathematischen Schreibweise schreiben wir in FORTRAN in Klammern hinter den Feldnamen

    X(1) , X(2) , X(3) . . . . X(100)

Die Elemente eines Feldes können wir durch Konstanten wie z.B. X(1) oder Variablen wie z.B. X(I) bestimmen. Die Summenformel

$$S = \sum_{i=1}^{100} x_i$$

der Mathematik ersetzen wir in FORTRAN durch den Programmblock

```
      S = 0.
      DO 10 I = 1, 100
         S = S + X(I)
10    CONTINUE
```

Diese Schleife summiert alle 100 Elementes des Feldes X, als ob wir geschrieben hätten

```
      S = 0. + X(1) + X(2) + X(3) + . . .        + X(100)
```

Für die Bezeichnung von zweidimensionalen Anordnungen verwendet die Mathematik den Doppelindex. Eine Matrix a bestehe aus vier Zeilen und drei Spalten:

$$a_{11} \ a_{12} \ a_{13}$$

$$a_{21} \ a_{22} \ a_{23}$$

$$a_{31} \ a_{32} \ a_{33}$$

$$a_{41} \ a_{42} \ a_{43}$$

In FORTRAN vereinbaren wir die als Beispiel genannte Matrix als zweidimensionales Feld und adressieren ihre Elemente durch einen Doppelindex. Beispiel:

```
      DIMENSION A(4,3)

      DO 20 I = 1,4
         DO 10 J = 1,3
            A(I,J) = 0.
10       CONTINUE
20    CONTINUE
```

In FORTRAN können Sie Felder mit maximal 7 Indizes verwenden. Die Größe eines Feldes ist nur beschränkt durch die Größe des zur Verfügung stehenden Arbeitsspeichers. Mit Hilfe von Schleifen, insbesondere DO-Schleifen, lassen sich die Elemente eines Feldes adressieren und verarbeiten. Viele Probleme der Wissenschaft und Technik wie z.B. Lösung von Gleichungssystemen, Darstellung von Tabellen, Auswertung von Meßreihen, numerische Integration und Lösung von Differenzialgleichungen lassen sich mit Hilfe von indizierten Variablen programmieren. Felder können wie einfache Variablen Größen vom Typ INTEGER, REAL, DOUBLE PRECISION, LOGICAL oder CHARACTER enthalten.

5.1 Die Arbeit mit eindimensionalen Feldern

Alle Variablen, die als indizierte Variablen oder Felder verwendet werden, müssen in ihrer Größe vereinbart werden. Dies geschieht zusammen mit der expliziten (ausdrücklichen) Typvereinbarung. Würde der Name des Feldes entsprechend der Namensregel gebildet, so kann die Anweisung DIMENSION verwendet werden. Eine Anweisung kann zur Vereinbarung mehrerer Felder dienen.

```
     Typ Name ( Größe ) , Name ( Größe ) . . .

                      oder

DIMENSION Name ( Größe ) , Name ( Größe ) . . .
```

Der **Name** eines Feldes wird nach den gleichen Regeln gebildet wie der Name nichtindizierter Variablen. Es gilt die Namensregel, nach der alle Felder, deren Namen mit den Buchstaben I , J , K , L , M oder N beginnen, vom Typ INTEGER oder ganzzahlig sind; alle anderen sind REAL. Für Felder aller anderen Datentypen sind auf jeden Fall Typvereinbarungen erforderlich. Ein Feld kann nur Daten eines Typs enthalten.

Die **Größe** eines eindimensionalen Feldes wird in älteren FORTRAN-Versionen durch eine INTEGER-Konstante größer Null angegeben, die die Anzahl der Feldelemente festlegt. Im Programm darf dann der Index nur von 1 bis zum Endwert laufen. Beispiele:

```
INTEGER ZAHL(100)

DIMENSION A(10) , B(10) , C(10)
```

Bei modernen FORTRAN-Compilern entsprechend dem Standard FORTRAN 77 kann man die Größe des Feldes auch durch den kleinsten Index "k" und den größten Index "g" angeben; der Compiler berechnet daraus die Zahl der zu reservierenden Speicherstellen. Damit sind auch ein negativer Index und der Index Null zugelassen.

```
Name ( k : g )
```

Der Doppelpunkt ":" trennt die beiden Indexgrenzen. Fehlen die Angabe des kleinsten Index "k" und der Doppelpunkt ":", so wird die untere Grenze 1 gesetzt. Beispiele:

```
INTEGER FAKT (0:10) , ZAHL(100)

DIMENSION A(-10:20)
```

Die **Adressierung** eines Feldelementes geschieht durch eine Konstante, eine
Variable oder einen arithmetischen Ausdruck innerhalb der vereinbarten Grenzen. Bei älteren FORTRAN-Versionen sind mit den Abkürzungen "c" und "k"
für INTEGER-Konstanten und "v" für eine einfache INTEGER-Variable folgende
Indexbezeichnungen möglich:

mathematisch	allgemein	Beispiel
x1	Name(k)	X(1)
xi	Name(v)	X(I)
xi+1	Name(v+k)	X(I+1)
xi-1	Name(v-k)	X(I-1)
x2i	Name(k*v)	X(2*I)
x2i+1	Name(k*v+c)	X(2*I+1)
x2i-1	Name(k*v-c)	X(2*I-1)

Compiler, die dem Standard FORTRAN 77 entsprechen, lassen für die Indizierung von Feldelementen auch arithmetische Ausdrücke vom Typ REAL zu. Da
es jedoch nur ganzzahlige Indizes gibt, wird der gebrochene Anteil der REAL-
Größe abgeschnitten. Bei der Adressierung sind negative Indizes und der Index
Null zugelassen, wenn sie entsprechend vereinbart wurden.

Für die **Eingabe** und **Ausgabe** der Elemente eines Feldes kann man zunächst
über DO-Schleifen die Feldelemente einzeln ansprechen. Das folgende Beispiel
liest die 10 Zahlen eines Feldes von 10 Eingabezeilen.

```
      INTEGER Z(10)

      DO 10 I = 1,10
         READ(*,*) Z(I)
10    CONTINUE
```

```
C BILD 5-1  MITTELWERT UND ABWEICHUNG BEI 10 WERTEN
          DIMENSION X (10)
          N = 10
C FELD AUS N ELEMENTEN LESEN
          DO 10 I = 1,N
             WRITE(*,*) I,'.WERT EINGEBEN'
             READ(*,*) X(I)
10        CONTINUE
C SUMME UND MITTELWERT BILDEN UND AUSGEBEN
          SUM = 0.
          DO 20 I = 1,N
             SUM = SUM + X(I)
20        CONTINUE
          WMITT = SUM/FLOAT(N)
          WRITE(*,*) 'MITTELWERT =', WMITT , ' BEI',N,' WERTEN'
C MESSWERTE UND ABWEICHUNGEN AUSGEBEN
          WRITE(*,*) '            WERT        ABWEICHUNG'
          DO 30 I = 1,N
             WRITE(*,*) X(I), ABS(WMITT - X(I))
30        CONTINUE
          STOP
          END
```

Bild 5-1: Programmbeispiel Mittelwert und Abweichung bei 10 Meßwerten

Das Programmbeispiel **Bild 5-1** liest 10 REAL-Meßwerte von 10 Eingabezeilen, berechnet den Mittelwert und gibt die eingelesenen Werte zusammen mit der Abweichung vom Mittelwert aus.

Will man **alle** Elemente eines Feldes auf **einer** Zeile eingeben oder ausgeben, so gibt man nur den Namen des Feldes in der READ- bzw. WRITE-Anweisung an. Das folgende Beispiel liest alle 10 Zahlen eines Feldes von einer Eingabezeile.

```
INTEGER Z(10)

READ(*,*) Z
```

Passen nicht alle Werte auf eine Zeile, so können sie auf mehrere Zeilen verteilt werden. Erscheint der Name eines Feldes in einer Ausgabe-Anweisung, so werden ebenfalls alle Elemente des Feldes ausgegeben. Bei der bisher verwendeten listengesteuerten Ausgabe erscheinen dabei die Zahlen mit großen Zwischenräumen. Bei der formatgesteuerten Ausgabe können Sie selbst den Aufbau der Ausgabezeile bestimmen. Dabei legen Sie die Zahl der Werte pro Zeile, die Zahl der auszugebenden Stellen und die Zahl der Zwischenräume in einer FORMAT-Vereinbarung fest. Die FORMAT-Vereinbarung erhält in den Spalten 1 bis 5 eine Nummer, die in der dazugehörigen WRITE-Anweisung erscheint.

Mit dem Kennbuchstaben X in der allgemeinen Form **wX** werden w Leerzeichen ausgegeben. Die Angabe 1X am Anfang einer Zeile bewirkt gleichzeitig den Vorschub des Druckers auf eine neue Zeile. Die Angabe **Iw** gibt eine INTEGER-Größe in w Spalten aus. Mit der Angabe **Fw.d** wird eine REAL-Größe in w Spalten mit d Stellen hinter dem Dezimalpunkt ausgegeben. REAL-Größen können auch durch das Format **Ew.d** in der Exponentendarstellung ausgegeben werden.

Weitere Informationen zur formatgesteuerten Eingabe und Ausgabe finden Sie im Abschnitt 7. Das Programmbeispiel **Bild 5-2** zeigt Ihnen Beispiele für die listengesteuerte Eingabe und die formatgesteuerte Ausgabe von Feldern. Auf einer Ausgabezeile erscheinen jeweils 10 INTEGER- bzw. 5 REAL-Zahlen.

```
C BILD 5-2  LISTEN-EINGABE UND FORMAT-AUSGABE
            DIMENSION N(10) , X(10)
10          WRITE(*,*) '10 GANZE ZAHLEN EINGEBEN'
            READ (*,*,END=20) (N(I),I=1,10)
            WRITE(*,*) ' 10 REELLE ZAHLEN EINGEBEN'
            READ (*,*,END=20) X
            WRITE(*,*)
            WRITE(*,100) N
100         FORMAT(1X,10I6)
            WRITE(*,200) X
200         FORMAT(1X,5F10.4)
            GOTO 10
20          STOP
            END
```

```
B>TEST
10 GANZE ZAHLEN EINGEBEN
1 2 3 4 5 6 7 8 9 10
 10 REELLE ZAHLEN EINGEBEN
1.1 2.2 3.3 4.4 5.5 6.6 7.7 8.8 9.9 10.10

      1       2       3       4       5       6       7       8       9      10
    1.1000   2.2000   3.3000   4.4000   5.5000
    6.6000   7.7000   8.8000   9.9000  10.1000
10 GANZE ZAHLEN EINGEBEN
-1 -2 -3 -4 -5 -6 -7 -8 -9 -10
 10 REELLE ZAHLEN EINGEBEN
1.E3 2.E3 3.E3 4.E4 5.E4 0 0 0 0 0

     -1      -2      -3      -4      -5      -6      -7      -8      -9     -10
  1000.0000 2000.0000 3000.000040000.000050000.0000
      .0000    .0000    .0000    .0000    .0000
10 GANZE ZAHLEN EINGEBEN
1 1 1 1 1 1 1 1 1 1
 10 REELLE ZAHLEN EINGEBEN
1.E10 0 0 0 0 0 0 0 0 0

      1       1       1       1       1       1       1       1       1       1
**********    .0000    .0000    .0000    .0000
      .0000    .0000    .0000    .0000    .0000
10 GANZE ZAHLEN EINGEBEN
^2
Stop - Program terminated.
```

Bild 5-2: Listengesteuerte Eingabe und formatgesteuerte Ausgabe

Für die Eingabe und Ausgabe von **Teilen** eines Feldes benötigen wir wie bei einer DO-Schleife Angaben für den Anfangs- und den Endindex des Feldes. In der Variablenliste stehen der Name des Feldes und eine Laufvariable, die von einem Anfangswert bis zu einem Endwert läuft. Fehlt die Schrittweite, so wird sie 1 gesetzt. Diese "implizite DO-Schleife" kann um ein Feld oder um mehrere Felder gelegt werden. Sie darf nur in der Variablenliste einer READ- oder WRITE-Anweisung erscheinen. Der Wert der Laufvariablen kann wie eine normale Variable ausgegeben werden.

```
(Feldname(i) , i = ia , ie , is)

(Feldname1(i) , Feldname2(i) , . . . , i = ia , ie , is)
```

i ist die Laufvariable
ia ist der Anfangswert des Index
ie ist der Endwert des Index
is ist die Schrittweite des Index

Es gelten die gleichen Regeln wie für DO-Schleifen im Programm. Beispiele:

```
      DIMENSION A(10) , B(10) , X(100)

      READ(*,*) (A(I),I=1,5) , (B(J),J=1,5)

      READ(*,*) (A(K) , B(K) , K=1,5)

      WRITE(*,100) (X(I) , I =1,20)
100   FORMAT(1X,5F10.4)
```

Das erste Beispiel liest zuerst die ersten 5 Elemente des Feldes A und dann die ersten 5 Elemente des Feldes B, also in der Reihenfolge:

```
      READ(*,*) A(1),A(2),A(3),A(4),A(5) , B(1),B(2),B(3),B(4),B(5)
```

Das zweite Beispiel liest abwechselnd je einen Wert des Feldes A und dann einen Wert des Feldes B, also in der Reihenfolge:

```
      READ(*,*) A(1),B(1),A(2),B(2),A(3),B(3),A(4),B(4),A(5),B(5)
```

Das dritte Beispiel gibt die ersten 20 Werte des Feldes X aus. Durch das Ausgabeformat erscheinen immer 5 Zahlen in 10 Spalten mit 4 Stellen hinter dem Punkt auf einer Ausgabezeile.

Die Größe des Feldes **muß** bei der Programmierung bereits bekannt sein, da bei der Feldvereinbarung nur konstante Indexgrenzen zulässig sind. Im Gegensatz dazu ist in den Programmiersprachen ALGOL und BASIC eine variable Felddimensionierung möglich. Ist in einem FORTRAN-Programm die Anzahl der Feldelemente bei der Programmierung noch nicht bekannt, so dimensioniert man das Feld entsprechend der maximal zu erwartenden Größe und lädt zur Steuerung von DO-Schleifen eine INTEGER-Variable mit diesem Wert. Beispiel:

```
      DIMENSION X(1000)
      NMAX = 1000
      N = 0

      DO 10 I=1,NMAX
         READ(*,*,END=20) X(I)
         N = I
10    CONTINUE
```

In dem Beispiel werden maximal 1000 Werte für das Feld X erwartet. Die Eingabeschleife zählt die tatsächliche Anzahl in der Variablen N, die dann für die weitere Verarbeitung die tatsächliche Feldgröße enthält. Die beiden Grenzfälle "keine Daten (N=0)" und " zuviel Daten" müssen im Programm besonders berücksichtigt werden. Das Programmbeispiel **Bild 5-3** liest, summiert und zählt in einer Eingabeschleife maximal 1000 Meßwerte, berechnet den Mittelwert und gibt die eingelesenen Werte zusammen mit der Abweichung vom Mittelwert wieder aus.

```
C BILD 5-3  MITTELWERT UND ABWEICHUNG BEI BEL ANZAHL
        DIMENSION X(1000)
        NMAX = 1000
C WERTE LESEN ZAEHLEN UND SUMMIEREN
        WRITE(*,*) ' JEDEN WERT AUF EINER ZEILE EINGEBEN'
        SUM = O.
        N = O
        DO 10 I = 1,NMAX
            READ (*,*,END=20) X(I)
            SUM = SUM + X(I)
            N = I
10      CONTINUE
C MITTELWERT BERECHNEN UND AUSGEBEN
20      WMITT = SUM / FLOAT(N)
        WRITE(*,*) 'MITTELWERT =', WMITT , ' BEI',N,' WERTEN'
C MESSWERTE UND ABWEICHUNGEN AUSGEBEN
        WRITE(*,*) '          WERT        ABWEICHUNG'
        DO 30 I = 1,N
            ABWEI = ABS(WMITT - X(I))
            WRITE(*,*) X(I), ABWEI
30      CONTINUE
        STOP
        END


B>TEST
 JEDEN WERT AUF EINER ZEILE EINGEBEN
1
2
3
^Z
MITTELWERT =        2.0000000  BEI           3  WERTEN
            WERT       ABWEICHUNG
     1.0000000        1.0000000
     2.0000000    0.000000E+000
     3.0000000        1.0000000
Stop - Program terminated.
```

Bild 5-3: Programmbeispiel lesen, speichern und Zählen von Meßwerten

Mit Hilfe der PARAMETER-Anweisung ist es möglich, die Größe von Feldern leicht zu verändern.

PARAMETER (Name = Wert , Name = Wert . . .)

Die PARAMETER-Vereinbarung weist einem Namen einen Wert zu. Dieser besteht aus einer Konstanten oder einem Ausdruck mit bereits definierten Namen. Erscheint ein Name bei der Übersetzung im Programm, so wird er durch den Wert ersetzt. Der Name ist keine Variable, sondern nur ein Symbol, dem nur in einer PARAMETER-Vereinbarung ein Wert zugewiesen werden darf. Beispiel:

```
PARAMETER (NMAX = 1000)
DIMENSION X(NMAX)

DO 10 I=1,NMAX
```

Das Programmbeispiel **Bild 5-4** zeigt das Lesen von genau 10 ganzen Zahlen. Dann werden der kleinste und der größte Wert herausgesucht und ausgegeben. Dazu wird willkürlich der erste Wert sowohl zum größten (ZMAX) als auch zum kleinsten (ZMIN) Wert erklärt. In einer DO-Schleife werden alle nachfolgenden Werte untersucht, ob sie kleiner oder größer sind.

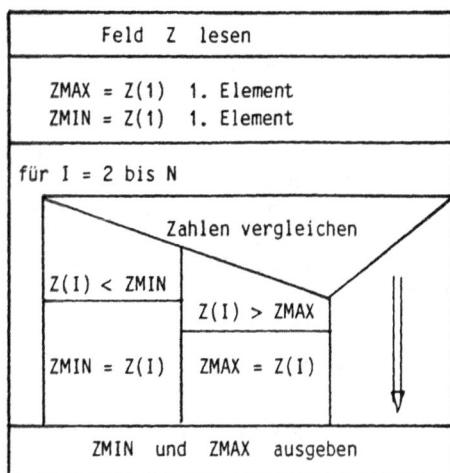

```
              Feld   Z   lesen

          ZMAX = Z(1)   1. Element
          ZMIN = Z(1)   1. Element


      für I = 2 bis N

                          Zahlen vergleichen

       Z(I) < ZMIN
                      Z(I) > ZMAX


       ZMIN = Z(I)    ZMAX = Z(I)


              ZMIN  und  ZMAX   ausgeben
```

```
C BILD 5-4 EXTREMWERTE SUCHEN
        INTEGER ZMAX,ZMIN,ZAHL(10)
        N = 10
        WRITE(*,*)N,' GANZE ZAHLEN EINGEBEN'
        READ(*,*) ZAHL
        ZMAX = ZAHL(1)
        ZMIN = ZAHL(1)
        DO 10 I = 2,N
          IF (ZAHL(I).LT.ZMIN) ZMIN=ZAHL(I)
          IF (ZAHL(I).GT.ZMAX) ZMAX=ZAHL(I)
10      CONTINUE
        WRITE(*,*)ZMIN,' MINIMAL',ZMAX,' MAXIMAL'
        STOP
        END

B>TEST
        10 GANZE ZAHLEN EINGEBEN
2 4 1 -30 5 666 777 888 999 10000
      -30 MINIMAL           10000 MAXIMAL
Stop - Program terminated.
```

Bild 5-4: Programmbeispiel zum Heraussuchen der Extremwerte

Zum Sortieren von Zahlen gibt es eine Reihe von Verfahren, von denen an dieser Stelle nur ein recht einfaches behandelt werden soll. **Bild 5-5** zeigt dazu als Beispiel das Sortieren von vier Zahlen. Im ersten Durchlauf wird die erste Zahl mit allen darunter liegenden verglichen. Gibt es eine kleinere, so wird sie mit der ersten vertauscht und rückt damit an die oberste Stelle. Im zweiten Durchlauf wird nach dem gleichen Verfahren die nächstkleinere Zahl an die zweite Stelle gebracht, beim dritten Durchlauf an die dritte Stelle. Dann steht automatisch die größte Zahl an der letzten Stelle, und die Zahlen sind aufsteigend sortiert.

Wert	alt	1.Durchlauf		2.Durchlauf		3.Durchlauf		neu
1.	4	4	1	1	1	1	1	1
2.	7	7	7	7	3	3	3	3
3.	1	1	4	4	4	4	4	4
4.	3	3	3	3	7	7	7	7

Bild 5-5: Zahlenbeispiel zum Sortieren von Zahlen

Für die Umsetzung des Verfahrens in ein Programm benötigen wir zwei geschachtelte DO-Schleifen. Die äußere Schleife läuft von der ersten bis zur vorletzten Zahl und adressiert die Stelle, an die die jeweils kleinste Zahl zu setzen ist. Die innere Schleife läuft von der folgenden bis zur letzten Stelle und adressiert alle darunter liegenden Zahlen. **Bild 5-6** zeigt das Verfahren in einem Programmbeispiel, das genau 10 Zahlen liest, aufsteigend sortiert und dann wieder ausgibt.

```
C BILD 5-6 SORTIEREN VON ZAHLEN
        INTEGER ZAHL(10) , ZHILF
        N = 10
        WRITE(*,*)N , ' GANZE ZAHLEN EINGEBEN'
        READ(*,*) ZAHL
        DO 20 I = 1,N-1
          MIN = I
          DO 10 J = I+1,N
            IF(ZAHL(J).LT.ZAHL(MIN)) MIN = J
10        CONTINUE
          IF(MIN.NE.I) THEN
              ZHILF = ZAHL(I)
              ZAHL(I) = ZAHL(MIN)
              ZAHL(MIN) = ZHILF
          END IF
20      CONTINUE
        WRITE(*,100) ZAHL
100     FORMAT(1X,10I6)
        STOP
        END

B>TEST
            10 GANZE ZAHLEN EINGEBEN
2 -100 4 2 5 100 0 66 9 10
  -100    0    2    2    4    5    9   10   66   100
Stop - Program terminated.
```

Bild 5-6: Programmbeispiel zum Sortieren von Zahlen

Ein weiteres Anwendungsbeispiel für eindimensionale Felder ist das Ausdrucken von Tabellen. Dazu betrachten wir die Formel

$$c = \sqrt{a^2 + b^2}$$

zur Berechnung der Hypothenuse c aus den beiden Katheten a und b nach dem Satz des Pythagoras. Die Größe A soll die Zeilen, und die Größe B soll die Spalten einer Tabelle bilden; im Kreuzungspunkt steht die Hypothenuse. **Bild 5-7** zeigt ein Programmbeispiel. Die Zeilengröße A läuft von 1 bis 10 mit der Schrittweite 1 und erzeugt die Zeilen. Alle Spaltenwerte einer Zeile müssen gemeinsam gedruckt und vorher berechnet und in einem eindimensionalen Feld gespeichert werden. Der Spaltenindex dazu läuft in einer inneren DO-Schleife von 1 bis 5 mit der Schrittweite 1. Nachdem alle Werte einer Zeile berechnet und gespeichert wurden, werden alle Werte einer Zeile mit einer WRITE-Anweisung ausgegeben.

```
C BILD 5-7  TABELLE DES PYTHAGORAS
            DIMENSION C(5)
            INTEGER A,B
            WRITE(*,*)' A     B = 1     B = 2     B = 3     B = 4     B = 5'
            DO 20 A = 1,10
                DO 10 B = 1,5
                    C (B) = SQRT(FLOAT(A**2 + B**2))
10          CONTINUE
            WRITE(*,100) A , C
100         FORMAT(1X,I3,5F10.5)
20          CONTINUE
            STOP
            END

B>TEST
   A      B = 1      B = 2      B = 3      B = 4      B = 5
   1    1.41421    2.23607    3.16228    4.12311    5.09902
   2    2.23607    2.82843    3.60555    4.47214    5.38516
   3    3.16228    3.60555    4.24264    5.00000    5.83095
   4    4.12311    4.47214    5.00000    5.65685    6.40312
   5    5.09902    5.38516    5.83095    6.40312    7.07107
   6    6.08276    6.32456    6.70820    7.21110    7.81025
   7    7.07107    7.28011    7.61577    8.06226    8.60233
   8    8.06226    8.24621    8.54400    8.94427    9.43398
   9    9.05539    9.21954    9.48683    9.84886   10.29563
  10   10.04988   10.19804   10.44031   10.77033   11.18034
Stop - Program terminated.
```

Bild 5-7: Programmbeispiel Tabelle ausgeben

In dem vorliegenden Beispiel sind der Index B und die Formelgröße B identisch. Wenn wir die Aufgabe hätten, die Spaltenwerte von B z.B. von 100 bis 500 mit der Schrittweite 100 laufen zu lassen, so müßten wir den Feldindex und die Formelgröße trennen. Dazu gibt es zwei Möglichkeiten:

1. Man läßt den Index entsprechend der Zahl der Spalten von 1 bis zum Endwert laufen und leitet daraus die Formelgröße ab.

```
    DO 20 I = 1,5
        B = 100 * I
        C(I) = SQRT(FLOAT(A*A + B*B))
20      CONTINUE
```

2. Man läßt die Formelgröße in der DO-Schleife laufen und führt einen besonderen Indexzähler mit.

```
    I = 1
    DO 20 B = 100 , 500 , 100
        C(I) = SQRT(FLOAT(A*A + B*B))
        I = I + 1
20      CONTINUE
```

Eindimensionale Felder können auch dazu dienen, Zahlenwerte zu ordnen und zu zählen. Dazu ist es nötig, die zu verarbeitende Größe in den Index eines Feldes umzuformen. Als Beispiel betrachten wir die Aufgabe, die Häufigkeit festzustellen, mit der Meßwerte auftreten. Dazu bilden wir 10 Gruppen. Die erste Gruppe reicht von 0.5 bis 1.5, die zweite Gruppe von 1.5 bis 2.5; die zehnte Gruppe reicht von 9.5 bis 10.5. Jede Gruppe wird in einem Element eines Feldes aus 10 INTEGER-Zahlen gezählt. Dazu wird die eingegebene REAL-Zahl mit Hilfe der FLOAT-Funktion in eine INTEGER-Zahl von 1 bis 10 umgeformt. Addiert man vorher 0.5, so wird mathematisch richtig gerundet. Das dadurch ausgewählte Feldelement wird um 1 erhöht. **Bild 5-8** zeigt ein Programmbeispiel.

```
C BILD 5-8 ORDNEN UND ZAEHLEN VON MESSWERTEN
        INTEGER WERT(10) , WMAX
        WMAX = 10
C ZAEHLER LOESCHEN
        DO 10 I = 1,WMAX
            WERT(I) = 0
10      CONTINUE
C EINGABESCHLEIFE
20      WRITE(*,*)' ZAHL VON 0.5 BIS',WMAX+0.49,' EINGEBEN'
        READ(*,*,END=30) ZAHL
        IND = IFIX (ZAHL + 0.5)
        IF (IND.LT.1 .OR. IND.GT.WMAX) THEN
            WRITE(*,*)' EINGABEFEHLER'
        ELSE
            WERT(IND) = WERT(IND) + 1
        END IF
        GOTO 20
C AUSGABE DER ZAEHLER
30      DO 40 I = 1,WMAX
            WRITE(*,*)I,'.GRUPPE KAM',WERT(I),' MAL'
40      CONTINUE
        STOP
        END

B>TEST
 ZAHL VON 0.5 BIS        10.4900000 EINGEBEN
-1
 EINGABEFEHLER
 ZAHL VON 0.5 BIS        10.4900000 EINGEBEN
10.5
 EINGABEFEHLER
 ZAHL VON 0.5 BIS        10.4900000 EINGEBEN
1.3
            1.GRUPPE KAM         6 MAL
            2.GRUPPE KAM         1 MAL
            3.GRUPPE KAM         1 MAL
```

Bild 5-8: Programmbeispiel zum Zählen von Meßwerten

Die erste DO-Schleife löscht alle Zähler. In der Eingabeschleife wird die eingegebene Zahl in den Index eines Feldelementes umgeformt. Vor der Auswahl und Zählung wird geprüft, ob der Index innerhalb der vereinbarten Grenzen von 1 bis 10 liegt. Zahlen außerhalb der Bereiches werden zurückgewiesen. Nach Eingabe der Endemarke gibt die zweite DO-Schleife die Zähler aus. Mit dem in Bild 5-6 dargestellten Programm könnte die Tabelle nach steigender Häufigkeit sortiert werden.

5.2 Übungen zum Abschnitt eindimensionale Felder

Der Abschnitt 11 enthält für alle Aufgaben Lösungsvorschläge!

1. Aufgabe:
Es ist eine Tabelle von genau 10 X-Werten und 10 Y-Werten einzulesen und zu speichern. Jedes Wertepaar soll auf einer Zeile eingegeben werden. Berechnen Sie das Integral nach der Formel

$$F = \frac{H}{2}\left[(y_1 + y_{10}) + 2 \cdot \sum_{k=2}^{9} y_k\right] \quad \text{mit } H = \frac{x_{10} - x_1}{9}$$

für den Fall, daß alle X-Werte den gleichen Abstand voneinander haben.

2. Aufgabe:
Gegeben sind zwei Vektoren A und B aus je 10 Elementen. Geben Sie auf der ersten Zeile alle 10 Elemente von A und auf der folgenden Zeile alle 10 Elemente von B ein und berechnen Sie das Skalarprodukt nach der Formel

$$S = \sum_{i=1}^{10} a_i \cdot b_i = a_1 \cdot b_1 + a_2 \cdot b_2 + \ldots + a_{10} \cdot b_{10}$$

3. Aufgabe:
Der Widerstand eines Kupferdrahtes berechnet sich aus dem Drahtdurchmesser D und der Länge l nach der Formel

$$R = \frac{l}{k \cdot A} \quad \text{mit } k = 56$$

$$A = \frac{\pi \cdot D^2}{4}$$

Werten Sie die Formel in einer Tabelle aus. Verändern Sie den Drahtdurchmesser von 0.5 bis 1.0 mm mit der Schrittweite 0.1 mm und die Drahtlänge von 1 m bis 100 m mit der Schrittweite 1 m.

4. Aufgabe:
Zählen Sie die Häufigkeit, mit der die ganzen Zahlen von 1 bis 49 (Lottozahlen) eingegeben werden. Die Eingabeschleife ist mit einem entsprechenden Steuerkommando abzubrechen. Es sind die Zahlen und die Häufigkeit, mit der sie aufgetreten sind, in einer Tabelle auszugeben.

5.3 Die Arbeit mit mehrdimensionalen Feldern

Zur Bezeichnung zweidimensionaler Anordnungen (Matrizen, Tabellen) verwendet man Doppelindizes. Beispiel:

$$a_{11} \quad a_{12} \quad a_{13}$$

$$a_{21} \quad a_{22} \quad a_{23}$$

$$a_{31} \quad a_{32} \quad a_{33}$$

$$a_{41} \quad a_{42} \quad a_{43}$$

In der Mathematik bezeichnet der erste Index die Zeile und der zweite Index die Spalte. In FORTRAN bestimmen wir die **Anordnung** der Elemente in einer Feldvereinbarung. Beispiel:

```
DIMENSION A(4,3)      oder     DIMENSION A(3,4)
```

Der Compiler stellt in beiden Fällen 3*4=12 Speicherplätze bereit. In der Feldvereinbarung erscheinen hinter dem Namen des Feldes zwei durch ein Komma getrennte Größen.

```
         Typ Name ( Größe1 , Größe2 ) , . . .
    DIMENSION Name ( Größe1 , Größe2 ) , . . .
```

Für die Vergabe der Feldnamen gelten die gleichen Regeln wie für eindimensionale Felder. Die Größe1 bezeichnet die erste Dimension, die Größe2 bezeichnet die zweite Dimension. Als Größen sind entweder ganze INTEGER-Konstanten größer Null oder, beim Standard FORTRAN 77, die Angabe des kleinsten und des größten Index zulässig. Beispiele:

```
INTEGER X(-10:10 , -10:10)

DIMENSION B(21,21)
```

Für die **Adressierung** eines zweidimensionalen Feldes gelten die gleichen Regeln wie für eindimensionale Felder. Das folgende Beispiel löscht alle Elemente des Feldes A mit zwei geschachtelten DO-Schleifen.

```
    DIMENSION A(4,3)

    DO 20 I = 1,4
       DO 10 J = 1,3
          A(I,J) = 0.0
10     CONTINUE
20  CONTINUE
```

Im Speicher liegen alle Elemente eines zweidimensionalen Feldes in fortlaufenden Speicherstellen. Dabei läuft der erste Index schneller als der zweite. Die Elemente des Feldes A(4,3) haben die Reihenfolge:

A(1,1) A(2,1) A(3,1) A(4,1) A(1,2) A(2,2) A(3,2) A(4,2) A(1,3)

A(2,3) A(3,3) A(4,3)

Vergleicht man diese Reihenfolge mit der mathematischen Schreibweise (Zeile, Spalte), so sieht man, daß die Elemente der Matrix im Rechner spaltenweise angeordnet sind. Zuerst kommen die erste Spalte, dann die zweite usw. Gibt man nur den Namen des Feldes in einer Ein/Ausgabeanweisung an, so werden die Elemente in der Reihenfolge adressiert, in der sie im Speicher liegen.

In Übereinstimmung mit der mathematischen Schreibweise werden wir zweidimensionale Felder in der Reihenfolge "Zeilenindex,Spaltenindex" dimensionieren. Bei der Eingabe und Ausgabe von zweidimensionalen Feldern arbeiten wir wie gewohnt zeilenweise. Dies geschieht mit Hilfe von DO-Schleifen. Mit einer FORMAT-Vereinbarung legen wir fest, wieviel Werte auf einer Zeile erscheinen sollen.

Bei der **Eingabe** und **Ausgabe** von zweidimensionalen Feldern bestimmen wir die Reihenfolge ihrer Elemente durch DO-Schleifen. In der Variablenliste der Ein/Ausgabeanweisungen können implizite DO-Schleifen geschachtelt werden.

```
((Feldname(i,j) , i = ia , ie , is) , j = ja , je , js)

((Feldname(i,j) , j = ja , je , js) , i = ia , ie , is)
```

Wie bei expliziten DO-Schleifen läuft der innere Index schneller als der äußere. Das folgende Programmbeispiel **Bild 5-9** zeigt die Ausgabe eines zweidimensionalen Feldes aus 4 Zeilen und 3 Spalten. Der erste Programmblock weist den Feldelementen einen Zahlenwert zu, der ihrem Index entspricht. Der zweite Programmblock gibt die Matrix mit einer expliziten DO-Schleife (Zeilenindex) und einer impliziten DO-Schleife (Spaltenindex) aus. Das gewählte Ausgabeformat 100 FORMAT(1X,3I5) sorgt dafür, daß immer 3 Zahlen auf einer Zeile erscheinen. Im dritten Programmblock erfolgt die Ausgabe durch zwei geschachtelte implizite DO-Schleifen auf einer Zeile. Der vierte Programmblock verwendet nur den Namen des Feldes und zeigt die Reihenfolge, in der die Elemente des Feldes im Speicher liegen.

Als Anwendungsbeispiel für zweidimensionale Felder betrachten wir einen Versuch, bei dem 5 Meßreihen zu je 10 Meßwerten aufgenommen werden. Es ist der Mittelwert für jede Meßreihe zu bestimmen. **Bild 5-10** zeigt ein Programmbeispiel, das durch Ändern der Feldvereinbarung und Feldgrenzen leicht auf andere Verhältnisse umprogrammiert werden kann. Dies könnte auch durch eine PARAMETER-Vereinbarung geschehen. Der erste Index läuft von 1 bis 5 und gibt die Nummer der Meßreihe (Zeile) an, der zweite Index läuft von 1 bis 10 und gibt die Nummer der Messung (Spalte) an.

```
C BILD 5-9  AUSGABE EINES ZWEIDIMENSIONALEN FELDES
        INTEGER A(4,3)
C FELD MIT WERTEN BESETZEN
        DO 20 I = 1,4
            DO 10 J = 1,3
                A(I,J) = I*10 + J
10              CONTINUE
20          CONTINUE
C AUSGABE ZEILENWEISE MIT AUESSERER DO-SCHLEIFE
        DO 30 I = 1,4
            WRITE(*,100) (A(I,J) , J = 1,3)
100         FORMAT(1X,3I5)
30          CONTINUE
C AUSGABE DURCH IMPLIZITE DO-SCHLEIFE
        WRITE(*,*)
        WRITE(*,200) ((A(I,J),J=1,3),I=1,4)
200     FORMAT(1X,12I4)
C AUSGABE DURCH FELDNAMEN: REIHENFOLGE WIE IM SPEICHER
        WRITE(*,*)
        WRITE(*,200) A
        STOP
        END


B>TEST
    11   12   13
    21   22   23
    31   32   33
    41   42   43

   11  12  13  21  22  23  31  32  33  41  42  43

   11  21  31  41  12  22  32  42  13  23  33  43
Stop - Program terminated.
```

Bild 5-9: Programmbeispiel Ausgabe eines zweidimensionalen Feldes

```
C BILD 5-10 5 MESSREIHEN MIT JE 10 MESSWERTEN
        DIMENSION WERT(5,10)
        NWERT = 10
        NREIH = 5
C MESSWERTE LESEN
        DO 10 I = 1,NREIH
            WRITE(*,*)I,'.MESSREIHE MIT',NWERT,' WERTEN EINGEBEN'
            READ(*,*) (WERT(I,J),J=1,NWERT)
10          CONTINUE
C MITTELWERT JEDER MESSREIHE BILDEN UND AUSGEBEN
        DO 30 I=1,NREIH
            SUM = 0.0
            DO 20 J = 1,NWERT
                SUM = SUM + WERT (I,J)
20          CONTINUE
            WMITT = SUM/FLOAT(NWERT)
            WRITE(*,*) I,'. MESSREIHE MITTELWERT =', WMITT
30          CONTINUE
        STOP
        END
```

Bild 5-10: Programmbeispiel Mittelwert mehrerer Meßreihen

Als Beispiel für eine zweidimensionale Tabelle zeigt **Bild 5-11** die Berechnung der Hypothenuse aus den beiden Katheten nach dem Satz des Pythagoras. Dieses Beispiel haben wir bereits im Bild 5-7 mit einem eindimensionalen Feld behan-

```
C BILD 5-11  TABELLE DES PYTHAGORAS ZWEIDIMENSIONAL
         DIMENSION C(10,5)
         INTEGER A,B
C TABELLE BERECHNEN
         DO 20 A = 1,10
            DO 10 B = 1,5
               C(A,B) = SQRT(FLOAT(A**2 + B**2))
10             CONTINUE
20          CONTINUE
C TABELLE AUSGEBEN
         WRITE(*,*)' A      B = 1      B = 2      B = 3      B = 4      B = 5'
         WRITE(*,100) (I,(C(I,J),J=1,5),I=1,10)
100      FORMAT(1X,I3,5F10.5)
         STOP
         END

B>TEST
  A      B = 1      B = 2      B = 3      B = 4      B = 5
  1    1.41421    2.23607    3.16228    4.12311    5.09902
  2    2.23607    2.82843    3.60555    4.47214    5.38516
  3    3.16228    3.60555    4.24264    5.00000    5.83095
  4    4.12311    4.47214    5.00000    5.65685    6.40312
  5    5.09902    5.38516    5.83095    6.40312    7.07107
  6    6.08276    6.32456    6.70820    7.21110    7.81025
  7    7.07107    7.28011    7.61577    8.06226    8.60233
  8    8.06226    8.24621    8.54400    8.94427    9.43398
  9    9.05539    9.21954    9.48683    9.84886   10.29563
 10   10.04988   10.19804   10.44031   10.77033   11.18034
Stop - Program terminated.
```

Bild 5-11: Programmbeispiel zweidimensionale Tabelle

```
C BILD 5-12 MATRIXELEMENTE LESEN UND MATRIX AUSGEBEN
         DIMENSION A(10,5)
         NZEIL = 10
         NSPAL = 5
100      FORMAT(1X,5F10.4)
C MATRIX LOESCHEN
         DO 20 I = 1,NZEIL
            DO 10 J = 1,NSPAL
               A(I,J) = 0.0
10          CONTINUE
20       CONTINUE
C MATRIXELEMENTE LESEN , PRUEFEN , SPEICHERN
         WRITE(*,*)'NZEIL=',NZEIL,' NSPAL=',NSPAL
30       CONTINUE
         WRITE(*,*)'ZEILENINEX SPALTENINDEX WERT'
         READ(*,*,END=40) IZ , IS , WERT
         IF(IZ.LT.1.OR.IZ.GT.NZEIL.OR.IS.LT.1.OR.IS.GT.NSPAL)THEN
            WRITE(*,*)'EINGABEFEHLER'
         ELSE
            A(IZ,IS) = WERT
         END IF
         GOTO 30
C MATRIX AUSGEBEN
40       WRITE(*,*)
         WRITE(*,100)((A(I,J),J=1,NSPAL),I=1,NZEIL)
         STOP
         END
```

Bild 5-12: Programmbeispiel Matrixelemente einzeln lesen

delt, das die Werte einer Ausgabezeile aufnahm. In dem vorliegenden Beispiel berechnen und speichern wir zuerst die gesamte Tabelle, bevor wir sie ausgeben.

Bei der Behandlung von Matrizen kommt es oft vor, daß nur wenige Elemente der Matrix besetzt sind, der größte Teil ist konstant, z.B. Null. Dann kann man die Eingabe dadurch vereinfachen, daß man zunächst alle Elemente durch das Programm löscht und dann nur noch die Elemente einliest, die nicht Null sind. Dazu gibt man für jedes Element den Zeilenindex, den Spaltenindex und den Wert auf einer Zeile ein. Vor der Übernahme des Wertes in das Feld ist jedoch zu prüfen, ob die vereinbarten Grenzen eingehalten werden. **Bild 5-12** zeigt dazu ein Programmbeispiel.

Die Mathematik verwendet gelegentlich auch mehrfache Indizes, in FORTRAN sind bis zu 7 Indizes möglich. Beispiel für ein dreidimensionales Feld:

    DIMENSION A(2,4,3)

Der erste Index könnte die Seite, der zweite Index die Zeile und der dritte Index die Spalte einer Tabelle darstellen. Die Tabelle besteht dann aus 2 Seiten, 4 Zeilen und 3 Spalten. Bei der Anordnung im Speicher laufen die linken Indizes schneller als die rechten. In dieser Reihenfolge werden die Elemente adressiert, wenn nur der Name des Feldes in einer Ein/Ausgabeanweisung erscheint. In dem vorliegenden Beispiel lautet die Reihenfolge der 24 Elemente:

A(1,1,1) A(2,1,1) A(1,2,1) A(2,2,1) A(1,3,1) A(2,3,1) A(1,4,1) A(2,4,1)

A(1,1,2) A(2,1,2) A(1,2,2) A(2,2,2) A(1,3,2) A(2,3,2) A(1,4,2) A(2,4,2)

A(1,1,3) A(2,1,3) A(1,2,3) A(2,2,3) A(1,3,3) A(2,3,3) A(1,4,3) A(2,4,3)

5.4 Übungen zum Abschnitt mehrdimensionale Felder

Der Abschnitt 11 enthält für alle Aufgaben Lösungsvorschläge!

1. Aufgabe:
Bei einer Meßreihe werden immer 10 Messungen vorgenommen, die Zahl der Meßreihen kann zwischen 1 und 20 schwanken. Die erste Eingabezeile enthält die Zahl der Meßreihen, dann folgen Eingabezeilen mit je 10 Meßwerten einer Meßreihe. Man speichere die Daten in einem zweidimensionalen Feld, berechne den Mittelwert aller Meßwerte und gebe die Tabelle wieder aus.

2. Aufgabe:
Man lese zwei Matrizen A und B aus je vier Zeilen und fünf Spalten ein und berechne die Summenmatrix C, indem man die entsprechenden Elemente addiert.

    $C(I,J) = A(I,J) + B(I,J)$

Dann berechne man für jede Matrix die Summe aller Elemente und gebe sie zusammen mit den Matrizen aus. Man löse die Aufgabe so, daß die Größe der Matrizen leicht geändert werden kann.

3. Aufgabe:
In den Übungen zum Abschnitt eindimensionale Felder haben wir in der 3. Aufgabe den Widerstand eines Kupferdrahtes für die Drahtdurchmesser von 0.5 bis 1.0 mm (Schrittweite 0.1 mm) und für die Drahtlängen von 1 bis 100 m (Schrittweite 1 m) ausgegeben. Lösen Sie die gleiche Aufgabe mit einem zweidimensionalen Feld. Wenn Sie für den Test Papier sparen wollen, so lesen Sie die maximale Drahtlänge ein.

5.5 Die häufigsten Fehler bei der Verwendung von Feldern

Felder müssen vor ihrer Verwendung durch eine DIMENSION-Anweisung oder in einer expliziten (ausdrücklichen) Typvereinbarung definiert werden. Schlagen Sie in den Unterlagen zu Ihrem Rechner nach, ob Ihr FORTRAN-Compiler auch negative Indizes und den Index Null und REAL-Größen zur Indizierung zuläßt.

Wenn Sie die Dimensionierung vergessen und dennoch einen Namen gefolgt von einem Klammerausdruck verwenden, so sind die Folgen sehr stark vom Compiler und vom Betriebssystem Ihrer Rechenanlage abhängig. Der Ausdruck

```
SUM = X(I)
```

z.B. könnte auch als Aufruf des FUNCTION-Unterprogramms X mit dem Argument I angesehen werden, wenn eine Feldvereinbarung für X fehlt. Bei einigen Rechenanlagen erhalten Sie eine Fehlermeldung vom Compiler, bei anderen vom Binder (Linker oder Mapper), der das Unterprogramm nicht finden kann. Testen Sie doch Ihren Rechner, wie der mit dem Problem fertig wird, wenn Sie die Feldvereinbarung einfach mal vergessen.

Der schwerwiegendste Fehler bei der Verwendung von Feldern tritt auf, wenn Sie die vereinbarten Grenzen eines Feldes überschreiten. Dies geschieht leicht, wenn Sie eine Variable als Index verwenden. Das Feld ja liegt zusammen mit anderen Variablen und dem Programm und dem Betriebssystem im Arbeitsspeicher. Überschreiten Sie die obere Grenze oder unterschreiten Sie die untere Grenze eines Feldes, so sprechen Sie damit andere Variablen Ihres Programms oder sogar die Befehle Ihres Programms an. Die Folgen sind wieder von der Art Ihres Rechners abhängig.

Bei einfachen Arbeitsplatzrechnern (Single-User- oder Ein-Benutzer-Betrieb) können Sie durch das Überschreiten der Feldgrenzen Ihre eigenen Daten oder Ihr eigenes Programm oder sogar das Betriebssystem zerstören. Schlimmstenfalls können Sie den Rechner nur durch den Netzschalter wieder unter Ihre Kontrolle bekommen.

Bei Arbeitsplatzrechnern, bei denen mehrere Benutzer gleichzeitig arbeiten können (Multi-User-Betrieb), und bei Großrechnern wird Ihnen nur ein Teil des Arbeitsspeichers zur Verfügung gestellt. Das Betriebssystem kontrolliert diesen Bereich während der Ausführung Ihres Programms und bricht Ihr Programm mit einer Fehlermeldung ab, wenn Sie versuchen, diesen Bereich zu verlassen. Sie können also nur Ihre eigenen Daten und eventuell Ihr eigenes Programm zerstören. Es dürfte Ihnen normalerweise nicht gelingen, das Betriebssystem und damit den Rechner "abstürzen" zu lassen.

Im **Bild 5-13** finden Sie ein Testprogramm, das zunächst das Feld X mit den Werten von 1 bis 10 und dann das Feld Y mit den Werten von 10 bis 100 vorbesetzt. Dann wird in einer Leseschleife eine INTEGER-Zahl eingelesen, die als Index für die Adressierung der beiden Felder dient. Mit diesem Testprogramm ist es leicht möglich, im Dialog "fremde" Speicherstellen zu lesen. Wenn Sie versuchen, nach der gleichen Methode auch "fremde" Speicherstellen zu beschreiben, so bedenken Sie bitte die möglichen Folgen!

```
C BILD 5-13 TEST AUF SPEICHERGRENZEN
      DIMENSION X(10) , M(10)
      DO 5 I = 1,10
      X(I) = FLOAT(I)
      M(I) = I
5     CONTINUE
10    WRITE(*,*)'INDEX EINGEBEN'
      READ(*,*, END =20) I
      WRITE(*,*) X(I) , M(I)
      GOTO 10
20    STOP
      END
```

```
B>TEST
INDEX EINGEBEN              INDEX EINGEBEN
1                          15
        1.0000000       1      7.006492E-045    60031871
INDEX EINGEBEN             INDEX EINGEBEN
2                          16
        2.0000000       2      8.407791E-045    63374255
INDEX EINGEBEN             INDEX EINGEBEN
10                         17
       10.0000000      10      9.809089E-045    66978784
INDEX EINGEBEN             INDEX EINGEBEN
11                         0
   1.401298E-045       11      4.520589E-042  1092616192
INDEX EINGEBEN             INDEX EINGEBEN
12                         -1
   2.802597E-045     22338     3.306078E-038  1091567616
INDEX EINGEBEN             INDEX EINGEBEN
13                         -2
   4.203895E-045   54526763    1.001503E-032  1090519040
INDEX EINGEBEN             INDEX EINGEBEN
14                         -3
   5.605194E-045   57279317   -1.683604E+030  1088421888
```

Bild 5-13: Testprogramm zur Untersuchung von Speichergrenzen

Einen Index, der eingelesen wird, sollte man auf jedem Fall durch das Programm auf Zulässigkeit prüfen. Einen berechneten Index sollte man nur in kritischen Fällen prüfen, da sonst der Programmieraufwand und die Ausführungszeit des Programms stark ansteigen können.

Eine variable Dimensionierung gibt es nicht in FORTRAN. Durch PARAMETER-Vereinbarungen können Sie leicht die Feldgrenzen und die Bereiche von DO-Schleifen verändern.

6 Unterprogrammtechnik

Im Abschnitt 2.5 (Bild 2-3) haben Sie einige Standardfunktionen wie z.B. ABS und SQRT kennengelernt. In den Beispielen und Übungen haben wir sie verwendet, um Teilaufgaben wie z.B. die Berechnung des Absolutwertes oder das Wurzelziehen zu lösen. Diese Programmteile, die durch Nennung ihres Namens Berechnungen durchführen, nennt man Unterprogramme. Sie machen ein Programm übersichtlicher, weil man mit ihrer Hilfe Teilaufgaben getrennt vom Hauptproblem behandeln kann. Im Beispiel der Wurzelfunktion brauchen wir noch nicht einmal zu wissen, nach welchem Verfahren die SQRT-Funktion arbeitet.

In diesem Abschnitt lernen Sie, wie man eigene Unterprogramme schreibt und aufruft. Dabei unterscheidet man interne und externe Unterprogramme. Interne Unterprogramme werden zusammen mit dem aufrufenden Hauptprogramm übersetzt. Bei externen Unterprogrammen werden Haupt- und Unterprogramm getrennt in verschiedenen Compilerläufen übersetzt. Dann muß ein Bindeprogramm (Linker oder Mapper) des Betriebssystems die beiden Programme miteinander verbinden.

6.1 Standard-Unterprogramme

Die Standard-Unterprogramme wie z.B. ABS oder SQRT stellt Ihnen der Rechner zur Verfügung, ohne daß Sie sich um die Programmierung dieser Funktionen kümmern müssen. Dabei unterscheidet man Einbaufunktionen und Bibliotheksfunktionen.

Beim Aufruf einer **Einbaufunktion** baut der Compiler die zu ihrer Ausführung erforderlichen Maschinenbefehle an der Stelle in das Maschinenprogramm ein, an der die Funktion im Programm aufgerufen wird. Ein Beispiel ist die ABS-Funktion, die den Absolutwert berechnet. Zu ihrer Ausführung sind nur wenige Maschinenbefehle erforderlich. **Bild 6-1** zeigt ein Beispiel.

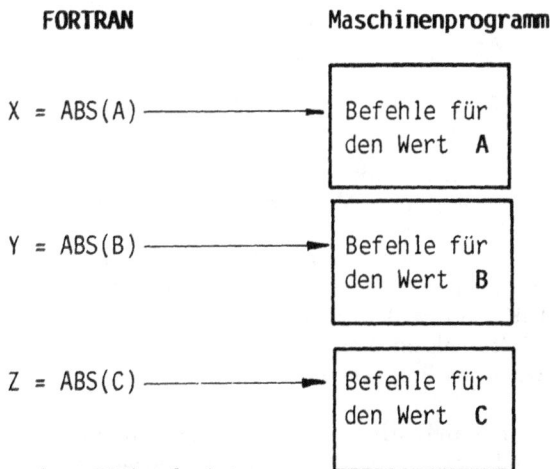

Bild 6-1: Wirkung einer Einbaufunktion

Umfangreichere Berechnungsverfahren wie z.B. das Wurzelziehen (SQRT) behandelt der Compiler als **Bibliotheksfunktion.** An der Stelle des Aufrufs erzeugt er einen Sprungbefehl, der in das Unterprogramm führt. Am Ende des Unterprogramms steht ein Rücksprungbefehl, der dafür sorgt, daß das aufrufende Hauptprogramm an der Stelle fortgeführt wird, an der das Unterprogramm aufgerufen wurde. **Bild 6-2** zeigt die Wirkung einer Bibliotheksfunktion. Im Gegensatz zu einer Einbaufunktion ist die Bibliotheksfunktion nur einmal vorhanden und kann von verschiedenen Stellen aus angesprungen werden.

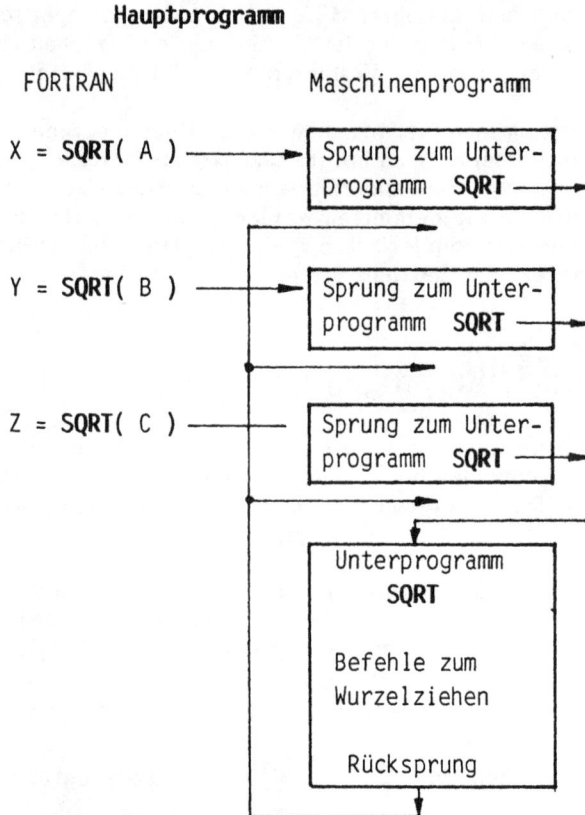

Hauptprogramm

FORTRAN   Maschinenprogramm

X = **SQRT**(A) ⟶ | Sprung zum Unter-
programm **SQRT** |

Y = **SQRT**(B) ⟶ | Sprung zum Unter-
programm **SQRT** |

Z = **SQRT**(C) ⟶ | Sprung zum Unter-
programm **SQRT** |

| Unterprogramm
SQRT

Befehle zum
Wurzelziehen

Rücksprung |

Bild 6-2: Wirkung einer Bibliotheksfunktion

Der Maschinencode einer Bibliotheksfunktion wird nicht vom Compiler erzeugt, sondern einer Unterprogrammbibliothek des Betriebssystems entnommen. Das gleiche gilt für die Ausführung von Ein/Ausgabeanweisungen wie READ und WRITE, für die der Compiler ebenfalls Systemunterprogramme aufruft. Aus diesem Grund ist nach der Übersetzung eines FORTRAN-Programms ein Aufruf des Binders (LINK oder MAP) erforderlich, der die benötigten Systemunterprogramme einer Bibliothek entnimmt und mit dem Hauptprogramm zu einem ladbaren und ausführbaren Programm verbindet.

Beim Aufruf einer Standardfunktion gibt es keinen Unterschied zwischen einer Einbaufunktion und einer Bibliotheksfunktion. Sie unterscheiden sich nur in der Art der Ausführung. Die Funktionen können Sie auf folgende Größen anwenden:

```
SQRT(3.5)                       Konstanten

SQRT(X)                         Variablen

SQRT(A**2 + B**2)               Ausdrücke

SQRT(X(I))                      Feldelemente

SQRT(ABS(X))                    weitere Funktionen
```

Funktionsaufrufe können auch Bestandteil eines arithmetischen Ausdrucks sein.

```
Z = H*SIN(ALFA*PI/180.) + 13.4
```

Zunächst wird der in Klammern stehende arithmetische Ausdruck berechnet. Mit dem Ergebnis wird die Sinus-Funktion aufgerufen. Der zurückgelieferte Funktionswert wird mit H multipliziert und zur Konstanten 13.4 addiert. Das Ergebnis gelangt in die Speicherstelle Z.

6.2 Die Funktionsanweisung

Einfache Formeln, die nur aus einer Programmzeile bestehen, können als Funktions-Anweisung definiert werden. Sie wird auch Anweisungsfunktion oder Formelfunktion genannt. Als Beispiel betrachten wir die Formel zur Berechnung des Gesamtwiderstandes aus zwei parallel geschalteten Teilwiderständen:

$$R_{ges} = \frac{R_1 \cdot R_2}{R_1 + R_2}$$

Diese Formel können wir direkt als Funktionsanweisung schreiben:

```
RPAR (RP1,RP2) = RP1 * RP2 / (RP1 + RP2)
```

Wenn Sie nun im Programm diese Formel anwenden wollen, so geben Sie ihren Namen und die Größen an, mit denen sie durchgerechnet werden soll.

```
R = RPAR (1000. , 2000.) + RPAR (A , B)
```

In dem Beispiel wird die Formel zunächst für die Konstanten 1000 und 2000 und dann für die Variablen A und B durchgerechnet, beide Ergebnisse werden addiert und in der Variablen R abgespeichert. Elektrotechnisch gesehen wurde der Gesamtwiderstand einer Parallelschaltung von 1000 Ohm und 2000 Ohm in Reihe geschaltet mit einer Parallelschaltung der Widerstände A und B berechnet.

Funktionsanweisungen müssen im Programm nach den Vereinbarungen und vor der ersten ausführbaren Anweisung definiert werden. Sie haben die allgemeine Form:

```
Name ( Liste ) = Ausdruck
```

Der Name wird nach den Regeln für frei wählbare Namen gebildet. Er darf aus höchstens sechs Buchstaben oder Ziffern bestehen, das erste Zeichen muß ein Buchstabe sein.

Die Liste enthält durch Kommas getrennt die Namen der formalen Argumente oder Parameter, die in dem Ausdruck auf der rechten Seite erscheinen.

Der Ausdruck auf der rechten Seite enthält eine Formel. Sie kann aus allgemeinen Bezeichnungen (Formelsymbolen), Konstanten, Standardfunktionen oder Namen bereits definierter Funktionsanweisungen bestehen.

Bei der Definition einer Funktionsanweisung werden weder Maschinenbefehle erzeugt noch Speicherstellen für die formalen Argumente angelegt. Diese wirken lediglich als Platzhalter (Dummy) für die beim Aufruf genannten Größen. Einige Compiler lassen es zu, bei der Definition das Kennwort DEFINE vor den Namen der Funktionsanweisung zu setzen.

    DEFINE RPAR(RP1,RP2) = RP1*RP2/(RP1+RP2)

Der **Aufruf** der Funktionsanweisung erfolgt in der allgemeinen Form

```
Name ( Liste der tatsächlichen Werte )
```

als Bestandteil einer Anweisung. Die tatsächlichen oder aktuellen Werte ersetzen die formalen Argumente der Definition und zwar in der Reihenfolge, in der sie in der Argumentenliste der Definition erscheinen. Der erste Wert des Aufrufs tritt an die Stelle des ersten formalen Argumentes in der Definition. Im Aufruf sind Konstanten, Variablen, Ausdrücke und der Aufruf weiterer Funktionen zulässig. Beispiele für den Aufruf der eingangs definierten Funktionsanweisung:

    R12 = RPAR (1000. + R4 , R34+R35+R36)

    RMESS = RPAR (1000. , RPAR (1000. , RTEIL+ RA))

Funktionsanweisungen wirken wie Einbaufunktionen. An den Stellen, an denen sie aufgerufen werden, baut der Compiler die zu ihrer Ausführung notwendigen Befehle ein. In einem Beispiel soll die in **Bild 6-3** dargestellte Schaltung aus drei ohmschen Widerständen untersucht werden. Für gegebene feste Widerstände R1 und R2 ist die Ausgangsspannung UA für die Eingangsspannung UE und den Widerstand RV zu berechnen.

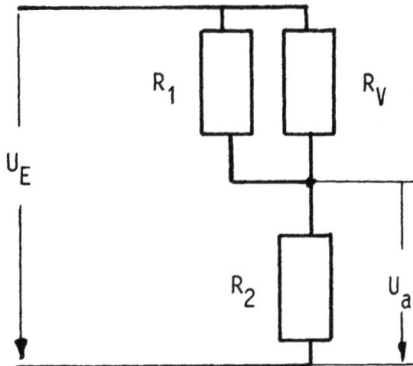

$$R_{ges} = \frac{R_1 * R_v}{R_1 + R_v} + R_2 \qquad I_{ges} = \frac{U_E}{R_{ges}} \qquad U_a = R_2 * I_{ges}$$

Bild 6-3: Schaltung aus ohmschen Widerständen

Das in **Bild 6-4** dargestellte Programmbeispiel definiert die Formel für die Parallelschaltung in einer Funktionsanweisung und liest Werte für die konstanten Widerstände R1 und R2 ein. Die Eingabeschleife liest Werte für die Eingangsspannung UE und den Widerstand RV, berechnet daraus den Strom und die Ausgangsspannung UA und gibt UA aus.

```
C BILD 6-4  PROGRAMMBEISPIEL SCHALTUNGSBERECHNUNG
        REAL IGES
        RPAR(RP1,RP2) = RP1*RP2/(RP1+RP2)
C WIDERSTAENDE R1 UND R2 LESEN
        WRITE(*,*) 'R1 UND R2 IN OHM EINGEBEN'
        READ(*,*) R1,R2
C UE UND RV EINGEBEN
10      WRITE(*,*)'RV IN OHM UND UE IN VOLT EINGEBEN'
        READ(*,*,END=20) RV,UE
        RGES = RPAR(R1,RV) + R2
        IGES = UE/RGES
        UA = IGES*R2
        WRITE(*,*)'UA=',UA,' VOLT'
        GOTO 10
20      STOP
        END

B>TEST
R1 UND R2 IN OHM EINGEBEN
1000 500
RV IN OHM UND UE IN VOLT EINGEBEN
1000 100
UA=        50.0000000 VOLT
```

Bild 6-4: Programmbeispiel Schaltungsberechnung

Funktionsanweisungen können für Größen aller Datentypen INTEGER, REAL, DOUBLE PRECISION, COMPLEX, LOGICAL und CHARACTER definiert werden.

6.3 FUNCTION-Unterprogramme

Wenn Sie eine Funktion programmieren wollen, die nicht mehr aus einer einzigen Formel besteht oder zu deren Berechnung ein Rechenverfahren erforderlich ist, so müssen Sie ein Unterprogramm vom Typ FUNCTION schreiben. Es arbeitet wie eine Bibliotheksfunktion. Als Beispiel diene ein Unterprogramm zur Berechnung der dritten Wurzel. Wir geben ihm den Namen DWURZ und rufen es in einem Hauptprogramm durch Nennung des Namens und des zu berechnenden Radikanden auf:

```
C HAUPTPROGRAMM
10      WRITE(*,*) 'X EINGEBEN'
        READ (*,*,END=20) X
        Z = DWURZ(X)
        WRITE(*,*) X , Z
        GOTO 10
20      STOP
```

Da der Compiler keine Standardfunktion mit dem Namen DWURZ kennt, müssen wir das Unterprogramm nach dem Newtonschen Näherungsverfahren (Übungen zum Abschnitt 4.5 Aufgabe 6) selbst schreiben. Aus einer Anfangslösung X0 ergibt sich eine bessere Lösung X1 nach der Formel

$$x_1 = \frac{1}{3}\left(2x_0 + \frac{a}{x_0^2}\right)$$

Das folgende Beispiel zeigt die Programmierung des Verfahrens in einem FUNCTION-Unterprogramm DWURZ

```
C UNTERPROGRAMM
        FUNCTION DWURZ(A)
        D = 1.0E-6
        X0 = 1.0
C NAEHERUNGSSCHLEIFE
10      CONTINUE
        X = (2.0 * X0 + A/(X0*X0)) / 3.0
        DIFF = ABS((X0-X)/X0)
        X0 = X
        IF (DIFF.GT.D) GOTO 10
C GEFORDERTE GENAUIGKEIT ERREICHT
        DWURZ = X
        RETURN
```

Das Unterprogramm beginnt mit dem Kennwort FUNCTION gefolgt vom Namen DWURZ und dem formalen Parameter A, der für den Radikanden steht. Dann folgt das Lösungsverfahren. Am Ende des Unterprogramms wird dem Namen DWURZ das Ergebnis zugewiesen. Mit RETURN kehrt es in das Hauptprogramm zurück. Ein FUNCTION-Unterprogramm hat die allgemeine Form:

```
Typ FUNCTION Name ( Liste )

Vereinbarungen und Anweisungen

Name = Wert

RETURN
```

Ein FUNCTION-Unterprogramm liefert einen Wert an das Hauptprogramm zurück. Der Name des Unterprogramms ist daher wie eine Variable mit einem der Datentypen INTEGER, REAL, DOUBLE PRECISION, COMPLEX, LOGICAL und CHARACTER verknüpft. Der Name darf aus maximal sechs Buchstaben oder Ziffern bestehen; das erste Zeichen muß ein Buchstabe sein. Es gilt die Namensregel wie bei Variablennamen. Die Anfangsbuchstaben I, J, K, L, M und N kennzeichnen Funktionen vom Typ INTEGER, alle anderen sind REAL. Bei Abweichungen von der Namensregel wird der Typ vor das Kennwort FUNCTION gesetzt. Man beachte, daß im Hauptprogramm die gleiche Typvereinbarung erforderlich ist. Beispiel:

```
C HAUPTPROGRAMM
  REAL NWURZ

      Z = NWURZ(X)

C UNTERPROGRAMM
      REAL FUNCTION NWURZ(A)

      NWURZ =
      RETURN
```

In der Liste stehen die im Unterprogramm verwendeten allgemeinen Bezeichnungen (formale Argumente oder Parameter), die beim Aufruf durch die tatsächlichen Werte (aktuelle Argumente oder Parameter) ersetzt werden.

Das Unterprogramm selbst enthält beliebige Vereinbarungen und Anweisungen und kann weitere Unterprogramme aufrufen. Ein rekursiver Aufruf ist verboten; ein Unterprogramm darf nicht sich selbst aufrufen.

Weist man dem Namen des Unterprogramms einen Wert zu, so wird dieser mit dem Rücksprungbefehl RETURN in das aufrufende Programm als Ergebnis zurückgeliefert. Am Ende mehrerer Programmzweige dürfen durchaus mehrere Wertzuweisungen und RETURN-Befehle stehen. Wirksam sind immer nur die Befehle, die tatsächlich ausgeführt werden.

Der **Aufruf** eines FUNCTION-Unterprogramms erfolgt in einer Anweisung in der allgemeinen Form

```
Name ( Liste der tatsächlichen Werte )
```

Die tatsächlichen (aktuellen) Werte im Aufruf nehmen den Platz der allgemeinen (formalen) Bezeichnungen der Definition ein. Sie müssen in der Art, in der Anzahl und im Typ mit diesen übereinstimmen. Als tatsächliche Werte können Sie verwenden:

DWURZ(27.0)	Konstanten
DWURZ(X)	Variablen
DWURZ(X + Y)	Ausdrücke
DWURZ(Z(I))	Feldelemente
DWURZ(ABS(X))	weitere Funktionen
DIMENSION A(5) XM = WMITT(A,5)	Namen von Feldern

Wie bei den Standardfunktionen kann mit dem Ergebnis eines FUNCTION-Unterprogramms in einem Ausdruck weitergerechnet werden.

        Z = SQRT(X) + 3.0 * DWURZ(X)

Beim Aufruf eines FUNCTION-Unterprogramms erzeugt der Compiler wie beim Aufruf einer Bibliotheksfunktion einen Sprungbefehl, der in das aufgerufene Unterprogramm führt. Am Ende des Unterprogramms steht ein Rücksprungfehl (RETURN), der an die Stelle des Aufrufs zurückkehrt.

Wird ein FUNCTION-Unterprogramm zusammen mit dem aufrufenden Hauptprogramm in einem Compileraufruf übersetzt, so spricht man von einem internen Unterprogramm. Üblicherweise verwendet man jedoch **externe** Unterprogramme, die in einem besonderen Compilerlauf übersetzt werden. Der Abschnitt 6.7 zeigt die Verbindung zwischen den getrennt übersetzten Programmen durch den Linker (Binder). **Bild 6-5** zeigt ein Hauptprogramm mit einem externen FUNCTION-Unterprogramm zur Berechnung der dritten Wurzel nach dem Newtonschen Näherungsverfahren.

Das Hauptprogramm liest in einer Eingabeschleife den Radikanden, ruft das Unterprogramm DWURZ auf und gibt das Ergebnis aus. Die Schleife wird durch die Eingabe einer Endemarke mit dem Befehl STOP abgebrochen. Dahinter liegt das FUNCTION-Unterprogramm DWURZ, das mit dem Befehl RETURN in das Hauptprogramm zurückkehrt. Hinter jedem der beiden Programme steht die END-Anweisung als Endemarke für die Programmzeilen. Durch die getrennte Übersetzung kann man in beiden Programmen die gleichen Variablennamen und Anweisungsnummern verwenden, ohne daß dies eine Wertübertragung oder einen Sprung zwischen den Programmen bewirkt.

```
C BILD 6-5 HAUPTPROGRAMM
10      WRITE(*,*) 'X EINGEBEN'
        READ(*,*,END=20) X
        Z = DWURZ(X)
        WRITE(*,*) X,Z
        GOTO 10
20      STOP
        END


C BILD 6-5  FUNCTION-UNTERPROGRAMM
        FUNCTION DWURZ(A)
        D = 1.0E-6
        XO = 1.0
C NAEHERUNGSSCHLEIFE
10      CONTINUE
            X = (2.0*XO + A/(XO*XO))/3.0
            DIFF = ABS((X-XO)/XO)
            XO = X
        IF(DIFF.GT.D) GOTO 10
C GEFORDERTE GENAUIGKEIT ERREICHT
            DWURZ = X
            RETURN
            END


B>TEST
X EINGEBEN
8
        8.0000000       2.0000000
```

Bild 6-5: Programmbeispiel FUNCTION-Unterprogramm

6.4 SUBROUTINE-Unterprogramme

Die bisher behandelten Unterprogramme lieferten nur einen Zahlenwert an das Hauptprogramm zurück. Für die Übergabe mehrerer Ergebnisse ist ein Unterprogramm vom Typ SUBROUTINE erforderlich. Als Beispiel betrachten wir ein Unterprogramm, das bei gegebenem Durchmesser D den Flächeninhalt A und den Umfang U eines Kreises berechnet. Wir geben dem Unterprogramm den Namen KREIS und rufen es im Hauptprogramm mit dem CALL-Befehl auf:

```
C HAUPTPROGRAMM
10      WRITE(*,*) 'DURCHMESSER EINGEBEN'
        READ(*,*,END=20) X
        CALL KREIS(X,Y,Z)
        WRITE(*,*)X,Y,Z
        GOTO 10
20      STOP
```

Hinter dem Namen des Unterprogramms KREIS stehen sowohl der Name des Eingangswertes X als auch die Namen der beiden Ergebnisse Y und Z. Das Unterprogramm KREIS beginnt mit dem Kennwort SUBROUTINE.

```
C UNTERPROGRAMM
      SUBROUTINE KREIS(D,A,U)
      PI = 3.1415927
      A = PI * D * D / 4.0
      U = PI * D
      RETURN
```

Das Unterprogramm verwendet anstelle der Variablen X, Y und Z des Hauptprogramms die allgemeinen Bezeichnungen D, A und U. Das Ergebnis wird nicht
mit dem Unterprogrammnamen, sondern über die Argumente A und U an das
Hauptprogramm zurückgeliefert. Die Definition eines SUBROUTINE-Unterpro-
gramms hat die allgemeine Form:

```
┌──────────────────────────────────────────┐
│                                          │
│   SUBROUTINE Name ( Liste )              │
│                                          │
│   Vereinbarungen und Anweisungen         │
│                                          │
│   Argument = Wert                        │
│                                          │
│   RETURN                                 │
│                                          │
└──────────────────────────────────────────┘
```

Hinter dem Kennwort SUBROUTINE folgen der Name des Unterprogramms und
in einer Liste die allgemeinen Bezeichnungen. Sie werden auch formale Argumente oder Parameter genannt. Der Name des Unterprogramms besteht wieder
aus höchstens sechs Buchstaben oder Ziffern mit einem Buchstaben als erstem
Zeichen. Da mit dem Namen keine Werte übertragen werden, gibt es für ihn
keine Namensregel oder Typvereinbarung.

Die Argumentenliste enthält sowohl die Namen der Eingabewerte als auch der
Ergebnisse. Alle Argumente, denen im Unterprogramm ein neuer Wert zugewiesen wird, übertragen diesen an das Hauptprogramm. Mit dem Befehl RETURN
kehrt das Unterprogramm an die Stelle des Aufrufs in das Hauptprogramm zurück. Der Aufruf erfolgt mit einer besonderen Anweisung

```
┌──────────────────────────────────┐
│                                  │
│   CALL Name ( Liste )            │
│                                  │
└──────────────────────────────────┘
```

In der Liste des CALL-Befehls erscheinen sowohl die Namen der aktuellen Eingabewerte als auch die Namen der Ergebnisse, die das Unterprogramm an das
Hauptprogramm zurückliefert. Die Argumentenlisten im Aufruf und in der Definition müssen in der Anzahl und im Typ übereinstimmen. Als Eingabeparame-
ter können Sie Konstanten, Variablen, Ausdrücke, Feldelemente oder Namen
von Feldern verwenden. Als Ausgabeparameter sind nur Variablen oder Felder
zulässig.

Wird ein SUBROUTINE-Unterprogramm zusammen mit dem aufrufenden Hauptprogramm in einem Compilerlauf übersetzt, so spricht man von einem internen
Unterprogramm. Üblicherweise verwendet man jedoch **externe** Unterprogramme,
die getrennt vom Hauptprogramm übersetzt werden. Der Abschnitt 6.7 zeigt
ihre Verbindung durch den Linker (Binder). **Bild 6-6** zeigt als Beispiel ein
SUBROUTINE-Unterprogramm KREIS, das aus dem Durchmesser D die Fläche
A und den Umfang U eines Kreises berechnet.

```
C BILD 6-6 HAUPTPROGRAMM
10      WRITE(*,*)'DURCHMESSER EINGEBEN'
        READ(*,*,END=20) X
        CALL KREIS(X,Y,Z)
        WRITE(*,*) X , Y , Z
        GOTO 10
20      STOP
        END

C BILD 6-6  SUBROUTINE-UNTERPROGRAMM
        SUBROUTINE KREIS(D,A,U)
        PI = 3.1415927
        A = PI*D*D/4.0
        U = PI*D
        RETURN
        END

B>TEST
DURCHMESSER EINGEBEN
1
        1.0000000   7.853982E-001        3.1415930
```

Bild 6-6: Programmbeispiel SUBROUTINE-Unterprogramm

Das Hauptprogramm liest in einer Eingabeschleife den Kreisdurchmesser, ruft
mit dem Befehl CALL das Unterprogramm zur Berechnung der Kreisfläche und
des Kreisumfangs auf und gibt die Ergebnisse aus. Durch die Eingabe einer
Steueranweisung wird das Programm mit dem STOP-Befehl beendet. Das Unterprogramm arbeitet mit den allgemeinen Bezeichnungen D, A und A anstelle der
aktuellen Argumente X, Y und Z. Die für A und U im Unterprogramm berechneten Werte werden an die Variablen Y und Z des Hauptprogramms übergeben.
Hinter jedem der beiden Programme steht die Anweisung END als letzte Programmzeile.

6.5 Die Verwendung von Feldern in Unterprogrammen

Unterprogramme vom Typ FUNCTION und SUBROUTINE gestatten wie Hauptprogramme die Verwendung von ein- und mehrdimensionalen Feldern. Die folgenden Ausführungen gelten für beide Unterprogrammtypen. Felder, die ausschließlich im Unterprogramm vereinbart und verwendet werden, heißen lokale
Felder. Für sie gelten die gleichen Regeln wie für Felder im Hauptprogramm:

Die Größe jeder Felddimension ist durch eine INTEGER-Konstante festzulegen.
Mit Hilfe der PARAMETER-Anweisung können die Feldgrenzen und die Lauf-
parameter von DO-Schleifen leicht verändert werden. Beispiel für ein lokales
Feld:

```
C UNTERPROGRAMM
      SUBROUTINE SUM (A,B,C)
      PARAMETER (NMAX=10)
      DIMENSION X(NMAX)
      READ(*,*) (X(I),I=1,NMAX)
```

Das Feld X ist lokal, weil es im Unterprogramm fest dimensioniert wird und nicht in der Argumentenliste erscheint.

Bei sehr vielen Anwendungen wird jedoch ein Feld im Hauptprogramm gelesen und soll in einem Unterprogramm verarbeitet werden. Ein Beispiel ist die Aufgabe, aus einer beliebigen Anzahl von Meßwerten den Mittelwert zu bilden. Die Meßwerte werden dem FUNCTION-Unterprogramm AMITT in einem eindimensionalen Feld zusammen mit der Anzahl der Meßwerte übergeben.

```
C HAUPTPROGRAMM
      DIMENSION X(20)
      READ(*,*) X
      XM = AMITT(X , 20)
```

Für formale Argumente, die in der Argumentenliste eines Unterprogramms erscheinen, legt der Compiler keine neuen Speicherplätze an, sondern arbeitet mit den Speicherplätzen der aktuellen Argumente im Hauptprogramm. Dies gilt auch für Felder. Mit der Übergabe des Feldnamens X wird dem Unterprogramm lediglich die Anfangsadresse des Feldes mitgeteilt. Da das Feld im Unterprogramm nicht neu angelegt wird, kann es variabel dimensioniert werden. Es darf im Unterprogramm jedoch nur bis zu der im Hauptprogramm vereinbarten maximalen Größe verwendet werden.

```
C UNTERPROGRAMM
      FUNCTION AMITT (WERT , NWERT)
      DIMENSION WERT(NWERT)
      SUM = 0.
      DO 10 I = 1,NWERT
         SUM = SUM + WERT(I)
10    CONTINUE
      AMITT = SUM/FLOAT(NWERT)
      RETURN
```

Diese **variable Felddimensionierung** ist nur in Unterprogrammen vom Typ FUNCTION und SUBROUTINE zulässig, wenn das Feld und die Größe des Feldes über die Argumentenliste übergeben werden. Das Feld kann auch beliebig groß dimensioniert werden.

```
C UNTERPROGRAMM
      FUNCTION AMITT(WERT , NWERT)
      DIMENSION WERT(1)
```

Wird die Feldgröße durch einen "*" angegeben, so spricht man von einer offenen (assumed) Größe des Feldes.

```
C UNTERPROGRAMM
      FUNCTION AMITT(WERT , NWERT)
      DIMENSION WERT(*)
```

Bei eindimensionalen Feldern gibt es keine Schwierigkeiten, wenn nur Teile des Feldes im Unterprogramm verarbeitet werden. **Bild 6-7** zeigt ein Programmbeispiel, das im Hauptprogramm das Feld X mit der Größe 100 dimensioniert, die tatsächliche Anzahl der Werte aber in einer Eingabeschleife zählt. Im Unterprogramm ist das formale Feld WERT variabel dimensioniert. Durch die Übergabe der tatsächlichen Anzahl der Werte in der Variablen N bzw. NWERT wird im Unterprogramm nur der eingelesene Bereich des Feldes adressiert.

```
C BILD 6-7 HAUPTPROGRAMM EINDIMENSIONALES FELD
      DIMENSION X(100)
      DO 10 I=1,100
         WRITE(*,*)I,'. MESSWERT EINGEBEN'
         READ(*,*,END=20) X(I)
         N = I
10    CONTINUE
20    XM = AMITT(X,N)
      WRITE(*,*)'MITTELWERT =',XM
      STOP
      END

C BILD 6-7 UNTERPROGRAMM EINDIMENSIONALES FELD
      FUNCTION AMITT(WERT,NWERT)
      DIMENSION WERT(NWERT)
      SUM = 0.0
      DO 10 I = 1,NWERT
         SUM = SUM + WERT(I)
10    CONTINUE
      AMITT = SUM/FLOAT(NWERT)
      RETURN
      END

B>TEST
              1. MESSWERT EINGEBEN
1
              2. MESSWERT EINGEBEN
2
              3. MESSWERT EINGEBEN
3
              4. MESSWERT EINGEBEN
^Z
 MITTELWERT =         2.0000000
Stop - Program terminated.
```

Bild 6-7: Programmbeispiel eindimensionales Feld im Unterprogramm

Bei mehrdimensionalen Feldern kann es bei der Adressierung der Feldelemente zu Schwierigkeiten kommen, wenn nur Teile des im Hauptprogramm dimensionierten Feldes im Unterprogramm verarbeitet werden sollen. Mehrdimensionale Felder müssen im Speicher linear angeordnet werden. Wie bereits gezeigt, läuft der linke Index dabei schneller als der rechte. Als Beispiel diene ein zweidimensionales Feld A mit der Feldvereinbarung:

```
DIMENSION A(3,4)
```

Die Reihenfolge der Feldelemente im Speicher ist:

Adresse	Inhalt
1	A(1,1)
2	A(2,1)
3	A(3,1)
4	A(1,2)
5	A(2,2)
6	A(3,2)
7	A(1,3)
8	A(2,3)
9	A(3,3)
10	A(1,4)
11	A(2,4)
12	A(3,4)

Bei der Adressierung der Feldelemente berechnet der Compiler die Adresse des Elementes aus den Grenzen des Feldes in der Dimensionierung und dem aktuellen Index. Für zweidimensionale Felder der Größe A(KMAX,LMAX) ergibt sich die Adresse des Index A(K,L) aus der Formel

$$\text{Adresse} = K + (L-1) * KMAX$$

In der Formel erscheint nur die Größe der ersten Dimension, die Größe der zweiten Dimension wird nicht benötigt. Sie dient nur dazu, genügend Speicherplatz zu reservieren. Zahlenbeispiel:

Feldgröße: A(3,4) Element: A(2,3) Adresse = 2 + (3-1)*3 = 8

Auch bei der Übergabe zweidimensionaler Felder an ein Unterprogramm kann das Feld im Unterprogramm variabel dimensioniert werden. Das folgende Beispiel vereinbart im Hauptprogramm ein Feld A in der Größe (3,4) und ruft ein Unterprogramm SUM auf, das die Elemente eines zweidimensionalen Feldes summiert.

```
C HAUPTPROGRAMM
      DIMENSION A(3,4)
      READ(*,*) A
      CALL SUM(A,3,4,SUMME)
      WRITE(*,*) SUMME
      STOP

C UNTERPROGRAMM
      SUBROUTINE SUM(X,M,N,XSUM)
      DIMENSION X(M,N)
      XSUM = 0.
      DO 20 I = 1,M
         DO 10 J = 1,N
            XSUM = XSUM + X(I,J)
10       CONTINUE
20    CONTINUE
      RETURN
```

Da die an das Unterprogramm übergebenen Feldgrenzen mit den im Hauptprogramm vereinbarten Feldgrenzen übereinstimmen, kann das Unterprogramm die Adresse der Feldelemente richtig berechnen. Wie wir in der Adreßformel gesehen haben, ist jedoch die letzte Dimension für die Adreßrechnung nicht erforderlich, sie kann im Unterprogramm also auch offen dimensioniert werden. Für die Adreßrechnung zweidimensionaler Felder ist es allein wichtig, daß die erste Dimension in der Größe übergeben wird, in der sie im Hauptprogramm vereinbart wurde.

```
C UNTERPROGRAMM
      SUBROUTINE SUM(X,M,N,XSUM)
      DIMENSION X(M,*)
```

Sollen nur Teile eines zweidimensionalen Feldes in einem Unterprogramm bearbeitet werden, so sind die Größe des Feldes in der Feldvereinbarung und die Größe des tatsächlich verwendeten Bereiches getrennt zu übergeben. Dies gilt streng genommen nur für den Fall, daß die erste Dimension nicht voll verwendet wird. Das folgende Programmbeispiel **Bild 6-8** vereinbart ein zweidimensionales Feld der Größe (10,10), davon wird aber nur der Bereich von (1,1) bis (3,4) tatsächlich verwendet. In der Liste des CALL-Befehls erscheinen in dem Beispiel Konstanten als aktuelle Argumente.

```
C BILD 6-8 HAUPTPROGRAMM ZWEIDIMENSIONALES FELD
      DIMENSION A(10,10)
      DO 20 I=1,3
         DO 10 J=1,4
            A(I,J) = 1.0
10       CONTINUE
20    CONTINUE
      CALL SUM(A,10,10,3,4,ASUM)
      WRITE(*,*)ASUM,' SUMME'
      STOP
      END


C BILD 6-8 UNTERPROGRAMM ZWEIDIMENSIONALES FELD
      SUBROUTINE SUM(X,MMAX,NMAX,M,N,XSUM)
      DIMENSION X(MMAX,NMAX)
      XSUM = 0.0
      DO 20 I = 1,M
         DO 10 J = 1,N
            XSUM = XSUM + X(I,J)
10       CONTINUE
20    CONTINUE
      RETURN
      END

B>TEST
      12.0000000 SUMME
Stop - Program terminated.
```

Bild 6-8: Programmbeispiel zweidimensionales Feld im Unterprogramm

Das Unterprogramm benutzt die Größen MMAX und NMAX des im Hauptprogramm vereinbarten Feldes zur variablen Dimensionierung und damit zur Berechnung der Elementadressen. Die Größen M und N des tatsächlich verwendeten Bereiches steuern die beiden DO-Schleifen zur Auswahl der Elemente.

Für die Übergabe drei- und mehrdimensionaler Felder von einem Hauptprogramm an ein Unterprogramm gelten die gleichen Regeln:

Die variable Dimensionierung eines Feldes im Unterprogramm dient nicht der Reservierung von Speicherplätzen, sondern der Berechnung der Adresse eines Feldelementes. Die letzte Index wird dabei nicht benötigt und kann durch Angabe des Zeichens * offen dimensioniert werden.

Wird das Feld in der im Hauptprogramm vereinbarten Größe auch im Unterprogramm verwendet, so genügt es, den Feldnamen und die Feldgrenzen zu übergeben.

Werden im Unterprogramm nur Teile des im Hauptprogramm vereinbarten Feldes verwendet, so müssen die vereinbarten Feldgrenzen und die Grenzen des tatsächlich verwendeten Bereiches getrennt übergeben werden, sonst kommt es zu einer Adressierung falscher Feldelemente **ohne** Fehlermeldung.

6.6 Übungen zum Abschnitt Unterprogrammtechnik

Der Abschnitt 11 enthält für alle Aufgaben Lösungsvorschläge!
Für alle geforderten Unterprogramme entwerfe man Hauptprogramme, die Testwerte einlesen und Ergebnisse ausgeben.

1. Aufgabe:
Die Standardfunktion SIN zur Berechnung des trigonometrischen Sinus muß in FORTRAN im Bogenmaß aufgerufen werden. Schreiben Sie eine Funktionsanweisung, die die Eingabe im Winkelmaß gestattet. Dazu ist der gegebene Winkel mit PI zu multiplizieren und durch 180 zu dividieren.

2. Aufgabe:
Ein Lehrer berechnet die Noten von Klausuren aus den erreichten Punkten nach folgendem Verfahren:

P = erreichte Punktzahl
X = gesuchte Note

für P>35: $X = \dfrac{100 - P}{15} + 1$
für P≤35: $X = 6$

Für die Notenberechnung schreibe man ein FUNCTION-Unterprogramm und rufe es in einer Eingabeschleife auf, die Punkte einliest und Noten ausgibt.

3. Aufgabe:
Man schreibe ein FUNCTION-Unterprogramm, das aus einem eindimensionalen Feld von INTEGER-Zahlen den größten Wert heraussucht. Im Hauptprogramm werde das Feld fest, im Unterprogramm variabel dimensioniert.

4. Aufgabe:
Schreiben Sie ein FUNCTION-Unterprogramm zur Berechung der Fakultät einer vorgegebenen INTEGER-Zahl N. Das Ergebnis sei vom Typ REAL.

$$n! = 1 \cdot 2 \cdot 3 \cdot 4 \quad . \quad . \quad . \cdot n$$

5. Aufgabe:
Schreiben Sie ein SUBROUTINE-Unterprogramm, das für die Höhe h und den Durchmesser d eines Kegels die Mantelfläche M, die Länge der Seitenlinie s und das Volumen V berechnet. Die Formeln lauten:

$$s = \sqrt{\left(\frac{d}{2}\right)^2 + h^2}$$

$$M = \frac{\pi \cdot d \cdot S}{2}$$

$$V = \frac{\pi \cdot d^2 \cdot h}{12}$$

6. Aufgabe:
Man entwerfe ein SUBROUTINE-Unterprogramm zur Lösung der quadratischen Gleichung

$$x^2 + p \cdot x + q = 0$$

nach der Formel

$$x_{1,2} = -\frac{p}{2} \pm \sqrt{\frac{p^2}{4} - q}$$

Neben den beiden Lösungen X1 und X2 werde eine INTEGER-Kennzahl zurückgegeben und im Hauptprogramm ausgewertet. Ist die Kennzahl Null, so ist der Ausdruck unter der Wurzel negativ und die Lösung komplex.

7. Aufgabe:
Man entwerfe ein SUBROUTINE-Unterprogramm, das aus einem beliebig großen Feld von REAL-Zahlen den größten und den kleinsten Wert heraussucht. Das Feld werde im Unterprogramm variabel dimensioniert.

6.7 Die Arbeit mit externen Unterprogrammen

Unterprogramme von Typ FUNCTION und SUBROUTINE werden normalerweise getrennt vom Hauptprogramm übersetzt. Dann werden sie externe Unterprogramme genannt. Nur in der Testphase übersetzt man sie gelegentlich als interne Unterprogramme zusammen mit einem kurzen Hauptprogramm, das Testwerte einliest, an das Unterprogramm übergibt und Ergebnisse zur Kontrolle ausdruckt. Die Regeln für den Umgang mit internen Unterprogrammen sind abhängig vom verwendeten FORTRAN-Compiler.

Für die Behandlung externer Unterprogramme benötigen wir die Hilfe des Betriebssystems in stärkerem Maße als bei einfachen FORTRAN-Programmen. Als Programmbeispiel dient das bereits in Bild 6-6 getestete SUBROUTINE-Unterprogramm KREIS, das aus dem Durchmesser D die Fläche A und den Umfang U eines Kreises berechnet. Eine Reihenfolge für die Eingabe und Übersetzung von Haupt- und Unterprogramm ist bei den meisten Rechenanlagen nicht vorgeschrieben.

1. Schritt: Hauptprogramm eingeben
Das Hauptprogramm wird mit Hilfe des Editors eingegeben und in einer Datei unter einem bestimmten Namen abgelegt. Der Name wird entweder festgelegt in der Steueranweisung, mit der der Editor aufgerufen wird, oder mit einer besonderen PROGRAM-Anweisung, die die erste Anweisung eines Hauptprogramms sein muß.

```
PROGRAM   Hauptprogrammname
```

Programme, die in einer Programmiersprache geschrieben sind, nennt man auch Quellprogramme (englisch source program).

2. Schritt: Hauptprogramm übersetzen
Das Hauptprogramm wird nun durch die Eingabe von Steueranweiungen übersetzt. Das dabei entstehende Maschinenprogramm nennt man Objektprogramm (englich object program oder object code). In den meisten Fällen erhält es den gleichen Namen wie das ursprüngliche FORTRAN-Quellprogramm und wird mit einer bestimmten Zusatzbezeichnung ebenfalls als Datei abgespeichert.

3. Schritt: Unterprogramm eingeben
Das Unterprogramm wird mit Hilfe des Editors eingegeben und in einer Datei unter einem bestimmten Namen abgelegt. Der Name wird entweder festgelegt in der Steueranweisung, mit der der Editor aufgerufen wird, oder es wird der Unterprogrammname verwendet, der im FORTRAN-Programm hinter dem Kennwort FUNCTION bzw. SUBROUTINE steht. Es entsteht ein weiteres Quellprogramm.

4. Schritt: Unterprogramm übersetzen
Das Unterprogramm wird nun durch die Eingabe von Steueranweisungen übersetzt und wie das Hauptprogramm als Objektprogramm in einer Datei abgelegt.

5. Schritt: Haupt- und Unterprogramm verbinden
Durch den Aufruf eines Binders (Linker oder Mapper) werden die beiden Maschinenprogramme (Objektprogramme) des Haupt- und des Unterprogramms miteinander und mit Unterprogrammen des Betriebssystems verbunden. Dabei sind die Namen der zu verbindenden Programme (Dateien) einzugeben. Das dabei entstehende Gesamtprogramm wird wieder in einer Datei als ladbares (ausführbares) Maschinenprogramm abgelegt.

6. Schritt: Ausführbares Gesamtprogramm laden und starten

Durch den Aufruf des Laders wird das gebundene Maschinenprogramm bestehend aus Hauptprogramm, Unterprogramm und den Systemprogrammen in den Arbeitsspeicher geladen und gestartet. Enthält es Leseanweisungen (READ), so sind nun die Daten einzugeben. Auf der Ausgabe erscheinen die Ergebnisse. Erreicht das Programm den STOP-Befehl oder tritt ein Fehler bei der Programmausführung auf, so wird es abgebrochen, und das Betriebssystem übernimmt die Kontrolle über den Rechner.

Das folgende Beispiel **Bild 6-9** zeigt den soeben geschilderten Ablauf an einem Arbeitsplatzrechner mit dem Betriebssystem MS-DOS. Das Hauptprogramm erhält den Dateinamen TESTH, das Unterprogramm den Dateinamen TESTU. Das gebundene Maschinenprogramm heißt TEST. Alle Eingaben des Benutzers wurden in der Liste nachträglich unterstrichen.

```
B>EDLIN TESTH.FOR
New file
*I
      1:*C BILD 6-9 HAUPTPROGRAMM
      2:*10     WRITE(*,*)'DURCHMESSER EINGEBEN'
      3:*       READ(*,*,END=20) X
      4:*       CALL KREIS(X,Y,Z)
      5:*       WRITE(*,*) X , Y , Z
      6:*       GOTO 10
      7:*20     STOP
      8:*       END
      9:*^Z
*E

B>FOR1 TESTH,,,;

IBM Personal Computer FORTRAN Compiler
Version 2.00
(C)Copyright IBM Corp 1982, 1984
(C)Copyright Microsoft Corp 1982, 1984

  Pass One    No Errors Detected
              8 Source Lines

B>FOR2

  Code Area Size = #00BF  (  191)
  Cons Area Size = #0020  (   32)
  Data Area Size = #000E  (   14)

  Pass Two    No Errors Detected.

B>EDLIN TESTU.FOR
New file
*I
      1:*C BILD6-9 EXTERNES UNTERPROGRAMM
      2:*       SUBROUTINE KREIS(D,A,U)
      3:*       PI = 3.1415927
      4:*       A = PI*D*D/4.0
      5:*       U = PI*D
      6:*       RETURN
      7:*       END
      8:*^Z
*E
```

```
B>FOR1 TESTU,,,;

IBM Personal Computer FORTRAN Compiler
Version 2.00
(C)Copyright IBM Corp 1982, 1984
(C)Copyright Microsoft Corp 1982, 1984

   Pass One    No Errors Detected
                 7 Source Lines

B>FOR2

  Code Area Size = #0073   (  115)
  Cons Area Size = #0014   (   20)
  Data Area Size = #0006   (    6)

  Pass Two    No Errors Detected.

B>LINK TESTH+TESTU,TEST,TEST;

IBM Personal Computer Linker
Version 2.20 (C)Copyright IBM Corp 1981, 1982, 1983, 1984


B>TEST
DURCHMESSER EINGEBEN
1
        1.0000000   7.853982E-001         3.1415930
DURCHMESSER EINGEBEN
2
        2.0000000         3.1415930         6.2831850
DURCHMESSER EINGEBEN
3
        3.0000000         7.0685830         9.4247780
DURCHMESSER EINGEBEN
^Z
Stop - Program terminated.

B>
```

Bild 6-9: Externes Unterprogramm unter dem Betriebssystem MS-DOS

```
B>REM BILD 6-10 DATEI-INHALTSVERZEICHNIS

B>DIR TEST?.*



TESTH     OBJ       790   19.05.85   19.53
TESTH     LST       938   19.05.85   19.53
TESTU     OBJ       596   19.05.85   19.56
TEST      MAP      2302   19.05.85   19.58
TESTU     LST       897   19.05.85   19.56
TEST      EXE     33576   19.05.85   19.58
TESTU     FOR       121   19.05.85   19.55
TESTH     FOR       153   19.05.85   19.52


B>
```

Bild 6-10: Datei-Inhaltsverzeichnis

Das Betriebssystemkommando EDLIN TESTH.FOR ruft den Editor auf, um das Hauptprogramm unter dem Dateinamen TESTH einzugeben. Der FORTRAN-Compiler arbeitet in den beiden Durchläufen FOR1 und FOR2 und erzeugt ein Maschinenprogramm. Das gleiche Verfahren wird für das Unterprogramm KREIS durchgeführt, das den Betriebssystemnamen TESTU erhält.

Das Betriebssystemkommando LINK ruft den Binder auf, der beide Maschinenprogramme und Betriebssystemunterprogramme zusammenbindet. Das gebundene ladbare Programm erhält den Dateinamen TEST; es wird anschließend geladen und ausgeführt.

Bild 6-10 zeigt einen Auszug aus dem Inhaltsverzeichnis der Diskette mit den Namen der beteiligten Dateien. FORTRAN-Programme haben den Zusatz FOR, übersetzte Maschinenprogramme haben den Zusatz OBJ und Dateien mit Übersetzungslisten haben den Zusatz LST. Das gebundene und ausführbare Maschinenprogramm hat den Zusatz EXE, die Datei mit dem Zusatz MAP enthält Bindeinformationen.

6.8   Weitere Möglichkeiten der Unterprogrammtechnik

Die in diesem Abschnitt beschriebenen FORTRAN-Anweisungen werden nicht oft verwendet. Sie können, besonders bei älteren FORTRAN-Compilern, eine andere Funktionsweise als hier beschrieben haben oder sogar gänzlich fehlen. Bitte ziehen Sie das Handbuch Ihres Compilers zu Rate.

Bisher haben wir Daten zwischen Haupt- und Unterprogramm über die Argumentenlisten bzw. mit dem Namen des FUNCTION-Unterprogramms übergeben. In der Regel legt der Compiler im Unterprogramm für die in der Liste erscheinenden formalen Argumente keine neuen Speicherplätze an, sondern arbeitet mit den Speicherplätzen der aktuellen Argumente des Hauptprogramms.

Mit Hilfe der **COMMON-Vereinbarung** können wir einen Speicherbereich definieren, der sowohl vom Hauptprogramm als auch vom Unterprogramm direkt adressiert werden kann. Auf diese Weise lassen sich Daten zwischen den beiden Programmen übertragen, ohne daß sie in den Argumentenlisten erscheinen. **Bild 6-11** zeigt ein Beispiel.

Im COMMON-Datenbereich liegen drei Speicherstellen. Im Hauptprogramm haben sie die Namen A, B und C. Das Unterprogramm verwendet die Namen X, Y und Z. Lesen wir für die Variablen A und B im Hauptprogramm Werte ein, so können wir sie unter den Namen X und Y im Unterprogramm verwenden. Das Unterprogramm berechnet daraus einen Wert für Z, der im Hauptprogramm unter der symbolischen Adresse C ausgegeben wird. Die COMMON-Vereinbarung hat die allgemeine Form:

```
COMMON Liste von Variablen und Feldern
```

```
C HAUPROGRAMM BEISPIEL COMMON
        COMMON  A,B,C
10      WRITE(*,*) 'A UND B EINGEBEN'
        READ(*,*,END=20) A,B
        CALL PYTHAG
        WRITE(*,*) A , B , C
        GOTO 10
20      STOP
        END


C UNTERPROGRAMM BEISPIEL COMMON
        SUBROUTINE PYTHAG
        COMMON X,Y,Z
        Z = SQRT(X**2 + Y**2)
        RETURN
        END

B>TEST
A UND B EINGEBEN
1 1
        1.0000000        1.0000000        1.4142140
```

Bild 6-11: Programmbeispiel für einen COMMON-Bereich

Die COMMON-Vereinbarung erscheint in den Teilprogrammen (Haupt- bzw.
Unterprogrammen), die auf den gemeinsamen Speicherbereich zugreifen. Sie
kann anstelle der DIMENSION-Vereinbarung oder expliziten Typvereinbarung
zur Dimensionierung von Feldern dienen, die dann im COMMON-Bereich liegen.
Die Variablen und Felder der Listen müssen wie bei Argumentenlisten in Anzahl und Typ übereinstimmen. Der COMMON-Bereich läßt sich durch die Vergabe von Namen in mehrere Blöcke unterteilen. Beispiel:

```
C HAUPTPROGRAMM
        COMMON /MAX/A,B,C /MORITZ/I,J,K

C 1.UNTERPROGRAMM
        SUBROUTINE UP1
        COMMON /MAX/X,Y,Z

C 2.UNTERPROGRAMM
        SUBROUTINE UP2
        COMMON /MORITZ/L,M,N
```

Das Hauptprogramm arbeitet mit den beiden COMMON-Blöcken MAX und
MORITZ. Das Unterprogramm UP1 verwendet nur den COMMON-Block MAX,
das Unterprogramm UP2 nur den COMMON-Block MORITZ. Die unterteilte
COMMON-Vereinbarung hat die allgemeine Form:

```
COMMON  /Name/Liste /Name/Liste . . .
```

Alle Variablen, die rechts von einem in // eingeschlossenen Namen in einer Liste erscheinen, liegen in einem benannten COMMON-Block. Fehlt der Name zwischen den den Zeichen //, so liegen die Variablen in einem unbenannten (Blank) COMMON-Block.

Den Variablen und Feldern eines COMMON-Blocks können zur Übersetzungszeit Anfangswerte zugewiesen werden. Dies geschieht mit einer BLOCK DATA-Vereinbarung, für die ein eigener Compilerlauf erforderlich ist. Beispiel:

```
C ZUWEISUNG VON ANFANGSWERTEN
      BLOCK DATA
      COMMON A,B,C
      DATA A , B , C /1.0 , 2.0 , 3.0/
      END
```

Den in einem unbenannten COMMON-Block liegenden Variablen A, B und C werden die Anfangswerte 1.0, 2.0 und 3.0 zugewiesen. Die **BLOCK DATA-Vereinbarung** hat die allgemeine Form:

```
BLOCK DATA name

Vereinbarungen

END
```

BLOCK DATA-Unterprogramme dienen nur dazu, Variablen und Feldern Anfangswerte zuzuweisen. Sie dürfen nur COMMON-Vereinbarungen, Typvereinbarungen, Feldvereinbarungen und DATA-Vereinbarungen enthalten; arithmetische und sonstige Anweisungen sind nicht zulässig. Gibt es nur eine BLOCK DATA-Vereinbarung, so kann der Name entfallen.

Bei einigen Compilern kann es vorkommen, daß lokale Variablen und COMMON-Blöcke in Unterprogrammen nicht fest im Speicher angelegt werden. Die im Unterprogramm berechneten Werte müssen dann mit einer **SAVE-Anweisung** "gerettet" werden, wenn sie für den nächsten Aufruf des Unterprogramms verfügbar sein sollen.

```
SAVE Liste von Namen
```

Beim Aufruf eines Unterprogramms vom Typ FUNCTION und SUBROUTINE erschienen bisher Namen von Variablen und Feldern und Konstanten in der Liste der aktuellen Argumente. Beispiel:

```
C HAUPTPROGRAMM
      DIMENSION X(10),Y(10)
      CALL WERT(X,Y,10)
```

Weiter haben wir gesehen, daß ein Unterprogramm weitere Unterprogramme aufrufen kann. Dabei kann es sich sowohl um Standardfunktionen (z.B. SQRT) als auch um eigene Unterprogramme des Benutzers handeln. Beispiel:

```
C UNTERPROGRAMM
      SUBROUTINE WERT(A,B,N)

      A(I) = SQRT(FLOAT(I))
      B(I) = QUAD(FLOAT(I))
```

Das Unterprogramm WERT ruft die Standardfunktion SQRT und die FUNCTION QUAD des Benutzers auf.

```
C UNTERPROGRAMM
      FUNCTION QUAD(X)
      QUAD = X**2
```

Sowohl in einem Hauptprogramm als auch in einem Unterprogramm können beliebig viele Unterprogramme aufgerufen werden. Ein Unterprogramm darf nicht sich selbst aufrufen. Ebenso dürfen Unterprogramme sich nicht gegenseitig aufrufen. **Bild 6-12** zeigt ein Hauptprogramm und zwei Unterprogramme sowie den Aufruf der Standardfunktion SQRT.

```
C BILD 6-12 HAUPTPROGRAMM
      DIMENSION X(10),Y(10)
      CALL WERT(X,Y,10)
      WRITE(*,*) ( X(I),Y(I),I=1,10)
      STOP
      END


C BILD 6-12 UNTERPROGRAMM WERT
      SUBROUTINE WERT(A,B,N)
      DIMENSION A(N),B(N)
      DO 10 I=1,N
         A(I) = SQRT(FLOAT(I))
         B(I) = QUAD(FLOAT(I))
10    CONTINUE
      RETURN
      END


C BILD 6-12 UNTERPROGRAMM QUAD
      FUNCTION QUAD(X)
      QUAD = X**2
      RETURN
      END

B>TEST
      1.0000000        1.0000000        1.4142140        4.0000000
      1.7320510        9.0000000        2.0000000       16.0000000
      2.2360680       25.0000000        2.4494900       36.0000000
      2.6457510       49.0000000        2.8284270       64.0000000
      3.0000000       81.0000000        3.1622780      100.0000000
```

Bild 6-12: Aufruf von Unterprogrammen in einem Unterprogramm

Im Zusammenhang mit Funktionsberechnungen und numerischer Integration von beliebigen Funktionen muß man zuweilen einem Unterprogramm den Namen eines anderen Unterprogramms übergeben. Dieser Unterprogrammname muß in der Argumentenliste sowohl im Hauptprogramm als auch im Unterprogramm erscheinen. In unserem Beispiel soll das Unterprogramm WERT anstelle von SQRT und QUAD beliebige Funktionen aufrufen können, deren aktuelle Namen vom Hauptprogramm übergeben werden. Im Unterprogramm und in der Liste der formalen Argumente müssen also allgemeine Bezeichnungen erscheinen. In dem folgenden Beispiel heißen sie FUNC1 und FUNC2.

```
C UNTERPROGRAMM
      SUBROUTINE WERT(A,B,N,FUNC1,FUNC2)

      A(I) = FUNC1(FLOAT(I))
      B(I) = FUNC2(FLOAT(I))
```

Das Hauptprogramm übergibt in der Liste der aktuellen Argumente die Namen der tatsächlich aufzurufenden Unterprogramme. Dabei müssen eigene Unterprogramme des Benutzers vom Typ SUBROUTINE oder FUNCTION in einer EXTERNAL-Vereinbarung und Standardfunktionen in einer INTRINSIC-Vereinbarung als Unterprogrammnamen vereinbart werden. Beispiel:

```
C HAUPTPROGRAMM
      EXTERNAL QUAD
      INTRINSIC SQRT

      CALL WERT(A,B,10,SQRT,QUAD)
```

Die beiden Vereinbarungen EXTERNAL und INTRINSIC haben die allgemeine Form:

EXTERNAL Liste von Benutzerunterprogrammen

INTRINSIC Liste von Standardfunktionen

Bild 6-13 zeigt das Programmbeispiel Bild 6-12 jedoch mit Übergabe der Unterprogrammnamen über die Argumentenliste.

```
C BILD 6-13 HAUPTPROGRAMM
      DIMENSION X(10),Y(10)
      EXTERNAL QUAD
      INTRINSIC SQRT
      CALL WERT(X,Y,10,SQRT,QUAD)
      WRITE(*,*) ( X(I),Y(I),I=1,10)
      STOP
      END
```

```
C BILD 6-13 UNTERPROGRAMM WERT
      SUBROUTINE WERT(A,B,N,FUNC1,FUNC2)
      DIMENSION A(N),B(N)
      DO 10 I-1,N
         A(I) - FUNC1(FLOAT(I))
         B(I) - FUNC2(FLOAT(I))
10    CONTINUE
      RETURN
      END


C BILD 6-13 UNTERPROGRAMM QUAD
      FUNCTION QUAD(X)
      QUAD - X**2
      RETURN
      END

B>TEST
      1.0000000          1.0000000          1.4142140          4.0000000
      1.7320510          9.0000000          2.0000000         16.0000000
      2.2360680         25.0000000          2.4494900         36.0000000
      2.6457510         49.0000000          2.8284270         64.0000000
      3.0000000         81.0000000          3.1622780        100.0000000
Stop - Program terminated.
```

Bild 6-13: Übergabe von Unterprogrammnamen über die Argumentenliste

Mit Hilfe des Kennwortes ENTRY ist es möglich, in einem Unterprogramm vom Typ FUNCTION oder SUBROUTINE einen zusätzlichen Einsprungpunkt zu definieren.

```
ENTRY Name ( Liste )
```

Hinter dem Kennwort ENTRY steht der Name des Einsprungpunktes und eine Liste der formalen Argumente, die nicht mit der Liste hinter dem Namen des Unterprogramms übereinstimmen muß. Beispiel:

```
C UNTERPROGRAMM
      SUBROUTINE ZWURZ(A,B)

C EINSPRUNGPUNKT
      ENTRY DWURZ(X,Y,Z)

      RETURN
```

Das Unterprogramm kann nun wahlweise über den Unterprogrammnamen ZWURZ oder über den Einsprungpunkt DWURZ aufgerufen werden. Beispiel:

```
C HAUPTPROGRAMM

      CALL ZWURZ(WERT,3.0)
```

```
CALL DWURZ(XM,YM,ZM)
```

Das Unterprogramm kehrt mit dem Befehl RETURN an die Stelle zurück, an der es aufgerufen wurde und zwar unabhängig davon, ob es über den Unterprogrammnamen oder über den Einsprungpunkt aufgerufen wurde. Bei Compilern, die die ENTRY-Anweisung nicht kennen, übergibt man dem Unterprogramm beim Aufruf eine Kontrollgröße, die durch Programmverzweigungen im Unterprogramm ausgewertet wird.

Durch eine Erweiterung der Rücksprunganweisung RETURN ist es möglich, nicht an die Stelle des Aufrufs, sondern zu beliebigen Sprungzielen in das Hauptprogramm zurückzukehren. Von dieser alternativen Rücksprungmöglichkeit macht man z.B. dann Gebrauch, wenn das Unterprogramm Fehler entdeckt, die im Hauptprogramm ausgewertet werden sollen. Dazu wird die RETURN-Anweisung um eine INTEGER-Kenngröße (Konstante oder Variable) erweitert.

RETURN Kenngröße

Beim Aufruf des Unterprogramms werden dem Unterprogramm in der Liste der aktuellen Argumente Sprungziele des Hauptprogramms übergeben. In der Liste der formalen Argumente des Unterprogramms steht an diesen Stellen das Sonderzeichen *. Die Kenngröße hinter dem RETURN-Befehl wählt das Argument aus, über das zurückgesprungen wird. Das folgende Beispiel ruft ein Unterprogramm WURZ auf, das vor dem Wurzelziehen den Radikanden prüft. Ist der Radikand positiv oder Null, so wird die Wurzel gezogen, und das Unterprogramm kehrt an die Stelle des Aufrufs zurück. Ist der Radikand negativ, so soll das Unterprogramm nicht an die Stelle des Aufrufs, sondern zur Anweisungsnummer 20 zurückkehren. Diese mögliche Rücksprungadresse wird dem Unterprogramm in der Liste der formalen Argumente übergeben. Sie wird mit einem * gekennzeichnet, da es sich nicht um eine INTEGER-Konstante, sondern um eine Sprungmarke handelt.

```
C HAUPTPROGRAMM
10      READ(*,*,END=30) X
        CALL WURZ(X,W,*20)
        WRITE(*,*) X,W
        GOTO 10
20      WRITE(*,*)'IMAGINAER'
        GOTO 10
30      STOP
        END
```

In der Argumentenliste des Unterprogramms steht an der Stelle, an der eine Sprungmarke übergeben wird, ein Zeichen *. In dem Beispiel ist es das 3. Argument.

```
C UNTERPROGRAMM
      SUBROUTINE WURZ(A,B,*)
      IF (A.LT.0.0) RETURN 3
      B = SQRT(A)
      RETURN
      END
```

Der Befehl RETURN 3 springt also über das 3. Argument, das eine Sprungmarke sein muß, zu der Sprungmarke des Hauptprogramm, die an der 3. Stelle der Argumentenliste steht, also zum Sprungziel 20 des Hauptprogramms. Der RETURN-Befehl ohne Zusatz kehrt an die Stelle des Aufrufs in das Hauptprogramm zurück.

Bei Compilern, die die berechnete RETURN-Anweisung nicht kennen, liefert das Unterprogramm eine Kontrollgröße, die im Hauptprogramm durch Programmverzweigungen ausgewertet wird.

Zur Verbindung mit dem Betriebssystem und zur Lösung besonderer Aufgaben gibt es in jeder Rechenanlage Systemunterprogramme, die nicht Bestandteil des FORTRAN 77 sind. Dazu gehören z.B. Unterprogramme zur Steuerung eines Plotters oder zur Ausgabe von grafischen Darstellungen auf dem Bildschirm.

6.9   Die grafische Darstellung von Unterprogrammen

Als Beispiel wählen wir das Programm Bild 6-12. Es besteht aus einem Hauptprogramm, das zwei eindimensionale Felder X und Y aus je 10 Elementen dimensioniert. Das SUBROUTINE-Unterprogramm WERT speichert in dem Feld X die Wurzeln der Zahlen von 1 bis 10, in dem Feld Y die Quadrate der Zahlen von 1 bis 10. Es ruft dazu die Standardfunktion SQRT zur Berechnung der Quadratwurzeln und ein vom Benutzer aufgestelltes FUNCTION-Unterprogramm QUAD auf, das die Quadrate berechnet. Die beiden Tabellen werden im Hauptprogramm ausgegeben. Bei der Beschreibung der Aufgabe im Struktogramm **Bild 6-14** erscheinen nur die beiden Tätigkeiten "Tabellenwerte berechnen und speichern" und "Tabellenwerte ausgeben". Ob sie im Hauptprogramm oder mit Unterprogrammen ausgeführt werden, ist im Struktogramm von untergeordneter Bedeutung.

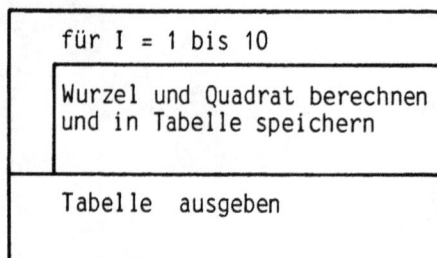

```
┌─────────────────────────────────────┐
│  für I = 1 bis 10                    │
│  ┌──────────────────────────────────┤
│  │ Wurzel und Quadrat berechnen     │
│  │ und in Tabelle speichern         │
├──┴──────────────────────────────────┤
│  Tabelle   ausgeben                  │
└─────────────────────────────────────┘
```

Bild 6-14: Beschreibung der Aufgabenstellung im Struktogramm

Im Programmablaufplan kennzeichnet man den Aufruf von Unterprogrammen durch ein Rechteck mit senkrechtem Balken. Jedes Teilprogramm erscheint als eigene Programmeinheit. Der Ablauf von Standardfunktionen wird normalerweise nicht besonders dargestellt. **Bild 6-15** zeigt das Programmbeispiel im Programmablaufplan.

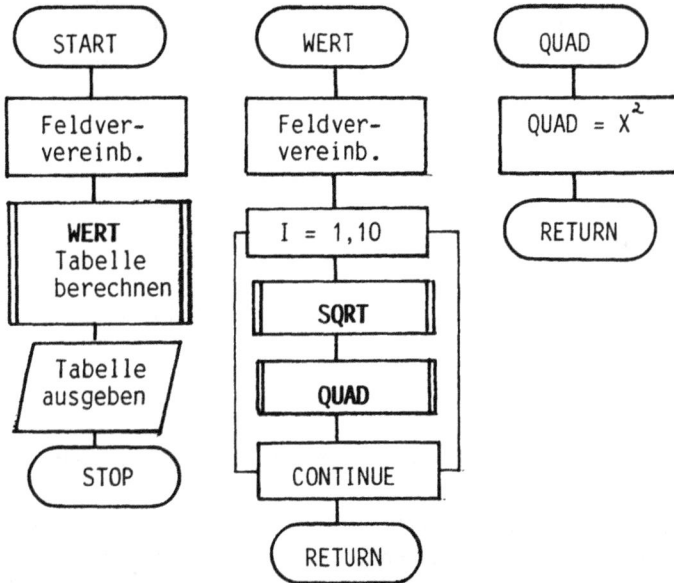

Bild 6-15: Unterprogramme im Programmablaufplan

Verwendet man in einem Programm sehr viele Unterprogramme, die weitere Unterprogramme aufrufen, so kann man diese Programmstruktur in der Moduldarstellung entsprechend **Bild 6-16** besser als im Struktogramm oder Programmablaufplan übersehen.

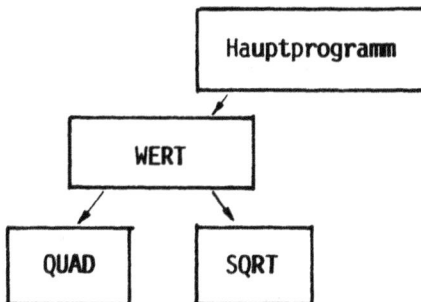

Bild 6-16: Unterprogramme in der Moduldarstellung

Das Hauptprogramm ruft das Unterprogramm WERT auf, das nun seinerseits die Unterprogramme QUAD und SQRT aufruft. Diese Art der Darstellung stammt aus der Baumdiagrammtechnik nach Jackson und dient dort als Hilfsmittel für die "Strukturierte Programmierung". Dabei unterscheidet man entsprechend **Bild 6-17** die Folge von Moduln (Unterprogrammen), die nacheinander ausgeführt werden, und die Alternative von Moduln (Unterprogrammen), von denen nur eins ausgeführt wird.

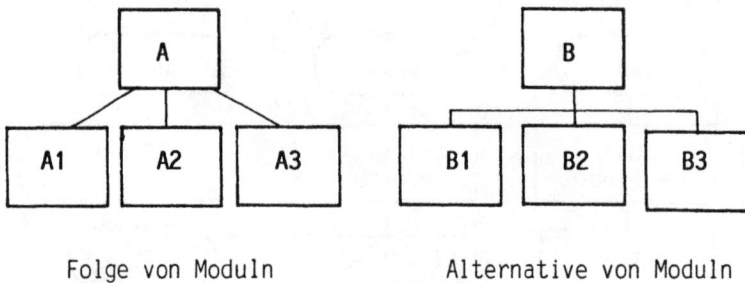

Folge von Moduln   Alternative von Moduln

Bild 6-17: Moduldarstellung in der Baumdiagrammtechnik

6.10 Fehler bei der Verwendung von Unterprogrammen

Unterprogramme vom Typ FUNCTION und SUBROUTINE werden normalerweise als externe Unterprogramme getrennt vom Hauptprogramm übersetzt. Daher gibt es eine Reihe von Fehlern, die der Compiler nicht entdecken kann und die sich erst bei der Ausführung des Programms durch fehlerhafte Ergebnisse bemerkbar machen.

FUNCTION-Unterprogramme liefern über ihren Namen einen Wert an das Hauptprogramm zurück. Beachten Sie daher die Namensregel. Gegebenenfalls müssen Sie im Hauptprogramm eine explizite Typvereinbarung verwenden. Beispiel:

```
C HAUPTPROGRAMM
      REAL MAX
      X = MAX(X1,X2,X3)

C UNTERPROGRAMM
      REAL FUNCTION MAX(A,B,C)

      MAX =
      RETURN
```

Die Zahl der aktuellen Argumente beim Aufruf muß mit der Zahl der formalen Argumente in der Definition übereinstimmen. Beispiel:

```
C HAUPTPROGRAMM
      CALL UPRO(A,B,C)

C UNTERPROGRAMM
      SUBROUTINE UPRO(X,Y,Z)
```

Die Eigenschaften der aktuellen Argumente müssen mit den Eigenschaften der formalen Argumente übereinstimmen. Als Ausnahme gilt die Regel, daß einer Konstanten in der Liste der aktuellen Argumente in der Liste der formalen Argumente eine Variable gegenüberstehen muß. Bei einer variablen Dimensionierung in einem Unterprogramm muß das Feld im Hauptprogramm fest dimensioniert sein. Beispiel:

```
C HAUPTPROGRAMM
      DIMENSION A(10)
      CALL WERT(A,10,XM,I)

C UNTERGROGRAMM
      SUBROUTINE WERT(X,N,AMITT,IND)
      DIMENSION X(N)
```

Alle formalen Argumente, deren Wert sich im Unterprogramm ändert, übertragen diese Änderung auf die aktuellen Argumente des Hauptprogramms. Dies ist bei SUBROUTINE-Unterprogrammen die einzige Möglichkeit, Ergebnisse an das Hauptprogramm zu übergeben. Bei einigen Compiler findet diese Übertragung auch bei Unterprogrammen vom Typ FUNCTION statt. Testen Sie Ihren Compiler mit folgendem Programm:

```
C HAUPTPROGRAMM
      A = 1.0
      B = 2.0
      C = SUSI(A,B)
      WRITE(*,*) A,B,C
      STOP
      END


C UNTERPROGRAMM
      FUNCTION SUSI(X,Y)
      SUSI = X + Y
      X = 10.
      Y = 20.
      RETURN
      END
B>TEST
      10.0000000        20.0000000          3.0000000
```

Bei dem dem Verfasser zur Verfügung stehenden Compiler (Version 2.0 IBM PC) wurden für A und B die Werte 10.0 und 20.0 des Unterprogramms und nicht 1.0 und 2.0 des Hauptprogramms ausgegeben. Dies ist ein Zeichen dafür, daß auch FUNCTION-Unterprogramme Ergebnisse über die Argumentenliste an das Hauptprogramm übergeben können. Wegen unerwünschter Nebenerscheinungen sollte man für die Übergabe mehrerer Ergebnisse besser ein SUBROUTINE-Unterprogramm verwenden.

7 Die Eingabe und Ausgabe von Daten

In unseren Beispielen und Übungen haben wir die Daten (Zahlen) im gewohnten dezimalen Zahlensystem eingegeben; die Ergebnisse erschienen ebenfalls dezimal auf dem Bildschirm bzw. Drucker. In der Einführung haben wir jedoch gesehen, daß der Rechner alle Daten binär speichert und verarbeitet. Die Daten müssen also sowohl bei der Eingabe als auch bei der Ausgabe umgewandelt werden. Die in diesem Abschnitt vorgestellten Möglichkeiten des Datenzugriffs und der Datenumwandlung sind zum Teil abhängig vom verwendeten Compiler bzw. Betriebssystem.

7.1 Die listengesteuerte Ein/Ausgabe über die Konsole

Bei einfachen Übungs- und Testprogrammen gibt man die Daten während des Programmlaufes über die Bedienungstastatur ein. Die Ergebnisse erscheinen auf dem Bildschirm bzw. auf dem angeschlossenen Drucker. Dies bezeichnet man als Ein/Ausgabe im Dialog über die Konsole. Beispiel:

```
READ(*,*) A, B
X = SQRT(A**2 + B**2)
WRITE(*,*) A , B , X
```

Bei einigen Rechnern bzw. Compilern sind noch einfachere Formen der Ein/Ausgabe-Anweisungen zulässig wie z.B.

```
READ * , A , B

PRINT * , A , B , X
```

Die Sterne hinter den Kennwörtern READ und WRITE bzw. PRINT zeigen an, daß die Ein/Ausgabe über die Konsole (Tastatur und Bildschirm) erfolgen soll und daß keine besonderen Vereinbarungen über die Anordnung der Daten getroffen werden. Auf der Eingabezeile trennen wir die Daten durch ein Trennzeichen (Komma oder Leerzeichen); auf der Ausgabezeile wird die Anordnung der Daten von ihrem Typ und ihrer Größe bestimmt. In der Eingabeliste hinter dem Kennwort READ erscheinen nur die Namen der zu lesenden Variablen. Bei der Ausgabe mit WRITE bzw. PRINT sind auch Ausdrücke und Textkonstanten in der Ausgabeliste zulässig. Enthalten die Ein/Ausgabeanweisungen nur Listen mit den Namen der Speicherstellen, so bezeichnet man dies als listengesteuerte Ein/Ausgabe; auf die in den Ein/Ausgabelisten genannten Größen werden standardmäße Umwandlungs- und Darstellungsverfahren angewendet.

7.2 Die formatgesteuerte (formatierte) Ein/Ausgabe über die Konsole

Bei der listengesteuerten Ausgabe von Zahlen in einer Tabelle stört die festgelegte Anordnung der Zahlen auf der Zeile; man möchte die Anzahl der Werte, die Zahl der Stellen und Leerstellen zwischen den Werten nach eigenen Wün-

```
C BILD 7-1 TESTPROGRAMM FORMATIERTE EIN/AUSGABE
10        WRITE(*,100)
100       FORMAT(' ANFANGS- UND ENDWERT IM FORMAT I3 EINGEBEN >'\)
          READ(*,200,ERR=30) IA , IE
200       FORMAT(2I3)
          WRITE(*,300) IA , IE
300       FORMAT(//11X,'QUADRAT UND WURZEL VON ',I3,' BIS ',I3)
          WRITE(*,400)
400       FORMAT(/10X,36('*')/
     1    10X,'*',1X,'ZAHL',1X,'*',3X,'QUADRAT',3X,'*',4X,'WURZEL',3X,'*'/
     2    10X,36('*'))
          DO 20 I = IA,IE
             QUAD = FLOAT(I**2)
             WURZ = SQRT(FLOAT(I))
             WRITE(*,500) I , QUAD , WURZ
500       FORMAT(10X,'*',1X,I4,1X,'*',E12.6,1X,'*',F12.6,1X,'*')
20        CONTINUE
          WRITE(*,600)
600       FORMAT(10X,36('*'))
          STOP
30        WRITE(*,700)
700       FORMAT(' EINGABEFEHLER !!!')
          GOTO 10
          END

B>TEST
ANFANGS- UND ENDWERT IM FORMAT I3 EINGEBEN >IRGENDWAS
EINGABEFEHLER !!!
ANFANGS- UND ENDWERT IM FORMAT I3 EINGEBEN >  1 10


          QUADRAT UND WURZEL VON    1 BIS   10

       ****************************************
       * ZAHL *   QUADRAT    *    WURZEL     *
       ****************************************
       *    1 * .100000E+01  *    1.000000   *
       *    2 * .400000E+01  *    1.414214   *
       *    3 * .900000E+01  *    1.732051   *
       *    4 * .160000E+02  *    2.000000   *
       *    5 * .250000E+02  *    2.236068   *
       *    6 * .360000E+02  *    2.449490   *
       *    7 * .490000E+02  *    2.645751   *
       *    8 * .640000E+02  *    2.828427   *
       *    9 * .810000E+02  *    3.000000   *
       *   10 * .100000E+03  *    3.162278   *
       ****************************************
Stop - Program terminated.
```

Bild 7-1: Testprogramm für die formatierte Ein/Ausgabe

schen festlegen. Dies geschieht bei der **formatgesteuerten** Ein/Ausgabe durch eine zusätzliche Liste von Formatbeschreibungen. Bei der Eingabe von Zahlen legen wir durch eine Formatbeschreibung fest, in welchen Spalten sich die Werte befinden. Bei der Ausgabe geben wir die Zahl der Stellen vor und hinter dem Dezimalpunkt, Leerzeichen und zusätzliche Texte an. **Bild 7-1** zeigt ein Beispiel für die formatgesteuerte oder formatierte Ein/Ausgabe.

Die READ- und WRITE-Anweisungen enthalten bei der formatierten Ein/Ausgabe die Nummer einer Format-Vereinbarung, in denen sich Angaben über den Aufbau der Eingabezeile bzw. Ausgabezeile befinden.

Die FORMAT-Vereinbarung 100 enthält einen auszugebenden Text zwischen Hochkommas und das Zeichen "\" (Rückwärts-Schrägstrich oder BACKSLASH). Mit Hilfe dieses Steuerzeichens ist es möglich, auf der gleichen Zeile mit der Eingabe fortzufahren.

Die FORMAT-Vereinbarung 200 enthält die I-Angabe, die hier für die Eingabe von INTEGER-Zahlen verwendet wird.

Die FORMAT-Vereinbarung 300 enthält Schrägstriche als Zeilenvorschub, die X-Angabe zur Ausgabe von Leerzeichen, einen Text und wieder die I-Angabe zur Ausgabe von INTEGER-Zahlen.

Die FORMAT-Vereinbarung 400 beschreibt den Tabellenkopf und erstreckt sich über drei FORTRAN-Zeilen (zwei Fortsetzungszeilen). Innerhalb der FORMAT-Klammer steht eine weitere Klammer mit dem Wiederholungsfaktor 36; es werden 36 Sterne auf einer Zeile ausgegeben.

Die FORMAT-Vereinbarung 500 enthält die I-Angabe zur Ausgabe einer INTEGER-Zahl, die E-Angabe für die Ausgabe einer REAL-Zahl in der Exponentenschreibweise und die F-Angabe für die Ausgabe einer REAL-Größe in der Gleitpunkt-Darstellung (Floating Point).

Die FORMAT-Vereinbarung 600 gibt 10 Leerzeichen und 36 Sterne aus. Die FORMAT-Vereinbarung 700 meldet einen Eingabefehler.

Für die formatierte Eingabe kann die READ-Anweisung erweitert werden um ein Format, die END-Bedingung und die ERR-Bedingung. Sie hat dann die allgemeine Form:

```
READ( Einheit,  Format  , END= Ziel, ERR= Ziel ) Liste
```

Die Einheit ist eine INTEGER-Größe und kennzeichnet das Gerät, von dem gelesen werden soll. Bei den meisten Rechenanlagen bezeichnet ein * die Konsole, bei einigen Anlagen wird die Konsole mit der Nummer 0 oder 5 angesprochen.

Wird bei der Dateneingabe eine Ende-Marke erkannt, so findet ein Sprung zu dem Sprungziel statt, dessen Marke hinter dem Kennwort END= steht. Die END-Bedingung kann auch entfallen.

Wird bei der Dateneingabe ein Fehler erkannt, so wird das Programm normalerweise mit einer Fehlermeldung abgebrochen. Verwendet man jedoch die ERR-Bedingung, so wird zu der Anweisung im Programm gesprungen, deren Sprungmarke hinter dem Kennwort ERR= steht.

Das Format besteht aus einer Liste von Steuerzeichen und Angaben zur Anordnung der Daten auf der Eingabezeile. Das Format wird normalerweise in einer besonderen FORMAT-Vereinbarung beschrieben. Es kann aber auch in einer CHARACTER-Variablen oder bei einigen Compilern auch in einer CHARACTER-

Konstanten enthalten sein. Beispiele:

```
        READ(*,100) I , X
100     FORMAT(I3,F10.4)

        CHARACTER FORM*80
        FORM = '(I3,F10.4)'
        READ(*,FORM) I, X

        READ(*,'(I3,F10.4)') I , X
```

```
Marke  FORMAT( Liste von Angaben )
```

Liegt das Format in einer CHARACTER-Variablen, so kann es während der Laufzeit des Programms gelesen werden. Bild 7-7 zeigt dazu ein Beispiel. Im Format erscheinen jeweils durch ein Komma getrennt Angaben für Daten und Steuerzeichen, die zum Teil bei der Eingabe eine andere Wirkung als bei der Ausgabe haben. **Bild 7-2** faßt die Formate für die Eingabe von Daten zusammen. Jede Variable der Eingabeliste muß mit einer Daten-Angabe der Formatliste beschrieben werden.

Angabe	Datentyp	Anordnung der Daten auf der Eingabezeile
I w	INTEGER	ganze Zahl rechtsbündig in w Spalten
F w.d	REAL	alle drei Angaben wirken bei der Eingabe gleich
		reelle Zahl in w Spalten
E w.d	REAL	fehlt der Dezimalpunkt, so gibt d die Stellung
		des Dezimalpunktes der Mantisse an
G w.d	REAL	der Exponent wird durch ein E oder ein Vorzeichen eingeleitet
D w.d	DOUBLE PRECISION	wie E-Angabe jedoch wird der Exponent mit D eingeleitet
L w	LOGICAL	w Spalten der Eingabe werden von links beginnend auf T für .TRUE. und F für .FALSE. untersucht
A w	CHARACTER	Eingabe von Texten in w Spalten
A	CHARACTER	Länge der Variablen bestimmt Zahl der Spalten

Bild 7-2: Formate für die Eingabe von Daten

Angabe	Wirkung bei der Eingabe
w X	es werden w Spalten der Eingabezeile überlesen
/	Ende der Eingabezeile; Beginn einer neuen Zeile
T w	Tabulator zur w. Stelle der Eingabezeile
TL w	Tabulator rückt w Stellen nach links
TR w	Tabulator rückt w Stellen nach rechts
k P	Skalfaktor für REAL- und DOUBLE PRECISION-Zahlen vor der F-, E,- G- oder D-Angabe, bei der Eingabe ohne Exponent wird die Zahl durch 10^k dividiert
BN	Leerzeichen werden bei der Eingabe von Zahlen übergangen
BZ	Leerzeichen werden bei der Eingabe von Zahlen als Nullen angesehen
:	Eingabe beendet, wenn Liste abgearbeitet

Bild 7-3: Steuerzeichen für die Eingabe

Die für die Eingabe von REAL-Größen vorgesehenen Formatangaben F, E und G haben bei der Eingabe die gleiche Wirkung; entscheidend ist, was auf der Zeile eingegeben wird. Enthält die Zahl bzw. enthält die Mantisse einen Dezimalpunkt, so ist die Angabe d wirkungslos; die Zahl kann beliebig in dem Feld von w Spalten angeordnet werden. Fehlt jedoch der Dezimalpunkt, so wird er vor die Stelle d von rechts gesetzt. Damit ist der Zahlenwert abhängig von der Anordnung der Ziffernfolge innerhalb des Feldes. Deshalb sei dringend empfohlen, bei der Eingabe von REAL-Größen den Dezimalpunkt sowohl in der Festpunkt- als auch in der Exponentenschreibweise mit einzugeben. **Bild 7-3** zeigt die bei der Eingabe wirksamen Steuerzeichen.

Die formatierte Eingabe verlangt, daß die Daten spaltengerecht auf der Eingabezeile angeordnet werden. Dies geschieht durch Abzählen der Spalten oder mit Hilfe des Tabulators des Eingabegerätes. Da jede Verschiebung auf der Zeile den Zahlenwert verändert, sollte man die eingegebenen Werte zur Kontrolle wieder ausgeben. Bequemer ist jedoch die listengesteuerte Eingabe, bei der die Zahlen einfach durch Leerzeichen oder Kommas getrennt werden. Dagegen bietet die formatierte Ausgabe erhebliche Vorteile, weil das Zahlenformat der Größe der auszugebenden Zahlen angepaßt werden kann. Die WRITE-Anweisung hat die allgemeine Form:

```
WRITE( Einheit, Format , ERR= Ziel ) Liste
```

Es gelten die gleichen Regeln wie für die READ-Anweisung. Die Einheit ist eine INTEGER-Größe und kennzeichnet das Gerät, auf dem ausgegeben werden soll. Ein * steht für die Konsole (Bildschirm). Bei einigen Anlagen wird die Konsole auch mit der Nummer 0 oder 6 bezeichnet. Das Format enthält Angaben über die Anordnung der auszugebenden Daten sowie Steuergrößen. Wird bei der Umwandlung und Ausgabe ein Fehler erkannt, so wird das Programm an dem hinter ERR= angegebenen Sprungziel fortgesetzt. Die Liste enthält Variablennamen, Konstanten oder Ausdrücke, die auszugeben sind.

Bild 7-4 zeigt die Formate für die Ausgabe von Daten. Jede auszugebende Größe (Variable, Konstante oder Ausdruck) muß mit einem Datenformat beschrieben werden.

Bei der Ausgabe von Daten kann es vorkommen, daß die im Format vorgesehene Anzahl von Spalten nicht ausreicht, alle Stellen der Zahl auszugeben. In diesem Fall erscheinen Sterne als Fehlermeldung. Bei der Ausgabe von Festpunktzahlen (F-Angabe) müssen zusätzliche Spalten für ein negatives Vorzeichen und den Dezimalpunkt berücksichtigt werden. Bei der Ausgabe in der Exponentenschreibweise (E- und D-Angabe) kommen noch der Exponent, das Vorzeichen des Exponenten und der Kennbuchstabe E bzw. D dazu. **Bild 7-5** zeigt die Steuerzeichen für die Ausgabe.

Angabe	Datentyp	Anordnung der Daten auf der Ausgabezeile
I w	INTEGER	ganze Zahl rechtsbündig in w Spalten
F w.d	REAL	relle Zahl rechtsbündig in w Spalten mit d Stellen hinter dem Dezimalpunkt
E w.d	REAL	reelle Zahl rechtsbündig in w Spalten Mantisse mit d Stellen hinter dem Punkt Exponent zweistellig mit Vorzeichen
G w.d	REAL	Ausgabe in w Spalten mit d Stellen hinter dem Dezimalpunkt. Ausgabe wie F- oder E-Angabe je nach Größe der Zahl
D w.d	DOUBLE PRECISION	Ausgabe in w Spalten mit d Stellen hinter dem Punkt wie E-Angabe, Exponent dreistellig
L w	LOGICAL	Ausgabe in w Spalten mit dem Buchstaben T für .TRUE. und F für .FALSE.
A w	CHARACTER	Ausgabe von Texten in w Spalten
A	CHARACTER	Länge der Variablen bestimmt Zahl der Spalten

Bild 7-4: Formate für die Ausgabe von Daten

Angabe	Wirkung bei der Ausgabe
w X	es werden w Leerzeichen ausgegeben
'Text'	der zwischen den Hochkommas stehende Text wird ausgegeben
/	Ende der Ausgabezeile; Beginn einer neuen Zeile
\	die folgende Eingabe beginnt auf der gleichen Zeile
T w	Tabulator zur w. Stelle der Ausgabezeile
TL w	Tabulator rückt w Stellen nach links
TR w	Tabulator rückt w Stellen nach rechts
k P	Skalenfaktor für REAL- und DOUBLE PRECISION-Zahlen bei der Ausgabe **ohne** Exponenten: Zahl mal 10^k bei der Ausgabe **mit** Exponenten: Mantisse mal 10^k Exponent - k
S	Vorzeichenbehandlung je nach Rechenanlage
SP	positive und negative Zahlen erhalten Vorzeichen
SS	nur negative Zahlen erhalten Vorzeichen
:	Ausgabe beendet, wenn Liste abgearbeitet

Bild 7-5: Steuerzeichen für die Ausgabe

1.Zeichen der Zeile	Wirkung
Leerzeichen	Vorschub um eine Zeile
0 (Null)	Vorschub um zwei Zeilen
1 (Eins)	Vorschub auf eine neue Seite
+ (Plus)	kein Vorschub, alte Zeile überschrieben

Bild 7-6: Steuerzeichen für den Druckervorschub

Bei der Ausgabe auf dem Drucker steuert das 1. Zeichen einer Zeile den Vorschub des Druckers; daher wird das 1. Zeichen nicht ausgegeben. Dies gilt bei einigen Anlagen auch für die Konsole (Bildschirmgerät). Dabei ist es gleichgültig, ob das Zeichen mit Hilfe eines Datenformates oder als Textkonstante im Format entstanden ist. **Bild 7-6** zeigt die Vorschubzeichen für den Drucker. Das 1. Zeichen einer Zeile wird nicht ausgegeben, sondern steuert den Druckervorschub.

Bei dem Aufbau eines Ausgabeformates ist also am Beginn einer Ausgabezeile ein Vorschubzeichen für den Drucker anzugeben, selbst wenn die Ausgabe nur auf der Konsole erscheinen soll. Beispiele:

```
xxxxx   FORMAT(1X,      neue Zeile

xxxxx   FORMAT('0',     Leerzeile

xxxxx   FORMAT('1'      neue Seite
```

Leerzeilen lassen sich auch durch Schrägstriche erzeugen. Nach dem letzten Schrägstrich muß auch hier ein Vorschubsteuerzeichen stehen. Beispiel:

```
xxxxx   FORMAT(///1X,    3 Leerzeilen
```

Für die Untersuchung ein Eingabe- und Ausgabeformaten zeigt **Bild 7-7** ein Testprogramm, das zunächst die Eingabe eines Formates verlangt, bevor eine INTEGER- und eine REAL-Zahl einzugeben sind. Die Ausgabe erfolgt einmal listengesteuert, also ohne Format, und dann mit einem vorher einzugebenden Format. Mit diesem Testprogramm kann der Aufbau von Eingabe- und Ausgabeformaten für INTEGER- und REAL-Zahlen sowie die Wirkung von Steuerzeichen untersucht werden.

```
C BILD 7-7  FORMAT LESEN FUER EINGABE UND AUSGABE
            CHARACTER FORME*80,FORMA*80
10          WRITE(*,100)
100         FORMAT(//' INTEGER-ZAHL UND REAL-ZAHL'/)
            WRITE(*,200)
200         FORMAT(' EINGABE-FORMAT  >'\)
            READ(*,300,END=20,ERR=30) FORME
300         FORMAT(A80)
            WRITE(*,400)
400         FORMAT(' DATEN EINGEBEN AB SPALTE 1'/1X,49('-'))
            READ(*,FORME,END=20,ERR=30) I,X
            WRITE(*,*)
            WRITE(*,*)' FORMATFREIE AUSGABE: I =',I,' X =',X
            WRITE(*,*)
            WRITE(*,500)
500         FORMAT(' AUSGABE-FORMAT  >'\)
            READ(*,300,END=20,ERR=30) FORMA
            WRITE(*,600)
600         FORMAT(1X,49('-'))
            WRITE(*,FORMA,ERR=30) I , X
            GOTO 10
20          WRITE(*,700)
700         FORMAT(1X,'ENDE')
            STOP
30          WRITE(*,800)
800         FORMAT(' EINGABEFEHLER')
            GOTO 10
            END
```

```
B>TEST


INTEGER-ZAHL UND REAL-ZAHL

EINGABE-FORMAT  >(I2,F10.4)
DATEN EINGEBEN AB SPALTE 1
-----------------------------------------------------
121234567890

   FORMATFREIE AUSGABE: I -          12 X -     123456.8000000

AUSGABE-FORMAT  >(1X,I3,E12.4)
-----------------------------------------------------
  12   .1235E+06


INTEGER-ZAHL UND REAL-ZAHL

EINGABE-FORMAT  >(I3,E12.4)
DATEN EINGEBEN AB SPALTE 1
-----------------------------------------------------
123 1.5E4

   FORMATFREIE AUSGABE: I -         123 X -      15000.0000000

AUSGABE-FORMAT  >(/1X,I3,1PE12.4)
-----------------------------------------------------
```

Bild 7-7: Testprogramm für die formatierte Ein/Ausgabe

Die wichtigsten Regeln für den Aufbau von Formaten lauten:

Folgen mehrere gleiche Angaben aufeinander, so können sie mit einem Wiederholungsfaktor zusammengefaßt werden. Beispiel:

I3,I3,I3,I3 wirkt wie 4I3

Folgen mehrere Gruppen von Angaben aufeinander, so können sie durch eine Klammer und einen Wiederholungsfaktor zusammengefaßt werden. Wiederholungsfaktoren vor Textkonstanten sind ebenfalls zu klammern. Beispiel:

I3,1X,I3,1X,I3,1X wirkt wie 3(I3,1X)

49('-') gibt 49 Striche aus

Die Angaben der Formatliste werden in der gleichen Reihenfolge ausgeführt wie die Größen der Ein/Ausgabeliste. Ist die Formatliste kleiner, so wird sie so oft ausgeführt, bis alle Größen der Ein/Ausgabeliste übertragen wurden. Ist die Formatliste größer, so werden nur die Größen der Ein/Ausgabeliste übertragen; der Rest der Formatliste wird nicht ausgeführt. In dem folgenden Beispiel wird das Format dreimal ausgeführt.

```
      READ(*,100) A , B , C
100   FORMAT(F10.3)
```

Die Zahl der Schachtelungen von Klammern innerhalb des Formates ist abhängig von der verwendeten Rechenanlage.

Das 1. Zeichen einer Ausgabezeile ist das Vorschubzeichen für den Drucker und wird nicht ausgegeben. Für einen einfachen Zeilenvorschub können Sie ein Leerzeichen (1X) verwenden. Mehrere Zeilenvorschübe lassen sich durch Schrägstriche "/" erzielen.

Bei der formatierten Eingabe ist die Spalteneinteilung zu beachten. REAL-Größen sollten immer mit einem Dezimalpunkt eingegeben werden. Bei der Eingabe von Testdaten über die Konsole sollte nach Möglichkeit die formatfreie (listengesteuerte) Eingabe verwendet werden, bei der die Daten ohne Rücksicht auf eine Spalteneinteilung nur durch ein Leerzeichen bzw. ein Komma getrennt werden.

7.3   Die Arbeit mit Datendateien

Die Programmiersprache FORTRAN entstand zu einer Zeit, in der fast ausschließlich Lochkarten als Datenträger verwendet wurden. Damals hätten Sie als Programmierer die Steueranweisungen an das Betriebssystem, das FORTRAN-Programm und die Eingabedaten an einem Schreiblocher auf 80spaltige Lochkarten abgelocht. Dieses Kartenpaket wäre im Rechenzentrum mit Hilfe eines Lochkartenlesers in den Rechner eingegeben worden. Die Ausgabedaten wurden ausgedruckt oder über einen Stanzer auf Lochkarten ausgestanzt. Für eine längerfristige Aufbewahrung von Programmen (Programmdateien) und Daten (Datendateien) standen Magnetbandgeräte sowie Magnettrommeln und Magnetplattengeräte zur Verfügung.

Heutzutage werden die Programme fast ausschließlich am Bildschirmgerät eingegeben und getestet und dann in einer Programmdatei aufbewahrt. Für die Eingabe der Daten unterscheidet man im Wesentlichen zwei Verfahren. Einmal werden sie im Dialog am Bildschirm eingegeben; zum anderen werden sie getrennt von dem verarbeitenden Programm mit Hilfe von Eingabeprogrammen (z.B. dem Editor) eingegeben, eventuell geprüft und in einer Datendatei aufbewahrt. Ausgabedaten (Ergebnisse) werden gedruckt oder zur weiteren Verarbeitung in eine Datendatei geschrieben. Programm- und Datendateien werden bei Großrechnern auf Magnetplatten, bei Arbeitsplatzrechnern auf Disketten gespeichert. Magnetbandgeräte werden nur zur Datensicherung verwendet. Die Verwaltung der Dateien übernimmt das Betriebssystem.

Eine **Datei** enthält ein Programm (Programmdatei) oder Daten (Datendatei), die von einem Programm verarbeitet werden. Im Folgenden werden wir nur Datendateien betrachten. Bei der Eingabe und Ausgabe von Daten über die Konsole arbeiten wir mit fest zugeordneten Dateien.

Eine Datei besteht normalerweise aus **Datensätzen** gleicher Länge. Beispiele für einen Datensatz sind eine Eingabezeile mit Meßwerten, eine Ausgabezeile mit Ergebnissen oder die Daten eines Einwohners in einer Einwohnerdatei.

Beim **fortlaufenden** (sequentiellen) Zugriff müssen die Datensätze in der Reihenfolge verarbeitet werden, in der sie auf dem Speicher angeordnet sind. Dies trifft z.B. für Daten zu, die von der Konsole eingegeben werden. Wie beim Lesen von Lochkarten ist es nicht möglich, bereits vorher eingegebene Datensätze nochmals zu verarbeiten. Im Gegensatz dazu gibt es bei Banddateien die Möglichkeit, das Band zurückzuspulen.

Beim **direkten** (random) Zugriff wird ein Datensatz durch die Angabe einer Satznummer (Satzadresse) gelesen oder beschrieben. Diese Zugriffsart verwendet man bei Platten- und Diskettendateien, bei denen sich der Schreib/Lesekopf auf jede Stelle der Oberfläche einstellen läßt.

Eine **formatierte** Datei (z.B. Bildschirmzeile) enthält Daten in einer vom Menschen lesbaren Form; im Arbeitsspeicher des Rechners werden die Daten binär dargestellt. Eingabezeilen und Ausgabezeilen müssen daher immer mit Hilfe eines Formates umgewandelt werden; bei der listengesteuerten formatfreien Ein/Ausgabe werden Standardformate verwendet.

Eine **unformatierte** oder binäre Datei enthält die Daten in der maschineninternen binären Darstellung des Arbeitsspeichers. Die Übertragung erfolgt ohne Angabe eines Formates und ist daher schneller als bei der formatierten Ein/Ausgabe.

Eine **externe** Datei ist auf einem externen Speichermedium (Band oder Platte bzw. Diskette) angeordnet. Eine **interne** Datei befindet sich im Arbeitsspeicher und wird nur zur Laufzeit des Programms angelegt. Sie erhält keine Dateinummer.

Die folgenden FORTRAN-Anweisungen dienen zur Behandlung von Datendateien. Sie sind z.T. abhängig vom verwendeten Compiler und Betriebssystem.

Die **OPEN-Anweisung** ordnet dem Dateinamen des Betriebssystems eine Dateinummer des FORTRAN zu und legt die Eigenschaften der zu bearbeitenden Datei fest.

```
OPEN( Parameterliste )
```

Die Parameterliste kann mehrere Angaben in beliebiger Reihenfolge enthalten. Alle Angaben sind mit Ausnahme der Dateinummer und der Satzlänge Größen vom Typ CHARACTER. Sie bestehen im einfachsten Fall aus Zeichen, die zwischen Apostrophs zu setzen sind. Bei fehlenden Angaben werden Standardwerte angenommen.

Der Parameter **UNIT**= Dateinummer
enthält eine INTEGER-Größe als Dateinummer, unter der die Datei in READ- und WRITE-Anweisungen angesprochen wird. Steht der Parameter am Anfang der Liste, so kann das Kennwort UNIT entfallen.

Der Parameter **FILE**= Dateiname
enthält den Dateinamen des Betriebssystems, der nicht nach den FORTRAN-Regeln, sondern nach den Vorschriften des Betriebssystems gebildet wird.

Der Parameter **STATUS**= Status
enthält die Art der Datei. Eine bereits bestehende Datei wird mit 'OLD'
gekennzeichnet. Bei 'NEW' wird eine neue Datei angelegt. 'SCRATCH' kennzeichnet eine Arbeitsdatei, die nur während des Programmablaufes zur Verfügung steht. Bei 'UNKNOWN' wird der Status vom Betriebssystem bestimmt. Fehlt
die Angabe, so wird 'OLD' angenommen.

Der Parameter **ACCESS**= Zugriffsart
gibt die Zugriffsart an. 'SEQUENTIAL' steht für fortlaufenden Zugriff bei
Banddateien oder lochkartenähnlichen Datendateien. 'DIRECT' steht bei Plat-
ten- oder Diskettendateien im direkten (random) Zugriff. Fehlt der Parameter, so wird 'SEQUENTIAL' angenommen.

Der Parameter **FORM**= Format
legt die Art der Datenübertragung fest. Bei 'FORMATTED' werden die Daten
mit Hilfe eines Formates umgewandelt; bei 'UNFORMATTED' werden die
Daten binär ohne Umwandlung übertragen. Fehlt der Parameter, so werden die
Daten bei der Zugriffsart 'SEQUENTIAL' formatiert ('FORMATTET'); bei der
Zugriffsart 'DIRECT' werden sie unformatiert ('UNFORMATTED') übertragen.

Der Parameter **RECL**= Satzlänge
wird nur für Dateien im direkten Datenzugriff angegeben und enthält die Satzlänge in der Einheit Bytes.

Die folgenden Parameter sind nicht bei allen Compilern verfügbar:

Der Parameter **IOSTAT**= Variable
übergibt in einer INTEGER-Variablen eine Kennzahl. Wurde die OPEN-Anweisung fehlerfrei ausgeführt, so enthält die Variable den Wert Null. Anderenfalls
kann aus dem Wert die Art des Fehlers bestimmt werden. Die Zuordnung ist
abhängig vom Betriebssystem.

Der Parameter **ERR**= Anweisungsnummer
übergibt ein Sprungziel für den Fall, daß bei der Eröffnung der Datei ein Fehler auftritt. Das Programm kann dann den Parameter IOSTAT auswerten.

Der Parameter **BLANK**= Kennwert
gibt an, wie Leerzeichen (Blank) bei Zahlenangaben ausgewertet werden sollen.
Bei der Angabe 'NULL' werden Leerzeichen nicht beachtet; bei 'ZERO' werden Leerzeichen als Ziffer Null angesehen.

Das folgende Beispiel eröffnet unter der Nummer 10 eine alte Datei mit dem
Namen DATEN.DAT mit sequentiellem Zugriff und formatierter Übertragung.

```
    OPEN(10,FILE='DATEN.DAT',STATUS='OLD',ACCESS='SEQUENTIAL',
  1 FORM='FORMATTED')
```

Die **CLOSE-Anweisung** löst die Verbindung zwischen der Dateinummer und dem
Dateinamen; die Nummer kann anschließend einer anderen Datei zugeordnet
werden.

```
CLOSE( Parameterliste )
```

Der Parameter **UNIT**= Dateinummer
enthält eine INTEGER-Größe mit der Nummer der freizugebenden Datei. Steht
der Parameter am Anfang der Liste, so kann das Kennwort UNIT entfallen.

Der Parameter **STATUS**= Status
gibt an, ob die Datei mit 'KEEP' erhalten bleiben oder mit 'DELETE' gelöscht
werden soll. Fehlt der Parameter, so werden SCRATCH-Dateien gelöscht, alle
anderen Dateien bleiben erhalten.

Fehlt die CLOSE-Anweisung, so wird die Datei nach Beendigung des Programms
automatisch freigegeben. Das folgende Beispiel schließt die unter der Nummer
10 vereinbarte Datei, die ohne Angabe eines Status erhalten bleibt.

```
CLOSE(10)
```

Mit Hilfe der **INQUIRE-Anweisung** ist es möglich, vom Betriebssystem die
Parameter einer bereits bestehenden Datei zu erfragen. Dabei muß entweder
die Dateinummer oder der Dateiname als bekannt eingegeben werden. An die
Stelle der Konstanten hinter den Parametern treten Variablen, die nach der
Ausführung der INQUIRE-Anweisung die gewünschten Informationen enthalten.

Beim Zugriff auf Dateien haben die bereits bekannten Anweisungen READ und
WRITE die allgemeine Form:

```
READ( Parameterliste ) Eingabeliste

WRITE( Parameterliste ) Ausgabeliste
```

Der Parameter **UNIT**= Dateinummer
enthält eine INTEGER-Größe als Dateinummer. Das Zeichen * bezeichnet die
Konsole. Steht der Parameter an erster Stelle der Liste, so kann das Kennwort
UNIT entfallen.

Der Parameter **FMT**= Format
kennzeichnet das Format, das bei der Übertragung der Daten zwischen dem
Arbeitsspeicher und der Datei verwendet werden soll. Ein * kennzeichnet die
listengesteuerte Ein/Ausgabe mit Standardformaten. Der Parameter Format
kann sein die Nummer einer FORMAT-Vereinbarung oder eine CHARACTER-
Größe mit den Formatangaben. Steht der Parameter an zweiter Stelle in der
Liste, so kann das Kennwort FMT entfallen.

Der Parameter **REC=** Satznummer
muß und darf nur bei bei Dateien mit direktem (random) Datenzugriff angegeben werden. Die INTEGER-Größe enthält die Nummer des zu übertragenden
Satzes.

Der Parameter **END=** Anweisungsnummer
enthält ein Sprungziel, zu dem das Programm verzweigt, wenn das Ende der
Datei erkannt wird.

Der Parameter **ERR=** Anweisungsnummer
enthält ein Sprungziel, zu dem das Programm verzweigt, wenn bei der Datenübertragung oder Datenumwandlung ein Fehler auftritt.

Der Parameter **IOSTAT=** Variable
übergibt in einer INTEGER-Variablen eine Kennzahl. Bei fehlerfreier Übertragung hat sie den Wert Null; sonst einen Wert ungleich Null, dessen Bedeutung
vom Betriebssystem abhängig ist.

7.4 Die Arbeit mit zeilenorientierten Dateien

Die Eingabe über die Konsole hat zuweilen den Nachteil, daß die Daten bei
jedem Testlauf des Programms erneut eingegeben werden müssen. Zu der Zeit,
als die Daten noch mit Lochkarten eingegeben wurden, konnte das Kartenpaket
mit Testdaten bei jedem Programmlauf wiederverwendet werden. Desgleichen
war es möglich, die Testdaten durch ein Programm zu erstellen und auf Lochkarten ausstanzen zu lassen, die dann zur Dateneingabe verwendet wurden.
Auch bei der Datenausgabe kann es zuweilen nützlich sein, die Ergebnisse in
einer Datei zu speichern, die z.B. mehrmals ausgedruckt werden kann.

Eine zeilenorientierte Eingabedatei wird mit Hilfe des Editors erstellt. Sie
enthält die Daten in der Anordnung, in der sie sonst über die Konsole eingegeben wurden. Eine Ausgabedatei enthält Ausgabezeilen mit Ergebnissen, die
sonst auf dem Bildschirm ausgegeben wurden. Sie kann mit Hilfe des Editors
oder einer anderen Betriebssystemfunktion auf dem Bildschirm oder Drucker
ausgegeben werden. **Bild 7-8** zeigt ein Testprogramm, das mit zeilenorientierten Datendateien anstelle der Konsole arbeitet.

Die Eingabedaten kommen aus der Datei namens EIN.DAT, die in der READ-
Anweisung unter der Nummer 10 angesprochen wird. Die Ausgabedaten werden
in die Datei AUS.DAT geschrieben, die mit der OPEN-Anweisung die Nummer
20 erhält. Sowohl die Eingabe als auch die Ausgabe werden mit Hilfe von
Formaten durchgeführt. Auf der Konsole erscheinen Nachrichten, wenn das
Programm gestartet und beendet wird. Die Eingabedatei EIN.DAT wurde mit
dem Editor aufgebaut und zur Kontrolle mit dem TYPE-Kommando des Betriebssystems ausgegeben. Die Ausgabedatei AUS.DAT wurde ebenfalls ausgedruckt.

Anstelle der im Beispiel gewählten formatgesteuerten Ein/Ausgabe kann auch
die listengesteuerte Ein/Ausgabe ohne Formate verwendet werden. Unter dem
Betriebssystem MS-DOS ist es sogar möglich, im Programm mit einem * die
Konsole als Ein/Ausgabegerät anzugeben; beim Start des Programms jedoch von
der Konsole auf Datendateien umzusteuern.

```
C BILD 7-8 TESTPROGRAMM ZEILENORIENTIERTE DATENDATEI
        OPEN(10,FILE='EIN.DAT')
        OPEN(20,FILE='AUS.DAT')
        WRITE(*,*)' START DES PROGRAMMS'
10      READ(10,100,END=20) X , Y , Z
100     FORMAT(3F10.3)
        SUM = X + Y + Z
        WRITE(20,200)X,Y,Z,SUM
200     FORMAT(1X,4F10.4)
        GOTO 10
20      CLOSE(10)
        CLOSE(20)
        WRITE(*,*)' ENDE DES PROGRAMMS'
        STOP
        END

B>TYPE EIN.DAT
1.0        2.0        3.0
10.0       20.0       30.0
100.       200.       300.
1000.      2000.      3000.

B>TEST
 START DES PROGRAMMS
 ENDE DES PROGRAMMS
Stop - Program terminated.

B>TYPE AUS.DAT
      1.0000     2.0000     3.0000     6.0000
     10.0000    20.0000    30.0000    60.0000
    100.0000   200.0000   300.0000   600.0000
   1000.0000  2000.0000  3000.0000  6000.0000
```

Bild 7-8: Programmbeispiel für zeilenorientierte Datendateien

```
Programmname  <  Eingabedatei  >  Ausgabedatei
```

Die folgenden Beispiele starten ein Programm namens TEST und ordnen anstelle der im Programm mit einem * vereinbarten Konsole Datendateien zu.

```
TEST <  EIN.DAT      Eingabedatei ist EIN.DAT
TEST >  AUS.DAT      Ausgabe auf neuer Datei AUS.DAT
TEST >> AUS.DAT      Ausgabe wird an Datei AUS.DAT angehängt
```

Je nach Betriebssystem gibt es weitere Möglichkeiten, die Eingabe bzw. Ausgabe auf bestimmte Geräte wie z.B. Drucker, Plotter (Zeichengeräte) oder serielle Schnittstellen umzusteuern.

Die in diesem Abschnitt beschriebenen zeilenorientierten Datendateien werden sequentiell (fortlaufend) verarbeitet. Eingabedaten können nur gelesen, Ausgabedaten können nur geschrieben werden; ein Zugriff auf bereits verarbeitete Datensätze ist nicht vorgesehen. Diese Betriebsart entspricht der Eingabe von Lochkarten bzw. der Ausgabe auf dem Drucker oder Lochkartenstanzer.

7.5 Die Arbeit mit sequentiellen Datendateien (Banddateien)

Für die Verarbeitung großer Datenmengen wie z.B. einer Einwohnerdatei wurden früher Magnetbandgeräte verwendet. Wie bei einem Kassettenrecorder läuft ein Magnetband an einem feststehenden Schreib/Lesekopf vorbei. Anstelle von Tonschwingungen werden jedoch binäre Daten gespeichert. Die Datensätze liegen hintereinander auf dem Band.

Datei- Anfang	1. Satz Daten	2. Satz Daten	3. Satz Daten	....	n. Satz Daten	Ende- Marke

Am Anfang einer Banddatei befindet sich ein Datei-Anfangs-Satz, der z.B. den Namen der Datei enthält. Dann folgen beliebig viele Datensätze. Am Ende der Datei steht eine Ende-Marke. Ein Magnetband kann mehrere Dateien enthalten. Im Gegensatz zu Lochkartendateien lassen sich Bänder vor- und zurückspulen und sowohl lesen als auch beschreiben. Magnetbandgeräte werden heute nur noch zur Datensicherung verwendet; die Organisationsform einer Banddatei wird bei Magnetplatten und Disketten als sequentieller Datenzugriff bezeichnet. Entsprechend der Arbeitsweise eines Bandgerätes gibt es die FORTRAN-Anweisungen:

> **REWIND** Dateinummer
>
> **BACK SPACE** Dateinummer
>
> **END FILE** Dateinummer

Die REWIND-Anweisung setzt die sequentielle Datei auf den Anfang zurück. Damit kann der erste Datensatz gelesen oder geschrieben werden. Nach der Eröffnung einer Datei mit OPEN steht die Datei automatisch am Anfang.

Jeder READ-Befehl liest den gerade am Lesekopf anliegenden Datensatz und überträgt ihn in den Arbeitsspeicher. Dabei rückt die Datei um einen Satz weiter. Jeder WRITE-Befehl schreibt die Daten eines Datensatzes vom Arbeitsspeicher auf die Datei. Dabei rückt die Datei um einen Satz weiter. Die Anweisung BACK SPACE setzt die Datei um einen Satz zurück, so daß der zuletzt verarbeitete Satz erneut zur Verfügung steht.

Mit der Anweisung END FILE wird eine Endemarke auf die Datei geschrieben. Die READ- und WRITE-Anweisungen enthalten im Parameter END= eine Anweisungsnummer, zu der beim Erkennen der End-File-Marke verzweigt wird. Will man die Datei am Ende durch neue Datensätze erweitern, so kann die sequentielle Datei durch die Anweisung BACK SPACE vor die Endemarke positioniert werden; der nachfolgende WRITE-Befehl überschreibt dann die Endemarke durch einen neuen Datensatz.

Das folgende Beispiel liest Werte von der Konsole und bringt sie in aufeinander folgenden Sätzen auf eine sequentielle Datei. Nach dem Ende der Eingabe wird die sequentielle Datei auf den Anfang gesetzt, gelesen und auf der Konsole wieder ausgegeben.

```
C SEQUENTIELLE DATEI          B7-SEQU
        OPEN(10,FILE='TEST',STATUS='NEW',
      1 ACCESS='SEQUENTIAL',FORM='UNFORMATTED')
10      READ(*,*,END=20) WERT
        WRITE(10) WERT
        GOTO 10
20      END FILE 10
        REWIND 10
30      READ(10,END=40) WERT
        WRITE(*,*) WERT
        GOTO 30
40      CLOSE (10,STATUS='DELETE')
        STOP
        END

B>TEST
1
2
3
4
5
6
7
89
^Z
            1.0000000
            2.0000000
            3.0000000
            4.0000000
            5.0000000
            6.0000000
            7.0000000
           89.0000000
Stop - Program terminated.
```

Als Anwendungsbeispiel einer Datendatei mit sequentiellem Zugriff betrachten wir ein Literaturverzeichnis. Ein Datensatz besteht aus einem Kennwort (12 Bytes) und einem Text mit Literaturangaben (79 Bytes). Ein Beispiel für einen Datensatz ist das Kennwort "FORTRAN" mit dem Text "SCHMITT, FORTRAN-KURS, OLDENBOURG", der dieses Buch als Literaturstelle beschreibt. Die Datei enthält beliebig viele Datensätze; am Ende steht eine Endemarke (END FILE).

```
C BILD 7-9  AUFBAU EINER SEQUENTIELLEN DATEI
       CHARACTER KENN*12,TEXT*79
       OPEN (10,FILE='LITVER.DAT',STATUS='NEW',
     1 ACCESS='SEQUENTIAL',FORM='UNFORMATTED')
       REWIND 10
       NSATZ = 0
       WRITE(*,*)' LITERATUR-VERZEICHNIS'
10     WRITE(*,100)
100    FORMAT(/1X,'KENNWORT >'\)
       READ(*,200,END=20) KENN
200    FORMAT(A)
       WRITE(*,300)
300    FORMAT(' TEXT >'\)
       READ(*,200,END=20) TEXT
       WRITE(10) KENN,TEXT
       NSATZ = NSATZ + 1
       GOTO 10
20     END FILE 10
       CLOSE (10)
       WRITE(*,400) NSATZ
400    FORMAT(/1X,I4,' SAETZE AUFGEBAUT')
       STOP
       END

B>B7-9
 LITERATUR-VERZEICHNIS

KENNWORT >FORTRAN
TEXT >SCHMITT, FORTRAN-KURS, OLDENBOURG

KENNWORT >FORTRAN
TEXT >IBM, FORTRAN COMPILER VERSION 2.00

KENNWORT >FORTRAN
TEXT >SPERRY UNIVAC, FORTRANLßGEMEINE BESCHREIBUNG

KENNWORT >FORTRAN
TEXT >SPERRY UNIVAC, FORTRAN (ASCII) LEVEL 10R1

KENNWORT >ASSEMBLER
TEXT >SCHMITT, MASCHINENORIENTIERTE PROGRAMMIERUNG, OLDENBOURG

KENNWORT >^Z

    5 SAETZE AUFGEBAUT
Stop - Program terminated.
```

Bild 7-9: Aufbau einer sequentiellen Datei

Das in **Bild 7-9** dargestellte Programm baut die Datei auf. Die OPEN-Anweisung errichtet die Datei (NEW) mit dem Betriebssystemnamen LITVER.DAT. Sie wird fortlaufend (SEQUENTIAL) adressiert und ist unformatiert (UNFORMATTED). In einer Leseschleife werden Kennwörter und Literaturstellen von der Konsole gelesen und auf die Datei übertragen. Das Ende der Datei erhält eine END-FILE-Marke.

```
C BILD 7-10 AUSGABE EINER SEQUENTIELLEN DATEI
       CHARACTER KENN*12,TEXT*79
       OPEN (10,FILE='LITVER.DAT',STATUS='OLD',
     1 ACCESS='SEQUENTIAL',FORM='UNFORMATTED')
       WRITE(*,100)
100    FORMAT(' AUSGABE DER DATEI LITVER.DAT')
       REWIND 10
       NS = 1
10     READ(10,END=20) KENN , TEXT
       WRITE(*,200) NS , KENN , TEXT
200    FORMAT(/1X,I3,'.SATZ:'/1X,A/1X,A)
       NS = NS + 1
       GOTO 10
20     CLOSE (10)
       STOP
       END


B>B7-10
AUSGABE DER DATEI LITVER.DAT

  1.SATZ:
FORTRAN
SCHMITT, FORTRAN-KURS, OLDENBOURG

  2.SATZ:
FORTRAN
IBM, FORTRAN COMPILER VERSION 2.00

  3.SATZ:
FORTRAN
SPERRY UNIVAC, FORTRAN ALLGEMEINE BESCHREIBUNG

  4.SATZ:
FORTRAN
SPERRY UNIVAC, FORTRAN (ASCII) LEVEL 10R1

  5.SATZ:
ASSEMBLER
SCHMITT, MASCHINENORIENTIERTE PROGRAMMIERUNG, OLDENBOURG
Stop - Program terminated.
```

Bild 7-10: Ausgabe einer sequentiellen Datei

Die Datei wird binär (UMFORMATTED) gespeichert. Das in **Bild 7-10** dargestellte Programm gibt alle Sätze für Kontrollzwecke auf der Konsole aus. Damit ist es möglich, sich z.B. nach Änderungen einen Überblick über den Inhalt der Datei zu verschaffen. Die Leseschleife liest Satz für Satz und überträgt ihn auf die Konsole. Sie wird beim Erreichen der END-FILE-Marke der Datei beendet.

```
C BILD 7-11 DURCHSUCHEN EINER SEQUENTIELLEN DATEI
          CHARACTER KENN*12,TEXT*79,SUCH*12
          OPEN (10,FILE='LITVER.DAT',STATUS='OLD',
        1 ACCESS='SEQUENTIAL',FORM='UNFORMATTED')
          WRITE(*,*)' LITVER.DAT NACH KENNWOERTERN DURCHSUCHEN'
10        WRITE(*,100)
100       FORMAT(/1X,'KENNWORT >'\)
          READ(*,200,END=40) SUCH
200       FORMAT(A)
          REWIND 10
20        READ(10,END=30) KENN , TEXT
          IF (KENN.NE.SUCH) GOTO 20
          WRITE(*,300) KENN , TEXT
300       FORMAT(/1X,A/1X,A)
          GOTO 20
30        WRITE(*,400)
400       FORMAT(/1X,' ****** ENDE DER DATEI ******'/)
          GOTO 10
40        CLOSE (10)
          STOP
          END


B>B7-11
 LITVER.DAT NACH KENNWOERTERN DURCHSUCHEN

KENNWORT >ASSEMBLER

ASSEMBLER
SCHMITT, MASCHINENORIENTIERTE PROGRAMMIERUNG, OLDENBOURG

 ****** ENDE DER DATEI ******


KENNWORT >FORTRAN

FORTRAN
SCHMITT, FORTRAN-KURS, OLDENBOURG

FORTRAN
IBM, FORTRAN COMPILER VERSION 2.00

FORTRAN
SPERRY UNIVAC, FORTRAN ALLGEMEINE BESCHREIBUNG

FORTRAN
SPERRY UNIVAC, FORTRAN (ASCII) LEVEL 10R1

 ****** ENDE DER DATEI ******
```

Bild 7-11: Durchsuchen einer sequentiellen Datei

Das in **Bild 7-11** dargestellte Programm wertet die Datei aus. Die ersten 12 Bytes eines Datensatzes bestehen aus einem Kennwort; in dem Beispiel sind es Namen von Programmiersprachen. Der Benutzer gibt über die Konsole ein Kennwort ein, nach dem alle Datensätze der Datei durchsucht und bei Übereinstimmung ausgegeben werden. Ist das Kennwort nicht vorhanden, so erscheint nur die Meldung "Ende der Datei". Bei jedem Kennwort wird die Datei von Anfang bis Ende durchsucht.

```
C BILD 7-12  ERWEITERUNG EINER SEQUENTIELLEN DATEI
        CHARACTER KENN*12,TEXT*79
        OPEN (10,FILE='LITVER.DAT',STATUS='OLD',
     1  ACCESS='SEQUENTIAL',FORM='UNFORMATTED')
        WRITE(*,*) ' LITVER.DAT ERWEITERN'
C POSITIONIEREN AUF DAS ENDE DER DATEI
        NS = O
10      READ(10,END=20) KENN , TEXT
        NS = NS + 1
        GOTO 10
20      BACKSPACE 10
C NEUE SAETZE LESEN UND ANHAENGEN
        NEU = O
        WRITE(*,*)NS,' SAETZE VORHANDEN  NEUE EINGEBEN:'
30      WRITE(*,100)
100     FORMAT(/1X,'KENNWORT >'\)
        READ(*,200,END=40) KENN
200     FORMAT(A)
        WRITE(*,300)
300     FORMAT(' TEXT >'\)
        READ(*,200,END=40) TEXT
        WRITE(10) KENN,TEXT
        NEU = NEU + 1
        GOTO 30
40      END FILE 10
        CLOSE (10)
        WRITE(*,*)NEU,' NEUE SAETZE'
        STOP
        END

B>B7-12
 LITVER.DAT ERWEITERN
          5 SAETZE VORHANDEN  NEUE EINGEBEN:

KENNWORT >PASCAL
TEXT >HERSCHEL, PASCAL-PROGRAMMIERUNG, OLDENBOURG

KENNWORT >BASIC
TEXT >BOLLOW, DAS GROSSE BASIC-BUCH, HEIM

KENNWORT >ASSEMBLER
TEXT >SCHMITT, DAS GROSSE ASSEMBLER-BUCH, HEIM

KENNWORT >^Z
          3 NEUE SAETZE
Stop - Program terminated.
```

Bild 7-12: Erweiterung einer sequentiellen Datei

Das in **Bild 7-12** dargestellte Programm erweitert die bestehende Datei um neue Datensätze, die hinten angehängt werden. Dabei wird die Datei zunächst auf das Ende positioniert. Dann wird die Datei mit einer Anweisung BACK SPACE um einen Satz zurückgesetzt. Daher wird die alte END-FILE-Marke durch die erste WRITE-Anweisung überschrieben. Nach dem Ende der Eingabe wird eine neue END-FILE-Marke gesetzt.

Die Änderung einer sequentiellen Datei bereitet gewisse Schwierigkeiten. Neue Sätze lassen sich nur an das Ende anhängen, nicht aber innerhalb der Datei einfügen. Nicht mehr benötigte Sätze lassen sich nicht entfernen, sondern werden meist durch eine besondere Marke für ungültig erklärt. **Bild 7-13** zeigt ein Beispiel für die Neuorganisation einer sequentiellen Datei.

```
C BILD 7-13   AENDERUNG EINER SEQUENTIELLEN DATEI
         CHARACTER KENN*12,TEXT*79,ANT*1
         OPEN (10,FILE='LITVER.DAT',STATUS='OLD',
     1   ACCESS='SEQUENTIAL',FORM='UNFORMATTED')
         OPEN (20,FILE='HILF',STATUS='NEW',
     1   ACCESS='SEQUENTIAL',FORM='UNFORMATTED')
C KOPIEREN DER ALTEN DATEI NACH HILFSDATEI
10       READ(10,END=20) KENN , TEXT
         WRITE(20) KENN , TEXT
         NS = NS + 1
         GOTO 10
20       REWIND 10
         END FILE 20
         REWIND 20
         WRITE(*,100) NS
100      FORMAT(1X,'LITVER.DAT AENDERN',I4,' SAETZE VORHANDEN'/)
         NS = 0
C DATEI MIT AENDERUNGEN NEU BESCHREIBEN
30       READ(20,END=50) KENN , TEXT
         NS = NS + 1
         WRITE(*,200) NS , KENN , TEXT
200      FORMAT(/1X,I4,'.SATZ KENNWORT:',A/1X,A//
     1   1X,'LOESCHEN/AENDERN/KOPIEREN  L/A/K >'\)
         READ(*,300) ANT
300      FORMAT(A)
         IF (ANT.EQ.'L') GOTO 30
         IF (ANT.NE.'A') GOTO 40
C AENDERUNGEN VON DER KONSOLE EINLESEN
         WRITE(*,400)
400      FORMAT(/1X,'NEUES KENNWORT >'\)
         READ(*,300) KENN
         WRITE(*,500)
500      FORMAT(1X,'TEXT >'\)
         READ(*,300) TEXT
C SATZ AUF DIE DATEI SCHREIBEN
40       WRITE(10) KENN , TEXT
         GOTO 30
C DATEIEN SCHLIESSEN
50       END FILE 10
         CLOSE(10,STATUS='KEEP')
         CLOSE(20,STATUS='DELETE')
         WRITE(*,*) ' ENDE DER AENDERUNG'
         STOP
         END


B>B7-13
LITVER.DAT AENDERN   8 SAETZE VORHANDEN


   1.SATZ KENNWORT:FORTRAN
SCHMITT, FORTRAN-KURS, OLDENBOURG

LOESCHEN/AENDERN/KOPIEREN  L/A/K >A

NEUES KENNWORT >FORTRAN
TEXT >SCHMITT, FORTRANKURS, OLDENBOURG 4.AUFLAGE

   2.SATZ KENNWORT:FORTRAN
IBM, FORTRAN COMPILER VERSION 2.00

LOESCHEN/AENDERN/KOPIEREN  L/A/K >

   3.SATZ KENNWORT:FORTRAN
SPERRY UNIVAC, FORTRAN ALLGEMEINE BESCHREIBUNG
```

Bild 7-13: Änderung einer sequentiellen Datei

Die bestehende Datei wird zunächst in eine Hilfsdatei (SCRATCH) kopiert und dann neu beschrieben. Der Benutzer entscheidet für jeden Satz im Dialog am Bildschirm, ob der Satz gelöscht, also nicht übertragen, geändert oder unverändert kopiert werden soll. Bei großen Dateien wird eine Änderungsdatei aufgebaut, mit deren Hilfe die bestehende Datei (Stammdatei) geändert wird.

7.6 Die Arbeit mit Datendateien im direkten Zugriff

Magnetplattenspeicher und Diskettenlaufwerke (Floppy-Disk-Laufwerke) bestehen aus einer rotierenden Scheibe mit einer magnetisierbaren Oberfläche und einem beweglichen Schreib/Lesekopf, der sich auf jede Stelle der Oberfläche positionieren läßt. Jeder Datensatz erhält eine Nummer, unter der er gelesen und beschrieben wird. Die Positionierung des Kopfes übernimmt das Betriebssystem. **Bild 7-14** zeigt den Aufbau eines Platten- bzw. Diskettenspeichers.

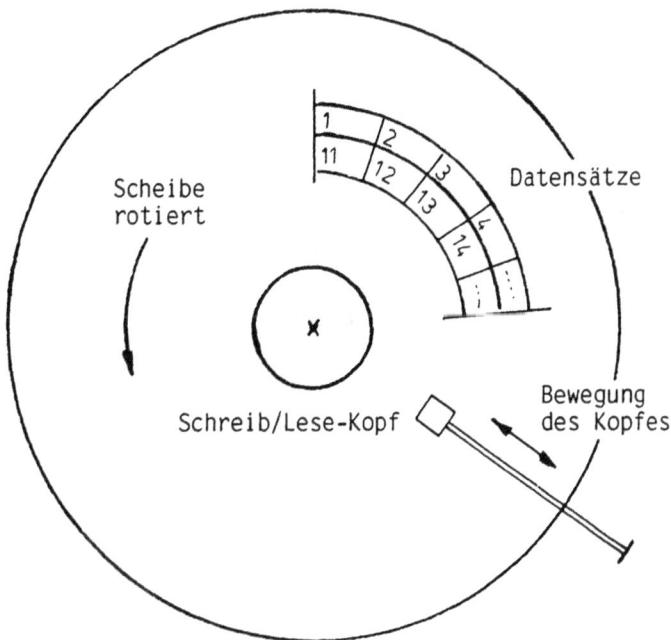

Bild 7-14: Aufbau eines Platten- oder Diskettenspeichers

Der Zugriff zu den Datensätzen einer Direktzugriffsdatei erfolgt durch die Angabe einer Satznummer von 1 bis zu einem bestimmten Endwert. Beim Aufbau einer neuen Datei sollten zuerst alle Datensätze beschrieben werden, um die Größe der Datei festzulegen. Bei der nachfolgenden Adressierung der Datensätze ist darauf zu achten, daß die Satznummer innerhalb dieses Bereiches bleibt.

```
C DIREKT-ZUGRIFFS-DATEI         B7-DIRE
        OPEN (10,FILE='TEST',STATUS='NEW',
     1  ACCESS='DIRECT',FORM='UNFORMATTED',RECL=4)
        ISEK = 0
10      READ(*,*) WERT
        IF (WERT.EQ.0.0) GOTO 20
        ISEK = ISEK + 1
        WRITE(10,REC=ISEK) WERT
        GOTO 10
20      WRITE(*,*)' SATZ-NR:'
        READ(*,*,END=30) NSAT
        IF(NSAT.LT.1 .OR. NSAT.GT.ISEK) GOTO 20
        READ(10,REC=NSAT) WERT
        WRITE(*,*)' SATZ:',NSAT,' WERT:',WERT
        GOTO 20
30      CLOSE (10,STATUS='DELETE')
        STOP
        END

B>TEST
10
20
30
40
50
60
70
80
90
100
0
 SATZ-NR:
6
 SATZ:          6 WERT:         60.0000000
 SATZ-NR:
8
 SATZ:          8 WERT:         80.0000000
 SATZ-NR:
1
 SATZ:          1 WERT:         10.0000000
 SATZ-NR:
0
 SATZ-NR:
3
 SATZ:          3 WERT:         30.0000000
 SATZ-NR:
^Z
Stop - Program terminated.
```

Das folgende Beispiel zeigt die Arbeit mit einer Datei im direkten Zugriff. Es werden nacheinander Werte gelesen und auf die Datei übertragen. Die Zählvariable ISEK enthält dabei die Satznummer. Die Datei wird fortlaufend wie eine sequentielle Datei beschrieben. Der Wert Null bricht die Eingabeschleife ab. In der darauffolgenden Schleife werden Satz-Nummern gelesen und zur Adressierung der Datensätze verwendet. Die Sätze können in beliebiger Reihenfolge gelesen und ausgegeben werden. Die Datei wird im direkten Datenzugriff gelesen. Dabei muß sichergestellt werden, daß nur Sätze gelesen werden, die vorher auch beschrieben wurden.

```
C BILD 7-15  AUFBAU EINER DIREKT-ZUGRIFFS-DATEI
         CHARACTER TYP*8
         NS = 1000
         OPEN (10,FILE='LAGER.DAT',STATUS='NEW',
     1   ACCESS ='DIRECT',FORM='UNFORMATTED',RECL=12)
         LBEST=0
         TYP='        '
         DO 10 I = 1,NS
            WRITE(10,REC=I) TYP,LBEST
10       CONTINUE
         WRITE(*,100)
100      FORMAT(/1X,'SATZNUMMER  TYP  UND BESTAND EINGEBEN')
20       WRITE(*,200)
200      FORMAT(/1X,'SATZNUMMER >'\)
         READ(*,*,END=30) NR
         IF(NR.LT.1 .OR. NR.GT.NS) GOTO 20
         WRITE(*,300)
300      FORMAT(1X,'TYP >'\)
         READ(*,400, END=30) TYP
400      FORMAT(A)
         WRITE(*,500)
500      FORMAT(1X,'BESTAND >'\)
         READ(*,*,END=30) LBEST
         WRITE(10,REC=NR) TYP , LBEST
         GOTO 20
30       CLOSE (10)
         STOP
         END

B>B7-15

SATZNUMMER  TYP  UND BESTAND EINGEBEN

SATZNUMMER >1
TYP >7401
BESTAND >1

SATZNUMMER >10
TYP >7410
BESTAND >10

SATZNUMMER >100
TYP >74100
BESTAND >100
```

Bild 7-15: Aufbau einer Direktzugriffsdatei

Als Anwendungsbeispiel für eine Direktzugriffsdatei betrachten wir eine Lager-liste bestehend aus 1000 Datensätzen mit den Satznummern von 1 bis 1000. Jeder Datensatz enthält in 8 Bytes den Typ eines Bauteils und in 4 Bytes den Lagerbestand. Das Programmbeispiel **Bild 7-15** eröffnet die Datei LAGER.DAT als unformatierte Direktzugriffsdatei mit der Satzlänge von 12 Bytes.

In einer Schleife werden zunächst alle 1000 Datensätze mit Leerzeichen für den Typ und dem Wert Null für den Lagerbestand beschrieben. Durch die DO-Schleife werden wie bei einer sequentiellen Datei alle Sätze nacheinander adressiert. Dann werden im Dialog über die Konsole bestimmte Datensätze, deren Satznummer einzugeben ist, mit einem Bauteiltyp und einem Lagerbe-stand beschrieben. Dabei wird nicht geprüft, ob der Satz bereits belegt ist. Die Auswahl (Adressierung) der Sätze geschieht durch die Satznummer. Das

```
C BILD 7-16  AUSGABE EINER DIREKTZUGRIFFSDATEI
        CHARACTER TYP*8
        NS = 1000
        OPEN (10,FILE='LAGER.DAT',STATUS ='OLD',
      1 ACCESS='DIRECT',FORM='UNFORMATTED',RECL=12)
        WRITE(*,100)
100     FORMAT(/1X,'DATEI LAGER.DAT AUSGABE NICHTLEERER SAETZE'/)
        NSATZ = 0
        DO 10 I = 1,NS
           READ(10,REC=I) TYP , LBEST
           IF (TYP.NE.' ') THEN
              WRITE(*,200) I , TYP , LBEST
200           FORMAT(1X,'NR:',I4,' TYP:',A,' BESTAND:',I8)
              NSATZ = NSATZ + 1
           END IF
10      CONTINUE
        WRITE(*,300) NSATZ
300     FORMAT(/1X,I4,' NICHTLEERE SAETZE'/)
        CLOSE (10)
        STOP
        END

B>B7-16

DATEI LAGER.DAT AUSGABE NICHTLEERER SAETZE

NR:    1 TYP:7401     BESTAND:       1
NR:   10 TYP:7410     BESTAND:      10
NR:  100 TYP:74100    BESTAND:     100
NR:1000 TYP:741000    BESTAND:    1000

   4 NICHTLEERE SAETZE

Stop - Program terminated.
```

Bild 7-16: Ausgabe einer Direktzugriffsdatei

Programmbeispiel **Bild 7-16** gibt zur Kontrolle alle nicht leeren Sätze auf der Konsole aus. Diese Liste zeigt den Zusammenhang zwischen der Satzadresse und dem Bausteintyp und gibt an, welche Satznummern belegt sind.

Für die Adressierung der Datensätze gibt es zwei Verfahren. Ist die Satznummer bekannt, so kann man ohne zu suchen direkt auf den Datensatz zugreifen. Ist nur der Typ des Bauteils bekannt, so muß die Datei wie eine sequentielle Datei von Anfang an durchsucht werden. **Bild 7-17** zeigt den Direktzugriff über die Satznummer.

Das Programm dient dazu, den Lagerbestand auf den neuesten Stand zu bringen. Leere Sätze können nicht verändert werden. Das Programm erlaubt die Eingabe eines neuen Wertes (=) sowie die Erhöhung (+) und die Verminderung (-) des bestehenden Wertes. Wird keines der drei Zeichen eingegeben, so bleibt der Bestand erhalten. **Bild 7-18** zeigt das Durchsuchen der Datei, wenn nur der Bauteiltyp bekannt ist.

```
C BILD 7-17  AENDERUNG EINER DIREKTZUGRIFFSDATEI
        CHARACTER TYP*8, ANT*1
        NS = 1000
        OPEN (10,FILE='LAGER.DAT',STATUS='OLD',
     1  ACCESS='DIRECT',FORM='UNFORMATTED',RECL=12)
        WRITE(*,100) NS
100     FORMAT(/1X,'LAGER.DAT SATZNUMMER VON 1 BIS',I4)
C LESEN DER SATZNUMMERN VON DER KONSOLE
10      WRITE(*,200)
200     FORMAT(/1X,'SATZNUMMER >'\)
        READ(*,*,END=20) NR
        IF(NR.LT.1 .OR. NR.GT.NS) THEN
           WRITE(*,*)' NUMMER AUSSERHALB DES BEREICHES'
        ELSE
           READ(10,REC=NR) TYP , LBEST
           IF (TYP.EQ.' ') THEN
              WRITE(*,*) ' SATZ LEER'
           ELSE
              WRITE(*,300) NR , TYP , LBEST
300           FORMAT(1X,'NR:',I4,' TYP:',A,' BESTAND:',I8/
     1        1X,'NEU(=)/ZUGANG(+)/ABGANG(-)  =/+/- >'\)
              READ(*,400) ANT,NBEST
400           FORMAT(A,I8)
              IF(ANT.EQ.'=') LBEST = NBEST
              IF(ANT.EQ.'+') LBEST = LBEST + NBEST
              IF(ANT.EQ.'-') LBEST = LBEST - NBEST
              WRITE(10,REC=NR) TYP , LBEST
              WRITE(*,*) ' NEUER BESTAND:', LBEST
           END IF
        END IF
        GOTO 10
20      CLOSE (10)
        STOP
        END

B>B7-17

LAGER.DAT SATZNUMMER VON 1 BIS1000

SATZNUMMER >1
NR:    1 TYP:7401    BESTAND:        1
NEU(=)/ZUGANG(+)/ABGANG(-)  =/+/- >+1
 NEUER BESTAND:          2

SATZNUMMER >2
 SATZ LEER

SATZNUMMER >10
NR:   10 TYP:7410    BESTAND:       10
NEU(=)/ZUGANG(+)/ABGANG(-)  =/+/- >=11
 NEUER BESTAND:         11

SATZNUMMER >1000
NR:1000 TYP:741000   BESTAND:     1000
NEU(=)/ZUGANG(+)/ABGANG(-)  =/+/- >-100
 NEUER BESTAND:        900

SATZNUMMER >^Z
Stop - Program terminated.
```

Bild 7-17: Änderung im direkten Zugriff

```
C BILD 7-18   DURCHSUCHEN EINER DIREKTZUGRIFFSDATEI
         CHARACTER TYP*8,TYPNEU*8,ANT*1
         NS = 1000
         OPEN(10,FILE='LAGER.DAT',STATUS='OLD',
     1   ACCESS='DIRECT',FORM='UNFORMATTED',RECL=12)
         WRITE(*,100)
100      FORMAT(/1X,'LAGER.DAT NACH BAUTEILEN DURCHSUCHEN')
10       WRITE(*,200)
200      FORMAT(/1X,'TYP >'\)
         READ(*,300,END=50) TYPNEU
300      FORMAT(A)
         NTYP = 0
         DO 20 I = 1,NS
            READ(10,REC=I) TYP,LBEST
            IF (TYP.EQ.TYPNEU) THEN
               WRITE(*,400) I , TYP , LBEST
400            FORMAT(/1X,'NR=',I5,' TYP:',A,' BESTAND=',I10)
               NTYP = NTYP + 1
               WRITE(*,500)
500            FORMAT(/1X,'TYP AENDERN ? J/N >'\)
               READ(*,300) ANT
               IF (ANT.EQ.'J') THEN
                  WRITE(*,200)
                  READ(*,300) TYPNEU
                  WRITE(*,600)
600               FORMAT(1X,'BESTAND >'\)
                  READ(*,*) LBEST
                  WRITE(10,REC=I) TYPNEU,LBEST
               END IF
            END IF
20       CONTINUE
         IF (NTYP.EQ.0) THEN
            WRITE(*,700)
700         FORMAT(1X,'TYP NEU AUFNEHMEN ? J/N >'\)
            READ(*,300) ANT
            IF (ANT.EQ.'J') THEN
30             WRITE(*,800)
800            FORMAT(1X,'SATZ-NR >'ö)
               READ(*,*) NR
               IF (NR.LT.1 .OR. NR.GT.NS) GOTO 30
               WRITE(*,600)
               READ(*,*) LBEST
               WRITE(10,REC=NR) TYPNEU , LBEST
            END IF
         END IF
         GOTO 10
50       CLOSE (10)
         STOP
         END

B>B7-18

LAGER.DAT NACH BAUTEILEN DURCHSUCHEN

TYP >7410

NR=   10 TYP:7410     BESTAND=          11

TYP AENDERN ? J/N >N

TYP >7416
```

Bild 7-18: Änderung durch Suchen

Nach Eingabe des Typs wird die Datei beginnend mit dem ersten Satz fortlaufend durchsucht. Für den Fall, daß ein Bauteil mehrfach in der Datei enthalten ist, wird die Suche auch nach dem Auffinden des Typs bis zum Ende der Datei fortgesetzt. Wird das Bauteil gefunden, so können sowohl der Typ als auch der Bestand verändert werden. Wird es nicht gefunden, so kann es in die Datei aufgenommen werden. Dabei prüft das Programm nicht, ob der Satz bereits belegt ist.

Die beiden Programme Bild 7-17 und Bild 7-18 zeigten bei Testläufen an einem Arbeitsplatzrechner deutliche Unterschiede in der Zugriffszeit besonders auf Datensätze am Ende der Datei. Bei einigen Betriebssystemen besteht die Möglichkeit, Teile des Arbeitsspeichers als Diskette zu benutzen (RAM-Disk oder virtuelle Diskette). Mit Hilfe des Betriebssystems wird die Datendatei in einen besonders definierten Speicherbereich kopiert und dort mit den gleichen Befehlen wie für echte externe Dateien im sequentiellen oder direkten Zugriff bearbeitet. Da die mechanischen Einstellzeiten für den Schreib/Lesekopf und die Wartezeiten für die Bewegung der Magnetscheibe entfallen, laufen die Programme wesentlich schneller ab. Bild 7-20 zeigt die Möglichkeit, die Datei in ein Feld zu kopieren und damit ebenfalls im Arbeitsspeicher zu verarbeiten.

7.7 Die Arbeit mit internen Dateien im Arbeitsspeicher

```
C BILD 7-19  PROGRAMMBEISPIEL INTERNE DATEI IM ARBEITSSPEICHER
        CHARACTER ZEILE*80
10      WRITE(*,*) 'ZEILE MIT (I3,F10.3) EINGEBEN'
        READ(*,100,END=20) ZEILE
100     FORMAT(A)
        READ(ZEILE,200)I,X
200     FORMAT(I3,F10.3)
        WRITE(*,*) I , X
        GOTO 10
20      STOP
        END

B>TEST
ZEILE MIT (I3,F10.3) EINGEBEN
1    1.0
        100           1.0000000
ZEILE MIT (I3,F10.3) EINGEBEN
  1    2.0
         10           2.0000000
ZEILE MIT (I3,F10.3) EINGEBEN
   1      1.5
          1           1.5000000
ZEILE MIT (I3,F10.3) EINGEBEN
^Z
Stop - Program terminated.
```

Bild 7-19: Programmbeispiel für eine "interne" Datei

Für besondere Aufgaben der Textverarbeitung ist es möglich, die Daten nicht von einer Datei, sondern aus einer Zeichenvariablen (Typ CHARACTER) des Arbeitsspeichers zu lesen bzw. nicht in eine Datei, sondern in eine Zeichenvariable zu schreiben. Die READ- bzw. WRITE-Anweisung erhält anstelle einer Dateinummer den Namen einer Textvariablen. Diese "internen" Dateien können nur sequentiell und formatiert wie z.B. die Konsole oder eine zeilenorientierte Datei behandelt werden. **Bild 7-19** zeigt als Beispiel die "interne" Datei ZEILE, die aus 80 Zeichen besteht. Sie wird zunächst als Textvariable über die Konsole eingegeben. In der folgenden READ-Anweisung erscheint sie anstelle einer Dateinummer als "interne" Datei und wird im Format (I3,F10.3) in Zahlen umgewandelt. Auf diese Art und Weise ist es möglich, Eingaben von der Konsole mit verschiedenen Formaten auszuwerten oder vor der Umwandlung besondere Kontrollen durchzuführen.

Die Programmbeispiele Bild 7-17 und Bild 7-18 haben gezeigt, daß besonders bei sequentiellem Zugriff erhebliche Verarbeitungszeiten auftreten können.
Bild 7-20 zeigt die Möglichkeit, eine Datei zunächst in ein Feld zu lesen und dann im Arbeitsspeicher zu durchsuchen. Da in FORTRAN ein Feld nur aus Größen eines Typs bestehen darf, mußte je ein Feld für die Bauteilbezeichnungen und für die Lagermengen dimensioniert werden. Im Gegensatz zum Suchprogramm Bild 7-18 werden nur Bauteile gesucht. Sollten auch Änderungen durchgeführt werden, so müßten die Felder anschließend wieder auf die Direktzugriffsdatei zurückgeschrieben werden. Bei einem Testlauf mit einem Arbeitsplatzrechner traten keine merkbaren Verarbeitungszeiten mehr auf.

```
C BILD 7-20 DATEI IM ARBEITSSPEICHER DURCHSUCHEN
        CHARACTER TYP*8
        CHARACTER*8 DATEI(1000)
        DIMENSION LBEST(1000)
        NS = 1000
        OPEN(10,FILE='LAGER.DAT',STATUS='OLD',
     1  ACCESS='DIRECT',FORM='UNFORMATTED',RECL=12)
        WRITE(*,100)
100     FORMAT(/1X,'DATEI LAGER.DAT SUCHEN VON BAUTEILEN')
C DATEI IN DEN ARBEITSSPEICHER KOPIEREN
        DO 10 I = 1,NS
        READ(10,REC=I) DATEI(I) , LBEST(I)
10      CONTINUE
C DATEI IM ARBEITSSPEICHER DURCHSUCHEN
20      WRITE(*,200)
200     FORMAT(/1X,'TYP > '\)
        READ(*,300,END=50) TYP
300     FORMAT(A)
        DO 30 I = 1,NS
        IF (TYP.EQ.DATEI(I)) THEN
        WRITE(*,400) I , TYP , LBEST(I)
400     FORMAT(/1X,'NR=',I5,' TYP:',A,' BESTAND=',I10)
        END IF
30      CONTINUE
        GOTO 20
50      CLOSE (10)
        STOP
        END

B>TEST

DATEI LAGER.DAT SUCHEN VON BAUTEILEN

TYP >7416

NR=   16 TYP:7416    BESTAND=       16
```

Bild 7-20: Durchsuchen einer "Datei" im Arbeitsspeicher

7.8 Übungen zum Abschnitt Ein/Ausgabe von Daten

Der Abschnitt 11 enthält für alle Aufgaben Lösungsvorschläge!

1. Aufgabe:
Es ist das folgende Schaltbild auf der Konsole auszugeben:

```
                    * *
                    * *
                    * *      *******
      []*******  *******          ******[]
                    * *      *******
                    * *
                    * *
```

2. Aufgabe:
Es ist folgende Wurzeltabelle auf der Konsole auszugeben:

```
*****************************************************************
*   X  ! 2.WURZEL ! 3.WURZEL ! 4.WURZEL ! 5.WURZEL *
*****************************************************************
*   1  !  1.0000  !  1.0000  !  1.0000  !  1.0000  *
*   2  !  1.4142  !  1.2599  !  1.1892  !  1.1487  *
*   3  !  1.7321  !  1.4422  !  1.3161  !  1.2457  *
*   4  !  2.0000  !  1.5874  !  1.4142  !  1.3195  *
*   5  !  2.2361  !  1.7100  !  1.4953  !  1.3797  *
*   6  !  2.4495  !  1.8171  !  1.5651  !  1.4310  *
*   7  !  2.6458  !  1.9129  !  1.6266  !  1.4758  *
*   8  !  2.8284  !  2.0000  !  1.6818  !  1.5157  *
*   9  !  3.0000  !  2.0801  !  1.7321  !  1.5518  *
*  10  !  3.1623  !  2.1544  !  1.7783  !  1.5849  *
*****************************************************************
```

3. Aufgabe:
Man speichere die Zahlen von 1 bis 100 in einer sequentiellen Datei und bilde ihre Summe durch Lesen der Datensätze.

4. Aufgabe:
Man speichere die Zahlen von 1 bis 100 in einer Direktzugriffsdatei und bilde ihre Summe durch Lesen der Datensätze.

8 Datentypen

Entsprechend dem Standard FORTRAN 77 gibt es die folgenden Datentypen:

INTEGER für ganze Zahlen,
REAL für reelle Zahlen normaler Genauigkeit,
DOUBLE PRECISION für reelle Zahlen erhöhter Genauigkeit,
COMPLEX für komplexe reelle Zahlen normaler Genauigkeit,
LOGICAL für logische Größen und
CHARACTER für Zeichen (Buchstaben, Ziffern und Sonderzeichen).

Für die Größen (Konstanten und Variablen) jedes Datentyps wird eine bestimmte Anzahl von Bytes im Arbeitsspeicher frei gehalten; sie ist abhängig vom Rechenwerk der betreffenden Anlage. Änderungen der standardmäßigen Werte mit Hilfe der Typvereinbarungen sind nur beschränkt möglich. Näheres erfahren Sie aus den Handbüchern Ihrer Rechenanlage.

8.1 Allgemeines

In einigen mathematisch orientierten Programmiersprachen (ALGOL, PASCAL) ist es notwendig, für **alle** Variablen einen Typ festzulegen. Im Gegensatz dazu kennt FORTRAN die **Namensregel,** die jeder Variablen anhand des ersten Buchstabens automatisch (implizit) den Typ REAL oder INTEGER zuweist.

> **INTEGER:** Anfangsbuchstaben I , J , K , L , M und N
>
> **REAL:** Anfangsbuchstaben A bis H oder O bis Z

Mit der Typvereinbarung IMPLICIT ist es möglich, entgegen der Namensregel bestimmte Buchstaben oder Buchstabenbereiche einem der sechs Datentypen zuzuordnen.

> **IMPLICIT** Typ*s (Buchstabenliste) , ...

Die Listen enthalten Buchstaben oder Bereiche von Buchstaben. Als Typ ist einer der sechs Datentypen zu verwenden. Zusätzlich kann die Speicherlänge **s** in der Einheit Bytes festgelegt werden. Die IMPLICIT-Vereinbarung hebt die Namensregel auf. Beispiele:

```
IMPLICIT INTEGER (A-C) , REAL (I) , LOGICAL (L)
IMPLICIT CHARACTER*80 (Z)
```

Alle Variablen, die mit den Buchstaben A, B und C beginnen, sollen vom Typ INTEGER sein. Alle Variablen mit dem Anfangsbuchstaben I seien REAL, alle mit dem Anfangsbuchstaben L seien vom Typ LOGICAL. Da keine besondere Speicherlänge festgelegt wurde, gelten die standardmäßigen Werte der betreffenden Rechenanlage. Alle Variablen mit dem Anfangsbuchstaben Z enthalten Zeichenketten (Strings) der Länge 80 Bytes (80 Zeichen).

Wird der Name einer Variablen in einer **expliziten** (ausdrücklichen) Typvereinbarung genannt, so werden sowohl die Namensregel als auch eine IMPLICIT-Vereinbarung für den Anfangsbuchstaben aufgehoben.

```
Typ*s Variablenliste
```

Als Typ ist einer der sechs Datentypen zu verwenden. Zusätzlich kann die Speicherlänge **s** in der Einheit Bytes festgelegt werden. Beispiele:

```
REAL I , KAPPA , LAENGE
INTEGER*4 ZA , ZE , ZS
CHARACTER*80 ZEILE
```

Die Variablen I, KAPPA und LAENGE sollen entgegen der Namensregel REAL sein mit der standardmäßigen Länge. Die INTEGER-Variablen ZA, ZE und ZS sollen in der Länge von 4 Bytes angelegt werden. Die Zeichenvariable ZEILE soll aus 80 Zeichen bestehen. Die explizite Typvereinbarung kann gleichzeitig dazu dienen, anstelle einer DIMENSION-Vereinbarung ein Feld zu dimensionieren und Variablen einen konstanten Anfangswert zuzuweisen. Dies kann auch mit Hilfe der DATA-Vereinbarung geschehen.

```
DATA  Variablenliste / Konstantenliste /  , ...
```

In den Listen werden die Variablen bzw. Konstanten durch ein Komma getrennt. Die Elemente müssen in Anzahl und Typ übereinstimmen. Die folgenden Beispiele zeigen die Zuweisung von Anfangswerten zur Übersetzungszeit durch eine Typvereinbarung bzw. eine DATA-Vereinbarung.

```
DATA PI/3.1415927/
DATA A,B,C/1.0,2.0,3.0/
REAL KAPPA /56.0/
```

Bei Feldern wird nur der Name des Feldes angegeben. Die Konstantenliste enthält Anfangswerte.

```
DIMENSION A(4)
DATA A/0. , 0. , 0. , 0./
```

Sind alle Konstanten gleich, so können sie mit einem Wiederholungsfaktor zusammengefaßt werden.

```
DIMENSION A(4)
DATA A/4*0.0/
```

Die folgenden Beispiele zeigen die Feldvereinbarung und Zuweisung von Anfangswerten durch eine explizite Typvereinbarung.

```
INTEGER EVA(100)
REAL K(10)/10*1.5/
```

Mit Hilfe der EQUIVALENCE-Vereinbarung ist es möglich, einen Speicherplatz unter verschiedenen Namen anzusprechen oder anders ausgedrückt, mehrere Variablen auf einem Speicherplatz anzuordnen.

```
EQUIVALENCE ( Variablenliste ) , ...
```

Alle in der Variablenliste genannten Variablen liegen auf demselben Speicherplatz. Wird nur eine Variable geändert, so ändern sich auch alle anderen.
Beispiel:

```
EQUIVALENCE (ADAM,BERTA,CESAR)
```

Wird ein Element eines Feldes in der Variablenliste einer EQUIVALENCE-Vereinbarung genannt, so wird das ganze Feld entsprechend angeordnet.

8.2   Größen vom Typ DOUBLE PRECISION

Wenn die Genauigkeit und der Zahlenumfang von REAL-Größen (z.B. sechs Dezimalstellen und $10^{\pm 38}$) nicht ausreichen, so müssen DOUBLE PRECISION-Größen verwendet werden, die z.B. mit 15 Dezimalstellen in einem Zahlenbereich von $10^{\pm 308}$ arbeiten. Jedoch steigen dabei der Speicherbedarf und die Rechenzeit an. Für diese Größen sind Typvereinbarungen erforderlich. Beispiele:

```
IMPLICIT DOUBLE PRECISION (D)
DOUBLE PRECISION PI, ERG
```

Konstanten vom Typ DOUBLE PRECISION sind mit einem Zehnerexponenten anzugeben; der Exponent muß mit dem Kennbuchstaben **D** beginnen. Beispiel:

```
PI =  3.141592653589793D0
ERG = 1.5D40
```

Gibt man die Konstante in der REAL-Schreibweise an, so können Umwandlungsfehler entstehen. In dem folgenden Beispiel wurde die Konstante 0.1 einmal als REAL- und dann als DOUBLE PRECISION-Konstante angegeben.

```
       DOUBLE PRECISION A , B
       A = 0.1
       B = 0.1D0
       WRITE(*,100) A , B
100    FORMAT(1X,'A=',D22.5,'  B=',D22.5)
       STOP
       END
```

Bei einen Testlauf auf einem Arbeitsplatzrechner erschien:

A= .100000001490116D+00   B= .1000000000000000D+00

Der endliche Dezimalbruch 0.1 ergibt bei der Umwandlung in eine Dualzahl einen unendlichen Dualbruch, der entsprechend der Stellenzahl des Datentyps abgebrochen werden muß. Bei dem untersuchten Rechner wurde wahrscheinlich die Zahl 0.1 zunächst in eine Dualzahl vom Typ REAL umgeformt und dann anschließend auf die doppelt genaue Darstellung erweitert. Die Konstante 0.1D0 dagegen wurde sofort in eine doppelt genaue Größe umgewandelt.

Für die Eingabe und Ausgabe von DOUBLE PRECISION-Zahlen dient der Kennbuchstabe D im Format. Die allgemeine Form lautet **Dw.d** . Dabei ist w die Anzahl der Spalten, und d gibt die Zahl der Stellen hinter dem Dezimalpunkt an. Die Ausgabe erfolgt wie beim E-Format in der Mantisse-Exponent-Darstellung, jedoch ist der Exponent dreistellig. Beispiel einer Ausgabe in 22 Stellen mit 15 Stellen hinter dem Dezimalpunkt:

```
       WRITE(*,100) PI
100    FORMAT(1X,D22.15)
```

Verwendet man anstelle des Formates Dw.d die Formate **Fw.d** oder **Ew.d** , so erfolgt die Umwandlung nur mit der für REAL-Größen üblichen Genauigkeit. Die Umwandlungsfunktion **DBLE** verwandelt eine REAL-Größe in eine Größe vom Typ DOUBLE PRECISION; umgekehrt macht die Funktion **SNGL** aus einer Größe vom Typ DOUBLE PRECISION eine REAL-Größe. Beispiel:

```
       DOUBLE PRECISION X
       A = 1.0
       X = DBLE (A) + 1.5D0
       B = SNGL (X)
```

Sollen Standardfunktionen (z.B. SQRT, SIN) für Größen vom Typ DOUBLE PRECISION verwendet werden, so ist der Kennbuchstabe D vor den Namen der Standardfunktion zu setzen. Beispiel:

```
       DOUBLE PRECISION X , Y , Z
       X = DSQRT(2.D0)
       Y = DSIN(X)
```

Das in **Bild 8-1** dargestellte Beispiel zeigt die Berechnung der Fakultäten von 1! bis 100! und der Zahl PI mit 15 Stellen Genauigkeit. Durch den Skalenfaktor 1P erscheint immer eine Stelle vor dem Dezimalpunkt.

```
C BILD 8-1 PROGRAMMBEISPIEL DOUBLE PRECISION
        DOUBLE PRECISION DFAKT , PI
        DFAKT = 1.0D0
        DO 10 I = 1,100
           DFAKT = DFAKT * DBLE (FLOAT (I))
           WRITE(*,100) I , DFAKT
100        FORMAT(1X,I3,'! =',1PD22.15)
10      CONTINUE
        PI = DASIN(1.0D0) * 2.0D0
        WRITE(*,200) PI
200     FORMAT(//1X,' PI =',1PD22.15)
        STOP
        END

B>TEST
  1! = 1.000000000000000D+00
  2! = 2.000000000000000D+00
  3! = 6.000000000000000D+00
  4! = 2.400000000000000D+01
  5! = 1.200000000000000D+02
  6! = 7.200000000000000D+02
  7! = 5.040000000000000D+03
  8! = 4.032000000000000D+04
  9! = 3.628800000000000D+05
 10! = 3.628800000000000D+06
 11! = 3.991680000000000D+07
   ⌐ 4.790016000000000D+08
     ⌐⌐0208000000000D+09
 71! = ⌐        ⌐⌐0000000D+10
 72! = 6.1234⌐⌐⌐    ⌐⌐0+12
 73! = 4.470115461512⌐⌐
 74! = 3.307885441519386+10⌐
 75! = 2.480914081139539+109
 76! = 1.885494701666050+111
 77! = 1.451830920282858+113
 78! = 1.132428117820629+115
 79! = 8.946182130782973+116
 80! = 7.156945704626378+118
 81! = 5.797126020747366+120
 82! = 4.753643337012840+122
 83! = 3.945523969720657+124
 84! = 3.314240134565352+126
 85! = 2.817104114380549+128
 86! = 2.422709538367272+130
 87! = 2.107757298379527+132
 88! = 1.854826422573984+134
 89! = 1.650795516090845+136
 90! = 1.485715964481761+138
 91! = 1.352001527678402+140
 92! = 1.243841405464130+142
 93! = 1.156772507081641+144
 94! = 1.087366156656742+146
 95! = 1.032997848823905+148
 96! = 9.916779348709491+149
 97! = 9.619275968248206+151
 98! = 9.426890448883242+153
 99! = 9.332621544394410+155
100! = 9.332621544394410+157


 PI = 3.141592653589793D+00
Stop - Program terminated.
```

Bild 8-1: Programmbeispiel für doppelt genaue Rechnung

8.3 Größen vom Typ COMPLEX

Die Größen vom Typ COMPLEX dieses Abschnitts sind in der Compiler Version 2.0 nicht verfügbar. Bild 8-4 zeigt ein Unterprogramm, das die komplexe Rechnung auf REAL-Größen zurückführt. Es wird in den Hauptprogrammen Bild 8-5 und 8-6 aufgerufen und kann zur Lösung der Übungsaufgaben 8.6 Aufgabe 1 und 9.4 Aufgabe 12 verwendet werden.

Komponentendarstellung   Exponentialdarstellung

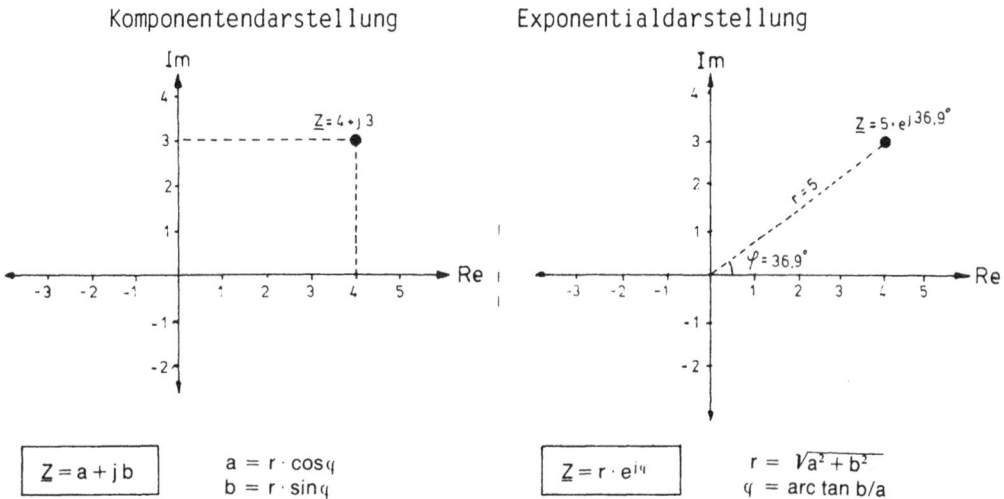

| $\underline{Z}=a+jb$ | $a = r\cdot\cos q$
 $b = r\cdot\sin q$ | $\underline{Z}=r\cdot e^{iq}$ | $r = \sqrt{a^2+b^2}$
 $q = \arctan b/a$ |

Bild 8-2: Darstellung komplexer Größen

Der Datentyp COMPLEX dient zur Verarbeitung von komplexen Zahlen. Der Realteil und der Imaginärteil der Komponentendarstellung werden getrennt in je einer REAL-Speicherstelle abgelegt. In FORTRAN entfällt der in der Elektrotechnik übliche Kennbuchstabe "j" bzw. der in der Mathematik verwendete Kennbuchstabe "i" vor dem Imaginärteil.

Da es für COMPLEX-Größen keine Namensregel gibt, sind auf jeden Fall Typvereinbarungen erforderlich. Beispiel:

```
IMPLICIT COMPLEX (I,U,Z)
COMPLEX STROM , SPANN
```

Die implizite Typvereinbarung erklärt alle Variablen mit den Anfangsbuchstaben I, U und Z zu COMPLEX, während die explizite Typvereinbarung dies nur für die beiden Variablen STROM und SPANN vornimmt. Konstanten vom Datentyp COMPLEX enthalten in Klammern zwei durch ein Komma getrennte REAL-Konstanten. Die erste Zahl ist der Realteil, die zweite der Imaginärteil; das Zeichen i bzw. j entfällt. Beispiele:

```
COMPLEX I , Z
Z = (3. , 4.)
I = (1.E2 , 0.) / Z
```

Für COMPLEX-Größen gelten die gleichen Rechenzeichen (+, -, *, /, **) wie für die anderen Datentypen. Sollen Standardfunktionen (z.B. SIN) auf komplexe Größen angewendet werden, so steht der Kennbuchstabe C vor dem Funktionsnamen (z.B. CSIN). Dabei achte man jedoch auf die mathematische Definition komplexer Funktionen. Bei der Eingabe und Ausgabe komplexer Zahlen ist zu beachten, daß immer zwei Zahlenwerte erforderlich sind. Die erste Zahl ist der Realteil, die zweite der Imaginärteil; das Zeichen i bzw. j entfällt. Die beiden Zahlen werden bei der formatierten Ein/Ausgabe wie REAL-Größen durch die Formate Fw.d oder Ew.d beschrieben. Beispiel für die Eingabe und die Ausgabe der komplexen Zahl z = 3 + j4:

```
        COMPLEX Z
        READ(*,100) Z
100     FORMAT(2F10.3)
        WRITE(*,200) Z
200     FORMAT(1X,2F10.3)
```

Eingabe:3.   4.

Ausgabe: 3.000   4.000

Die Umwandlungsfunktion **CMPLX** setzt zwei REAL-Größen zu einer COMPLEX-Größen zusammen. Vor dem Komma steht der Realteil, dahinter der Imaginärteil. Beispiel:

```
        COMPLEX C
        A = 3.
        B = 4.
        C = CMPLX(A , B)
```

Die Trennfunktion **REAL** gewinnt den Realteil einer komplexen Größe, die Funktion **AIMAG** ermittelt den Imaginärteil. Beispiel:

```
        COMPLEX C
        C = (3. ,4.)
        A = REAL(C)
        B = AIMAG(C)
```

Zur Umwandlung von der Komponenten- in die Exponentialdarstellung benutzt man die Funktion **CABS** zur Berechung des Absolutwertes und die Funktion **ATAN2** zur Berechnung des Winkels. Die normale Arcustangens-Funktion ATAN wird nur mit einem Argument aufgerufen und berechnet den Winkel nur im 1. und 4. Quadranten. Die ATAN2-Funktion dagegen berechnet den Winkel in allen vier Quadranten, da Imaginärteil und Realteil durch Komma getrennt übergeben werden und damit die Lage des Winkels aus den Vorzeichen der Komponenten bestimmt werden kann. Beispiel:

```
        COMPLEX C
        C = (3. , 4.)
        R = CABS(C)
        W = ATAN2(AIMAG(C) , REAL(C)) * 180. / PI
```

Das in **Bild 8-3** dargestellte Programmbeispiel zeigt die komplexe Rechnung am Beispiel eines Reihenschwingkreises. Gegeben sind der Realteil der Spannung und die Werte der Bauelemente R , L und C. Für den zu untersuchenden Frequenzbereich werden der Anfangswert, der Endwert und die Schrittweite der Frequenz eingelesen. Berechnet wird der Strom sowohl in der Komponenten- als auch in der Exponentialdarstellung.

$$\underline{U} = 10 + j\,0\,\text{V}$$

$$R = 100\,\text{Ohm}$$

$$L = 10^{-2}\,\text{Henry}$$

$$C = 10^{-6}\,\text{Farad}$$

$$f = 1000\,\text{Hz bis }5000\,\text{Hz Schrittweite }100\,\text{Hz}$$

$$X_l = 2 \cdot \pi \cdot f \cdot L$$

$$X_c = \frac{1}{2 \cdot \pi \cdot f \cdot C}$$

$$\underline{Z} = R + j(X_l - X_c)$$

$$\underline{J} = \underline{U}/\underline{Z}$$

```
C BILD 8-3  PROGRAMMBEISPIEL KOMPLEXE RECHNUNG
          IMPLICIT INTEGER (F)
          COMPLEX U,I,Z
          REAL L
          DATA PI/3.1415927/
10        WRITE(*,100)
100       FORMAT(/1X,'U , R , L , C  EINGEBEN')
          READ(*,*,END=30) URE,R,L,C
          WRITE(*,*)' FA , FE , FS  EINGEBEN'
          READ(*,*,END=30) FA,FE,FS
          U = CMPLX(URE , 0.)
          WRITE(*,200)
200       FORMAT(/3X,'FREQUENZ',7X,'IREAL',7X,'IIMAG',
         1  7X,'IABSO',6X,'WINKEL')
          DO 20 F = FA,FE,FS
            OMA = 2.0*PI*FLOAT(F)
            XL = OMA * L
            XC = 1./(OMA*C)
            Z = CMPLX(R , XL - XC)
            I = U / Z
            ABI = CABS(I)
            WIN = ATAN2(AIMAG(I) , REAL(I))*180.0/PI
            WRITE(*,300) F,I,ABI,WIN
300         FORMAT(1X,I10,4E12.4)
20        CONTINUE
          GOTO 10
30        STOP
          END
```

Bild 8-3: Programmbeispiel Reihenschwingkreis

Für die komplexe Rechnung steht standardmäßig nur die einfachgenaue REAL-Arithmetik zur Verfügung. Muß doppelt genau komplex gerechnet werden, so sind Realteil und Imaginärteil getrennt in je einer Speicherstelle vom Typ DOUBLE PRECISION abzuspeichern. Die Rechenregeln der komplexen Rechnung müssen dann selbst programmiert werden. Dies geschieht am zweckmäßigsten mit Unterprogrammen. **Bild 8-4** zeigt als Beispiel das Unterprogramm DCRECH vom Typ SUBROUTINE, das doppeltgenau und komplex rechnet.

```
C BILD 8-4 UNTERPROGRAMM DOPPELT GENAUE COMPLEXE RECHNUNG
C HAUPTPROGRAMM: DOUBLE PRECISION OP1(2),OP2(2),ERG(2),ABSW,WINK
C AUFRUF: CALL DCRECH('x',OP1,OP2,ERG,ABSW,WINK)
C x = + , - , * ODER / ALS RECHENZEICHEN
C
      SUBROUTINE DCRECH(TYP,A,B,E,ABSW,WINK)
      DOUBLE PRECISION A(2),B(2),E(2),ABSW,WINK,PI,NENN
      CHARACTER TYP*1
      DATA PI/3.14159265358979300/
      IF (TYP.EQ.'+') THEN
         E(1) = A(1) + B(1)
         E(2) = A(2) + B(2)
      ELSE IF (TYP.EQ.'-') THEN
         E(1) = A(1) - B(1)
         E(2) = A(2) - B(2)
      ELSE IF (TYP.EQ.'*') THEN
         E(1) = A(1)*B(1) - A(2)*B(2)
         E(2) = A(1)*B(2) + A(2)*B(1)
      ELSE IF (TYP.EQ.'/') THEN
         NENN = B(1)**2 + B(2)**2
         E(1) = (A(1)*B(1) + A(2)*B(2))/NENN
         E(2) = (A(1)*B(2) - A(2)*B(1))/NENN
      ELSE
         E(1) = 0.DO
         E(2) = 0.DO
      END IF
      ABSW = DSQRT(E(1)**2 + E(2)**2)
      IF (E(1).EQ.0.DO .AND. E(2).EQ.0.DO) THEN
         WINK = 0.DO
      ELSE IF (E(1).EQ.0.DO .AND. E(2).GT.0.DO) THEN
         WINK = 90.DO
      ELSE IF (E(1).EQ.0.DO. AND. E(2).LT.0.DO) THEN
         WINK = - 90.DO
      ELSE
         WINK = DATAN2(E(2) , E(1))*180.DO/PI
      END IF
      RETURN
      END
```

Bild 8-4: Unterprogramm für doppelt genaue komplexe Rechnung

Im aufrufenden **Hauptprogramm** sind folgende Regeln zu beachten:

Alle komplexen Größen sind als Felder vom Typ DOUBLE PRECISION bestehend aus zwei Elementen zu dimensionieren. Das erste Element enthält den Realteil, das zweite den Imaginärteil (Komponentendarstellung).

Da das Unterprogramm wahlweise die vier Grundrechnungsarten Addition (+), Subtraktion (-), Multiplikation (*) und Division (/) ausführt, ist das erste Argument eine CHARACTER-Konstante mit einem der vier Rechenzeichen. Wird keines der vier vorgeschriebenen Zeichen eingegeben, so ist das Ergebnis 0 +j0.

Die beiden folgenden Argumente bestehen aus den Feldnamen der zu verknüpfenden Operanden. Das Ergebnis erscheint sowohl in der Komponenten- als auch in der Exponentialdarstellung.

Im **Unterprogramm** sind die drei Felder für die Operanden, das Ergebnis und Hilfsgrößen vom Datentyp DOUBLE PRECISION. Der Operationstyp ist eine CHARACTER-Variable von der Länge 1 Byte. In vier alternativen Blöcken wird eine der vier Grundrechnungsarten durchführt. Eine verbesserte Lösung würde bei der Division den Fall Divisor Null (NENN = 0) abfangen und dem Hauptprogramm in einer besonderen Kennvariablen die Fälle Division durch Null und nicht definiertes Operationszeichen mitteilen. Bei der Berechnung des Winkels werden der Nullpunkt und die Polstellen der Tangensfunktion bei +90 Grad und – 90 Grad besonders berücksichtigt.

Das in **Bild 8-5** dargestellte Hauptprogramm liest zwei komplexe Zahlen von der Konsole und testet damit das Unterprogramm DCRECH in allen vier Grundrechnungsarten.

```
C BILD 8-5 HAUPTPROGRAMM ZUM TESTEN VON DCRECH
          DOUBLE PRECISION OP1(2),OP2(2),ERG(2),ABSW,WINK
10        WRITE(*,100)
100       FORMAT(/1X,'2 KOMPLEXE ZAHLEN EINGEBEN')
          READ(*,*,END=20) OP1 , OP2
          CALL DCRECH('+',OP1,OP2,ERG,ABSW,WINK)
          WRITE(*,200) ERG,ABSW,WINK
200       FORMAT(1X,'SUMME=',1P2D16.8,' SUMME=',1P2D16.8)
          CALL DCRECH('-',OP1,OP2,ERG,ABSW,WINK)
          WRITE(*,300) ERG,ABSW,WINK
300       FORMAT(1X,'DIFF.=',1P2D16.8,' DIFF.=',1P2D16.8)
          CALL DCRECH('*',OP1,OP2,ERG,ABSW,WINK)
          WRITE(*,400) ERG,ABSW,WINK
400       FORMAT(1X,'PROD.=',1P2D16.8,' PROD.=',1P2D16.8)
          CALL DCRECH('/',OP1,OP2,ERG,ABSW,WINK)
          WRITE(*,500) ERG,ABSW,WINK
500       FORMAT(1X,'QUOT.=',1P2D16.8,' QUOT.=',1P2D16.8)
          GOTO 10
20        STOP
          END

B>TEST

2 KOMPLEXE ZAHLEN EINGEBEN
1 1  1 1
SUMME=   2.00000000D+00   2.00000000D+00 SUMME=   2.82842712D+00   4.50000000D+01
DIFF.=    .00000000D+00    .00000000D+00 DIFF.=    .00000000D+00    .00000000D+00
PROD.=    .00000000D+00   2.00000000D+00 PROD.=   2.00000000D+00   9.00000000D+01
QUOT.=   1.00000000D+00    .00000000D+00 QUOT.=   1.0000C000D+00    .00000000D+00

2 KOMPLEXE ZAHLEN EINGEBEN
1 -1  1 1
SUMME=   2.00000000D+00    .00000000D+00 SUMME=   2.00000000D+00    .00000000D+00
DIFF.=    .00000000D+00  -2.00000000D+00 DIFF.=   2.00000000D+00  -9.00000000D+01
PROD.=   2.00000000D+00    .00000000D+00 PROD.=   2.00000000D+00    .00000000D+00
QUOT.=    .00000000D+00   1.00000000D+00 QUOT.=   1.00000000D+00   9.00000000D+01
```

Bild 8-5: Hauptprogramm zum Testen des Unterprogramms DCRECH

```
C BILD 8-6  PROGRAMMBEISPIEL DOPPELT GENAUE KOMPLEXE RECHNUNG
           IMPLICIT DOUBLE PRECISION (A-Z)
           INTEGER F,FA,FE,FS
           DIMENSION U(2), I(2), Z(2)
           PI = DASIN(1.DO)*2.DO
10         WRITE(*,100)
100        FORMAT(/1X,'U , R , L , C EINGEBEN')
           READ(*,*,END=30) URE,R,L,C
           WRITE(*,*)' FA , FE , FS EINGEBEN'
           READ(*,*,END=30) FA,FE,FS
           U(1) = URE
           U(2) = 0.DO
           WRITE(*,200)
200        FORMAT(/3X,'FREQUENZ',7X,'IREAL',7X,'IIMAG',
          1 7X,'IABSO',6X,'WINKEL')
           DO 20 F = FA,FE,FS
              OMA = 2.0*PI*DBLE(FLOAT(F))
              XL = OMA * L
              XC = 1./(OMA*C)
              Z(1) = R
              Z(2) = XL - XC
              CALL DCRECH('/',U,Z,I,ABI,WIN)
              WRITE(*,300) F,I,ABI,WIN
300           FORMAT(1X,I10,4E12.4)
20         CONTINUE
           GOTO 10
30         STOP
           END

B>TEST

U , R , L , C EINGEBEN
10.  100.  1.E-2  1.E-6
 FA , FE , FS EINGEBEN
1000 5000 100

    FREQUENZ        IREAL        IIMAG        IABSO       WINKEL
        1000     .5187E-01    -.4996E-01    .7202E-01   -.4393E+02
        1100     .6365E-01    -.4810E-01    .7978E-01   -.3708E+02
        1200     .7533E-01    -.4311E-01    .8679E-01   -.2978E+02
        1300     .8576E-01    -.3494E-01    .9261E-01   -.2217E+02
        1400     .9380E-01    -.2412E-01    .9685E-01   -.1442E+02
        1500     .9861E-01    -.1169E-01    .9930E-01   -.6761E+01
        1600     .9999E-01     .1059E-02    .9999E-01    .6068E+00
        1700     .9829E-01     .1297E-01    .9914E-01    .7516E+01
        1800     .9426E-01     .2326E-01    .9709E-01    .1386E+02
        1900     .8874E-01     .3161E-01    .9420E-01    .1960E+02
        2000     .8248E-01     .3801E-01    .9082E-01    .2474E+02
        2100     .7602E-01     .4269E-01    .8719E-01    .2932E+02
        2200     .6973E-01     .4594E-01    .8350E-01    .3338E+02
        2300     .6381E-01     .4806E-01    .7988E-01    .3699E+02
        2400     .5835E-01     .4930E-01    .7639E-01    .4019E+02
        2500     .5340E-01     .4988E-01    .7307E-01    .4305E+02
        2600     .4894E-01     .4999E-01    .6995E-01    .4561E+02
```

Bild 8-6: Reihenschwingkreis doppelt genau berechnet

Als Anwendungsbeispiel für die doppelt genaue komplexe Rechung zeigt **Bild 8-6** die bereits in Bild 4-3 vorgestellte komplexe Berechnung eines Reihenschwingkreises. An die Stelle der COMPLEX-Größen treten Felder vom Typ DOUBLE PRECISION. Das Unterprogramm DCRECH (Bild 8-4) führt die Division durch.

8.4 Größen vom Typ LOGICAL

Viele Dinge können durch zwei Eigenschaften beschrieben werden:

Eine Spannung ist HIGH oder LOW.
Eine Aussage ist wahr oder falsch.
Ein Strom fließt oder fließt nicht.
Ein Schalter ist geschlossen oder offen.
Ein Befehl wird ausgeführt oder nicht ausgeführt

Die mathematische Logik (Boolsche Algebra) rechnet mit den beiden logischen Größen:

```
0 = "falsch" oder "false"

1 = "wahr"   oder "true"
```

Die Digitaltechnik (Schaltalgebra) verwendet die Bezeichnungen:

```
L für LOW  = niedriges Potential

H für HIGH = hohes Potential
```

Mit den beiden binären (zweiwertigen) Größen "wahr" und "falsch" kann man wie mit Zahlen "rechnen"; die Rechenregeln liefert die Boolsche Algebra bzw. die Schaltalgebra, die besonders für die Berechnung von logischen Schaltungen geschaffen wurde.

Da es für den Datentyp **LOGICAL** keine Namensregel gibt, sind auf jeden Fall Typvereinbarungen erforderlich. Beispiele:

```
IMPLICIT LOGICAL (A-C)
LOGICAL X,Y,Z
```

Die implizite Typvereinbarung erklärt alle Variablen mit den Anfangsbuchstaben A, B und C zu LOGICAL. Mit der expliziten Typvereinbarung werden nur die Variablen X, Y und Z als logische Größen definiert. Die beiden logischen **Konstanten** sind:

```
.FALSE. für "0" oder "falsch" oder "LOW"

.TRUE.  für "1" oder "wahr" oder "HIGH"
```

Ein **logischer Ausdruck** besteht aus logischen Konstanten und Variablen, die durch die in **Bild 8-7** zusammengestellten logischen Operationen verknüpft werden. In den Tabellen steht der Buchstabe **T** für .TRUE. und **F** für .FALSE..

Funktion	NICHT NOT	UND AND	ODER OR	Äqui- valenz	EODER XOR
Symbol	X─ 1 ─Z	X─ & ─Z Y─	X─ ≥1 ─Z Y─	X─ =1 ─Z Y─	X─ =1 ─Z Y─
Tabelle	X|Z 0|1 1|0	X|Y|Z 0|0|0 0|1|0 1|0|0 1|1|1	X|Y|Z 0|0|0 0|1|1 1|0|1 1|1|1	X|Y|Z 0|0|1 0|1|0 1|0|0 1|1|1	X|Y|Z 0|0|0 0|1|1 1|0|1 1|1|0
FORTRAN	.NOT.X	X.AND.Y	X.OR.Y	X.EQV.Y	X.NEQV.Y
Tabelle	X|Z F|T T|F	X|Y|Z F|F|F F|T|F T|F|F T|T|T	X|Y|Z F|F|F F|T|T T|F|T T|T|T	X|Y|Z F|F|T F|T|F T|F|F T|T|T	X|Y|Z F|F|F F|T|T T|F|T T|T|F

Bild 8-7: Die logischen Operationen

Die Operation **.NOT.** negiert den Operanden.

Das Ergebnis der Operation **.AND.** ist nur dann .TRUE., wenn beide Operanden den Wert .TRUE. haben.

Das Ergebnis der Operation **.OR.** ist immer dann .TRUE., wenn einer der beiden Operanden oder alle beide den Wert .TRUE. haben.

Das Ergebnis der Operation **.EQV.** ist immer dann .TRUE., wenn beide Operanden gleich oder äquivalent sind.

Das Ergebnis der Operation **.NEQV.** ist immer dann .TRUE., wenn beide Operanden ungleich sind. In der Schaltalgebra nennt man diese Funktion das exklusive ODER (EODER) oder XOR, weil die Operation das Ergebnis .TRUE. liefert, wenn entweder der erste oder der zweite Operand, aber nicht alle beide den Wert .TRUE. haben.

Treten mehrere logische Operationen in einem Ausdruck auf, so werden sie in der Reihenfolge .NOT., .AND., .OR. und .EQV. und .NEQV. ausgeführt. Die Reihenfolge läßt sich durch Klammern ändern.

Eine logische **Wertzuweisung** weist einer logischen Variablen das Ergebnis einer logischen Operation zu. Beispiel:

```
LOGICAL A, B, C
A = .TRUE.
B = .FALSE.
C = A .AND. B
```

Zur **Eingabe** und **Ausgabe** von logischen Größen dient das L-Format in der allgemeinen Form **Lw** . L ist der Kennbuchstabe, w gibt die Zahl der Spalten an. Sowohl bei der listengesteuerten formatfreien Ein/Ausgabe als auch bei der formatierten Ein/Ausgabe stehen der Buchstabe T für den logischen Wert .TRUE. und F für den logischen Wert .FALSE..

Das in **Bild 8-8** dargestellte Programmbeispiel zeigt die listengesteuerte Eingabe und die formatierte Ausgabe von logischen Größen sowie die Wirkung der drei logischen Operationen .NOT., .AND. und .OR..

```
C BILD 8-8  BEISPIEL FUER LOGISCHE GROESSEN
        LOGICAL X,Y,Z
10      WRITE(*,*)' 2 LOGISCHE WERTE EINGEBEN'
        READ(*,*,END=20) X , Y
        Z = .NOT. X
        WRITE(*,100) X , Z
100     FORMAT(1X,'.NOT.',L2,' IST',L2)
        Z = X .AND. Y
        WRITE(*,200) X , Y , Z
200     FORMAT(1X,L2,' .AND.',L2,' IST',L2)
        Z = X .OR. Y
        WRITE(*,300) X , Y , Z
300     FORMAT(1X,L2,' .OR.',L2,' IST',L2/)
        GOTO 10
20      STOP
        END

R>TEST
 2 LOGISCHE WERTE EINGEBEN
F  F
.NOT. F IST T
 F .AND. F IST F
 F .OR. F IST F

 2 LOGISCHE WERTE EINGEBEN
F  T
.NOT. F IST T
 F .AND. T IST F
 F .OR. T IST T

 2 LOGISCHE WERTE EINGEBEN
T  F
.NOT. T IST F
 T .AND. F IST F
 T .OR. F IST T

 2 LOGISCHE WERTE EINGEBEN
T  T
.NOT. T IST F
 T .AND. T IST T
 T .OR. T IST T

 2 LOGISCHE WERTE EINGEBEN
^Z
Stop - Program terminated.
```

Bild 8-8: Programmbeispiel für logische Größen

Die beiden hauptsächlichen Anwendungsgebiete für logische Größen in FORTRAN sind die logische Verknüpfung von Vergleichen arithmetischer Größen und die Berechnung von logischen Schaltungen.

Im Abschnitt 3 über Programmverzweigungen haben wir die Vergleichsoperationen .EQ., .NE., .LT., .LE., .GE. und .GT. kennengelernt, mit denen wir arithmetische Größen wie Variablen und Konstanten miteinander vergleichen konnten. Das Ergebnis war ein logischer Ausdruck und wurde mit einer IF-Anweisung ausgewertet. Beispiel:

```
IF (A.LT.0.0) THEN
```

War die Vergleichsbedingung erfüllt (.TRUE.), so wurde der folgende Programmblock ausgeführt. War sie nicht erfüllt (.FALSE.), so wurde der Block übergangen. Mit den Operationen .AND. und .OR. konnten wir mehrere Vergleiche logisch miteinander verknüpfen. Beispiel:

```
IF (A.EQ.0. .AND. B.EQ.0. .AND. C.EQ.0.) THEN
```

Die im Abschnitt 3 für Programmverzweigungen verwendeten IF-Befehle können nicht nur auf arithmetische Vergleiche, sondern auch auf logische Größen angewendet werden. Genauso ist es möglich, einer logischen Variablen das Ergebnis eines arithmetischen Vergleiches zuzuweisen. Beispiel:

```
LOGICAL X
READ(*.*) A . B
X = A.EQ.B
IF (X) THEN
```

Das logische IF verzweigt in Abhängigkeit vom Wert eines logischen Ausdrucks. Es hat die allgemeine Form:

```
IF ( logischer Ausdruck ) Anweisung
```

Ist der logische Ausdruck .TRUE., so wird die auf der gleichen Zeile stehende Anweisung ausgeführt. Ist der logische Ausdruck .FALSE., so wird die Anweisung übergangen. Das folgende Beispiel zeigt eine Schleife, in der die beiden logischen Größen X und Y die vier möglichen Kombinationen F F, F T, T F und F F annehmen (logische DO-Schleife).

```
C BEISPIEL LOGISCHE DO-SCHLEIFE
        LOGICAL X , Y , Z
        X = .FALSE.
        Y = .FALSE.
10      CONTINUE
        Z = X .AND. Y
        WRITE(*,*) X , Y , Z
        Y = .NOT. Y
        IF (Y) GOTO 10                  B>TEST
        X = .NOT. X                     F F F
        IF (X) GOTO 10                  F T F
        CONTINUE                        T F F
        STOP                            T T T
        END                             Stop - Program terminated.
```

Logische Größen können auch zur Berechnung von logischen Schaltungen dienen, jedoch zeigen sich bei der praktischen Anwendung einige Nachteile: die Ein/Ausgabe mit den Buchstaben T und F sowie die Bezeichnung der Konstanten mit .TRUE. und .FALSE. sind für den Digitalelektroniker ungewohnt, es sind nur die logischen Grundfunktionen vorhanden und die Programmierung von Schleifen zum Aufbau von "Wahrheitstabellen" ist sehr umständlich. Arbeitet man jedoch statt mit logischen Größen mit den INTEGER-Zahlen 0 und 1, so können die gewohnten Bezeichnungen beibehalten werden. Es gelten dann folgende Regeln:

Alle Variablen müssen vom Typ INTEGER sein und dürfen nur die Zahlen 0 und 1 enthalten. Als Konstanten sind nur die Zahlen 0 und 1 zugelassen.

Die Operationen werden durch Funktionsanweisungen oder FUNCTION-Unterprogramme gebildet, die die logischen Funktionen durch Rechenbefehle ersetzen. Anstelle der englischen Bezeichnungen könnten deutsche Namen verwendet werden.

```
NOT(X) = 1 - X
AND(X,Y) = X*Y
OR(X,Y) = X+Y - X*Y
XOR(X,Y) = IABS(X-Y)
NAND(X,Y) = 1 - X*Y
NOR(X,Y) = 1 - (X+Y - X*Y)
EQU(X,Y) = 1 - IABS(X-Y)
```

Nach dem gleichen Verfahren ist es möglich, benötigte Bausteine der TTL-Familie durch Funktionsanweisungen zu beschreiben. Beispiel für ein Vierfach-NAND:

```
NAND4(A,B,C,D) = 1 - A*B*C*D
```

Ausdrücke werden durch geschachtelte Funktionsaufrufe gebildet. Dabei beginnt man am Ausgang der Schaltung. Beispiel:

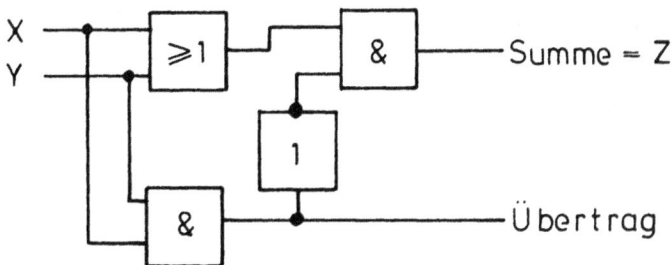

```
Z = AND( OR(X,Y) . NOT(AND(X,Y)) )
```

Die Ein/Ausgabe von Daten erfolgt im I-Format mit den Bezeichnungen 0 und 1. Sollen für den Aufbau einer Wahrheitstabelle alle möglichen binären Kombinationen erzeugt werden, so verwendet man DO-Schleifen, die von 0 bis 1 laufen. Bei Compilern, die den Anfangswert 0 nicht zulassen, läßt man die Variable von 1 bis 2 laufen und erzeugt die Werte 0 und 1 über eine Hilfsgröße. Beispiel:

```
      DO 20 X = 0,1
        DO 10 Y = 0,1

10            CONTINUE
20      CONTINUE
```

Das folgende Beispiel **Bild 8-9** zeigt den Aufbau der Wahrheitstabelle für einen Halbaddierer, der zwei einstellige Dualzahlen zu einer Summe und einem Übertrag auf die nächste Stelle addiert. Das Beispiel benötigt nur einen Teil der Funktionsanweisungen, mit denen die logischen Operationen definiert wurden.

```
C BILD 8-9  WAHRHEITSTABELLE EINES HALBADDIERERS
        IMPLICIT INTEGER(A-Z)
C FUNKTIONSANWEISUNGEN FUER LOGISCHE OPERATIONEN
        NOT(X) = 1 - X
        AND(X,Y) = X*Y
        OR(X,Y) = X+Y - X*Y
        XOR(X,Y) = IABS(X-Y)
        EQU(X,Y) = 1 - IABS(X-Y)
        NAND(X,Y) = 1 - X*Y
        NOR(X,Y) = 1 - (X+Y - X*Y)
C BERECHNUNG DER WAHRHEITSTABELLE
        WRITE(*,100)
100     FORMAT(1X,' X Y  U S')
        DO 20 X = 0,1
          DO 10 Y = 0,1
            U = AND(X,Y)
            S = AND(OR(X,Y) , NOT(AND(X,Y)))
            WRITE(*,200) X , Y , U , S
200         FORMAT(1X,2I2,1X,2I2)
10        CONTINUE
20      CONTINUE
        STOP
        END

B>TEST
 X Y  U S
 0 0  0 0
 0 1  0 1
 1 0  0 1
 1 1  1 0
Stop - Program terminated.
```

Bild 8-9: Wahrheitstabelle eines Halbaddierers

8.5 Textverarbeitung mit Größen vom Typ CHARACTER

FORTRAN wurde ursprünglich nur für die Verarbeitung von Zahlen verwendet, erst später wurde mit der Norm FORTRAN 77 der Datentyp CHARACTER geschaffen, mit dem Zeichen (Buchstaben, Ziffern und Sonderzeichen) behandelt werden können.

Numerische und logische Daten werden in Speicherstellen bestimmter Länge gespeichert. Für Zeichenketten (Strings) ist die Länge, d.h. die Zahl der Zeichen, in der Typvereinbarung anzugeben. **CHARACTER-Variablen** werden durch das Kennwort CHARACTER in einer impliziten oder expliziten Typvereinbarung vereinbart:

CHARACTER*s Liste von Namen

CHARACTER Name*s, Name*s, ..

Steht die Zeichenlänge **s** hinter dem Kennwort CHARACTER, so gilt sie für alle Namen der Liste. Steht die Zeichenlänge **s** hinter dem Namen, so gilt sie nur für die eine Variable. Fehlt die Angabe, so wird die Zeichenlänge 1 angenommen. Die maximale Länge hängt ab vom Compiler und von der Rechenanlage. Beispiele:

```
IMPLICIT CHARACTER*12 (A-H)
CHARACTER*20 TEXT1 . TEXT2 , TEXT3*30
CHARACTER ZEILE*80
```

In dem Beispiel sind alle Variablen, die mit den Buchstaben A bis H beginnen, vom Typ CHARACTER und nehmen Zeichenketten (Texte) auf, die aus 12 Zeichen bestehen. Die Variablen TEXT1 und TEXT2 bestehen aus 20 Zeichen, die Variable TEXT3 enthält 30 Zeichen. Die Variable ZEILE enthält 80 Zeichen. Für die Speicherung längerer Texte können Felder dimensioniert werden.

```
CHARACTER*80 TEXT(100)
CHARACTER BIBEL(10,10)*80
```

Das Feld TEXT besteht aus 100 Elementen der Länge 80 Zeichen, also aus insgesamt 100 * 80 = 8000 Zeichen. Das Feld BIBEL besteht aus 10 Zeilen und 10 Spalten zu je 80 Zeichen. **CHARACTER-Konstanten** bestehen aus Zeichenketten, die zwischen Apostrophe (Hochkommas) zu setzen sind, die nicht Bestandteil des Textes sind. Beispiele:

```
'DAS IST EIN BEISPIEL'
' AUSGABE:'
' Das ist ein Apostroph '' '
```

Das Apostrophzeichen selbst wird durch zwei aufeinanderfolgende Apostrophzeichen dargestellt. Die maximale Länge einer Textkonstanten ist wieder abhängig von der verwendeten Rechenanlage.

Wird nur der Name der CHARACTER-Variablen genannt, so wird die Zeichenkette in der vereinbarten Länge verarbeitet. Soll nur ein Teil angesprochen
werden, so sind Anfangs- und Endposition anzugeben. Dies nennt man eine
Teilkette .

```
Name ( anf : end )
```

Die INTEGER-Größe "anf" ist die Anfangsposition, die INTEGER-Größe "end"
ist die Endposition der Teilkette innerhalb der ursprünglichen Zeichenkette.
Fehlt die Angabe der Anfangsposition "anf", so wird "1" angenommen (1.Zei-
chen); fehlt die Angabe der Endposition "end", so wird die Länge der Zeichenkette angenommen (letztes Zeichen). Beispiel:

```
CHARACTER TEXT*10 , TEIL*3
TEXT = '1234567890'
TEIL = TEXT(1:3)
```

Die Zeichenkette TEXT besteht aus den zehn Ziffern von 1 bis 0. Die Teilkette
von der 1. bis zur 3. Position besteht aus den Ziffern 123.

Für die **Eingabe** und **Ausgabe** von Zeichenketten gelten folgende Regeln:

Bei der formatfreien listengesteuerten Eingabe sind die Daten durch Apostrophe
vor und hinter dem Text zu begrenzen, die nicht Bestandteil des Textes sind.
Bei der listengesteuerten Ausgabe wird nur der Text ausgegeben. Beispiel:

```
CHARACTER TEXT*10
READ(*,*) TEXT
WRITE(*,*) TEXT
```

Eingabe: '0123456789'

Ausgabe: 0123456789

Man beachte, daß es bei der listengesteuerten Ausgabe keine Vorschubsteuerzeichen gibt; das erste Zeichen einer Zeile wird immer ausgegeben. Bei der
formatgesteuerten Ein/Ausgabe werden CHARACTER-Größen durch das A-
Format in der allgemeinen Form **Aw** beschrieben. Fehlt die Anzahl der Spalten
w, so wird die CHARACTER-Größe in der vereinbarten Länge übertragen.
Beispiel:

```
      CHARACTER TEXT*10
      READ(*,100) TEXT
100   FORMAT(A)
      WRITE(*,200)
200   FORMAT(1X,A)
```

Eingabe: 0123456789

Ausgabe: 0123456789

Man beachte, daß bei der formatierten Ausgabe das erste Zeichen einer Zeile als Vorschubsteuerzeichen angesehen und nicht ausgegeben wird. Es gilt folgende Zuordnung:

```
Leerzeichen: Vorschub auf die nächste Zeile
Ziffer 0   : Vorschub um zwei Zeilen
Ziffer 1   : Vorschub auf eine neue Seite
Zeichen +  : Überschreiben der alten Zeile (kein Vorschub)
```

Bei der Eingabe bestimmt die Länge der CHARACTER-Variablen bzw. die Länge der Teilkette die Anzahl der zu lesenden Zeichen. Ist der Eingabetext länger, so werden überflüssige Zeichen nicht beachtet; ist der Eingabetext kürzer, so wird der Rest der Variablen mit Leerzeichen aufgefüllt.

Für eine **Wertzuweisung** an eine links vom Gleichheitszeichen stehende Variable vom Typ CHARACTER bzw. an eine Teilkette gelten folgende Regeln:

Ist die Länge der empfangenden Kette kleiner als die Länge des rechts stehenden Ausdrucks, so wird nur in der Länge der empfangenden Variablen übertragen, überflüssige Zeichen des rechts stehenden Ausdrucks werden nicht beachtet. Beispiel:

```
CHARACTER VAR*5
VAR = '1234567890'
```

Die CHARACTER-Variable VAR enthält die Zeichen 12345. Ist die empfangende Variable länger als der rechts stehende Ausdruck, so wird der Ausdruck linksbündig übertragen, der Rest wird mit Leerzeichen aufgefüllt. Beispiel:

```
CHARACTER VAR*5
VAR = '123'
```

Die Kette VAR enthält die Zeichen 123 und zwei Leerzeichen. Bei einer Wertzuweisung an eine Teilkette werden nur die Positionen der Teilkette verändert, der Rest der Kette bleibt erhalten. Beispiel:

```
CHARACTER VAR*5
VAR = '12345'
VAR (1:3) = 'ABC'
```

Die Kette VAR enthält die Zeichen ABC45. Im Gegensatz zu numerischen und logischen Wertzuweisungen darf eine CHARACTER-Variable oder Teilkette nicht auf beiden Seiten einer Wertzuweisung erscheinen.

CHARACTER-Größen können mit dem **Verknüpfungsoperator //** bzw. **&** aneinandergekettet werden. Beispiel:

```
CHARACTER VAR*5 , TEXT*10
VAR = '12345'
TEXT = VAR//'67890'
```

Die Zeichenkette TEXT wird gebildet aus der Variablen VAR und einer Konstanten. Sie enthält die Zeichen 1234567890. Einige Compiler verwenden anstelle der beiden Verknüpfungszeichen // das Verknüpfungszeichen &. Mit Hilfe von Teilketten ist es möglich, eine Zeichenkette zu zerlegen. Beispiel:

```
CHARACTER VAR*5 , TEXT*10
TEXT = '1234567890'
VAR = TEXT(1:5)
```

Die Zeichenkette VAR enthält die ersten fünf Zeichen der Kette TEXT, also die Zeichen 12345. Für einen **Vergleich** von CHARACTER-Größen können die bereits bei numerischen Größen verwendeten Operationen .EQ., .NE., .GT., .GE., .LT. und .LE. herangezogen werden. Sind die Operanden unterschiedlich lang, so wird der kürzere Operand rechts mit Leerzeichen aufgefüllt. Beispiel:

```
      CHARACTER ANT*1
      READ(*,100) ANT
100   FORMAT(A)
      IF (ANT.EQ.'J') THEN
```

Zum alphabetischen **Sortieren** von Texten mit Hilfe der numerischen Vergleichsoperationen müssen die internen Codierungen der Zeichen berücksichtigt werden, die von der verwendeten Rechenanlage abhängig sind. Maschinenunabhängig arbeiten die folgenden **lexigrafischen** Vergleichsfunktionen, die wie die numerischen Vergleichsoperationen .TRUE. oder .FALSE. ergeben und mit dem logischen IF ausgewertet werden können.

```
LGE( op1 , op2 )   bedeutet lexigrafisch größer oder gleich
LGT( op1 , op2 )   bedeutet lexigrafisch größer
LLE( op1 , op2 )   bedeutet lexigrafisch kleiner oder gleich
LLT( op1 , op2 )   bedeutet lexigrafisch kleiner
```

Die beiden Operanden op1 und op2 sind CHARACTER-Größen. Das folgende Beispiel vergleicht die beiden CHARACTER-Größen TEXT1 und TEXT2, ob sie alfabetisch sortiert sind:

```
CHARACTER*5 TEXT1 , TEXT2
READ(*,*) TEXT1 , TEXT2
IF(LLT(TEXT1,TEXT2)) THEN
```

Neben den lexigrafischen Vergleichsfunktionen gibt es für CHARACTER-Größen die folgenden Standardfunktionen:

Die Funktion **CHAR** (op) wird mit einem INTEGER-Argument aufgerufen und wandelt es in ein Zeichen um. Beispiel:

```
CHARACTER ZEICH*1
ZEICH = CHAR(65)
```

Die Zahl 65 ergibt z.B. den Buchstaben A. Die Funktion **ICHAR** (op) verwandelt ein Zeichen in die entsprechende INTEGER-Zahl. Beispiel:

```
CHARACTER ZEICH*1
ZEICH = 'A'
I = ICHAR(ZEICH)
```

Die Zeichenvariable ZEICH enthält den Buchstaben A. Die ICHAR-Funktion liefert z.B. den Wert 65. Die Zuordnung der CHAR- und ICHAR-Funktionen ist abhängig von der Zeichencodierung der Rechenanlage. Das Beispiel "Buchstabe A = Zahl 65" entspricht dem häufig verwendeten ASCII-Code. Mit dem in Bild 8-10 dargestellten Testprogramm können Sie die Zeichencodes Ihres Rechners ermitteln.

Die Funktion **LEN** (op) liefert die Länge, d.h. die Zahl der Zeichen eines CHARACTER-Ausdrucks. Die Funktion **INDEX** (op1,op2) prüft, ob eine Zeichenkette op2 in einer Zeichenkette op1 enthalten ist und liefert eine INTEGER-Zahl als Ergebnis. Ist die Kette op2 nicht in der Kette op1 enthalten, so ist das Ergebnis Null, sonst wird die Nummer der Position geliefert, bei der die Übereinstimmung beginnt. Beispiele:

```
CHARACTER ZEICH*5
ZEICH = '12345'
L = LEN(ZEICH)
N = INDEX(ZEICH,'23')
```

Die LEN-Funktion liefert den Wert 5, da die CHARACTER-Variable ZEICH aus fünf Zeichen besteht. Die INDEX-Funktion liefert den Wert 2, da die Konstante '23' ab der Position 2 mit dem Inhalt der Variablen ZEICH übereinstimmt.

Das in **Bild 8-10** dargestellte Testprogramm kann dazu dienen, den Zeichencode einer Rechenanlage zu ermitteln. Mit Hilfe der CHAR-Funktion wird eine eingegebene INTEGER-Zahl in ein Zeichen umgewandelt und ausgegeben.

```
C BILD 8-10 TESTPROGRAMM ZEICHENCODIERUNG
        CHARACTER A*1
10      WRITE(*,100)
100     FORMAT(/1X,'ZAHL EINGEBEN >'\)
        READ(*,*,END=20) I
        A = CHAR(I)
        WRITE(*,200) I , A
200     FORMAT(1X,'ZAHL:',I4,' ZEICHEN:',A)
        GOTO 10
20      STOP
        END

B>TEST

ZAHL EINGEBEN >48
ZAHL:  48 ZEICHEN:0

ZAHL EINGEBEN >49
ZAHL:  49 ZEICHEN:1
```

Bild 8-10: Testprogramm Zeichencodierung

Als Beispiel für die Verarbeitung eines Textes zeigt **Bild 8-11** ein Programm, das maximal 100 Zeilen Text zu je 75 Zeichen liest und in einem Feld speichert. Wird als Endemarke ein "*" eingeben, so kann der gespeicherte Text beliebig oft ausgegeben werden. Durch das Vorschubsteuerzeichen "1" beginnt jeder Text auf einer neuen Seite.

```
C BILD 8-11  PROGRAMMBEISPIEL TEXTVERARBEITUNG
           CHARACTER TEXT(100)*75
           NZEI = 100
           WRITE(*,100) NZEI
100        FORMAT(1X,I5,' ZEILEN  ENDE MIT *'/5X,75('+'))
           NTEX = 0
           DO 10 I=1,NZEI
             WRITE(*,200) I
200          FORMAT(1X,I3,'>'0)
             READ(*,300) TEXT(I)
300          FORMAT(A)
             IF (TEXT(I).EQ.'*') GOTO 20
             NTEX = I
10         CONTINUE
20         WRITE(*,400)
400        FORMAT(/1X,'WIE OFT AUSGEBEN ? >'\)
           READ(*,*) NSEIT
           DO 40 I = 1,NSEIT
             WRITE(*,500)
500          FORMAT('1')
             DO 30 J = 1,NTEX
               WRITE(*,600) TEXT(J)
600            FORMAT(1X,A)
30           CONTINUE
40         CONTINUE
           WRITE(*,500)
           STOP
           END

B>text
   100 ZEILEN  ENDE MIT *
   ++++++++++++++++++++++++++++++++++++++++++++++++++++++++++++++++++++++++
   1>              Bedienungsanleitung des Textsystems
   2>
   3>1. Es koennen maximal 100 Zeilen eingegeben werden
   4>
   5>2. Aenderungen sind nur auf der laufenden Zeile moeglich
   6>
   7>3. Hinter der letzten Zeile muss ein  * eingegeben werden
   8>
   9>4. Der Text kann beliebig oft ausgegeben werden
   10>*

WIE OFT AUSGEBEN ? >2
```

Bild 8-11: Programmbeispiel Textverarbeitung

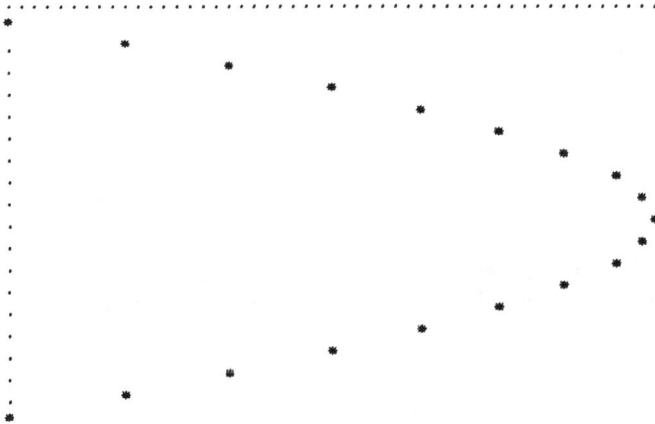

```
C BILD 8-12 PROGRAMMBEISPIEL SINUSKURVE
          CHARACTER Z(51)
          DO 10 I = 1,51
            Z(I) = '.'
10        CONTINUE
          WRITE(*,100) Z
100       FORMAT(1X,51A1)
          DO 20 I = 1,51
            Z(I) = ' '
20        CONTINUE
          DO 30 I = 0,180,10
            Z(1) = '.'
            BOG = FLOAT(I)*3.1415927/180.
            IND = IFIX(SIN(BOG)*50. + 1.5)
            Z(IND) = '*'
            WRITE(*,100) Z
            Z(IND) = ' '
30        CONTINUE
          STOP
          END

B>TEST
.........................................................
*
.            *
.                  *
.                        *
.                            *
.                                *
.                                    *
.                                       *
.                                         *
.                                         *
.                                       *
.                                    *
.                                *
.                            *
.                        *
.                  *
.            *
*
Stop - Program terminated.
```

Bild 8-12: Programmbeispiel für die Ausgabe einer Sinuskurve

Das in **Bild 8-12** dargestellte Programm gibt den Verlauf der Sinusfunktion zwischen 0 und 180 Grad grafisch auf dem Bildschirm bzw. Drucker aus. Eine Ausgabezeile besteht aus 51 Zeichen; sie wird in der ersten DO-Schleife mit Punkten gefüllt und als Y-Achse ausgegeben. Die folgende DO-Schleife löscht das Feld. Die dritte DO-Schleife markiert die X-Achse durch einen Punkt, berechnet den Wert der Sinusfunktion für einen vorgegebenen Winkel und ermittelt mit dem Skalenfaktor 50 und dem Rundungssummanden 1.5 die Position, in die ein "*" als Funktionswert zu setzen ist. Nach der Ausgabe der Zeile wird der "*" wieder entfernt.

8.6 Übungen zum Abschnitt Datentypen

Der Abschnitt 11 enthält für alle Aufgaben Lösungsvorschläge!

1. Aufgabe:
Für die folgende Schaltung sind die komplexen Größen U, Z1, Z2, Z3 und ZB von einer Eingabezeile zu lesen. Man berechne den Strom in der Komponenten- und in der Exponentialdarstellung. Der Lösungsvorschlag Seite 206 verwendet Grössen vom Typ COMPLEX, die in der Compiler Version 2.0 nicht verfügbar sind.

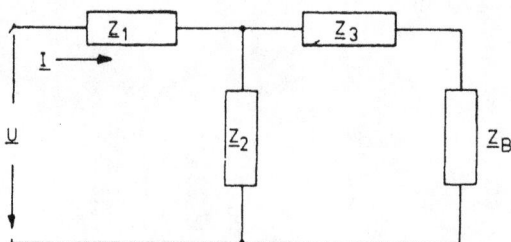

$$Z_G = \frac{Z_2(Z_3 + Z_B)}{Z_2 + Z_3 + Z_B}$$

$$J = \frac{U}{Z_1 + Z_G}$$

2. Aufgabe:
Für die folgende digitale Schaltung ist die Wahrheitstabelle für alle acht möglichen Kombinationen der Eingangsgrößen A, B und C und der Ausgangsgröße Z auszugeben.

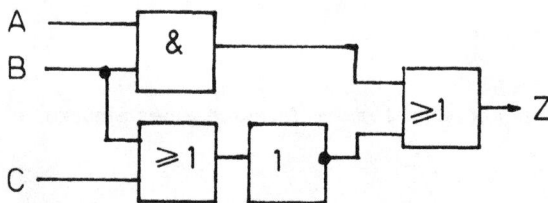

3. Aufgabe:
Man lese den Text einer Zeile von der Konsole ein und gebe ihn 25 mal wieder auf der Konsole aus.

9 Aufgabensammlung

Der Abschnitt 11 enthält für alle Aufgaben Lösungsvorschläge!

9.1 Numerische Integration

Das einfachste und einsichtigste aber gleichzeitig auch langsamste und ungenaueste Verfahren zur numerischen Integration ist die Trapezregel. Die Integration wird auf eine Flächenberechnung zurückgeführt. Die zu summierenden Teilflächen sind Trapeze. Sie entstehen, indem man die Funktion an mehreren Stützstellen durch Geraden annähert. Die Gesamtfläche und damit das Integral ist die Summe aus n Teilflächen (Trapezen). Die Funktion wird durch n+1 Stützstellen angenähert. **Bild 9-1** zeigt die Flächenberechnung und die daraus abgeleiteten Formeln.

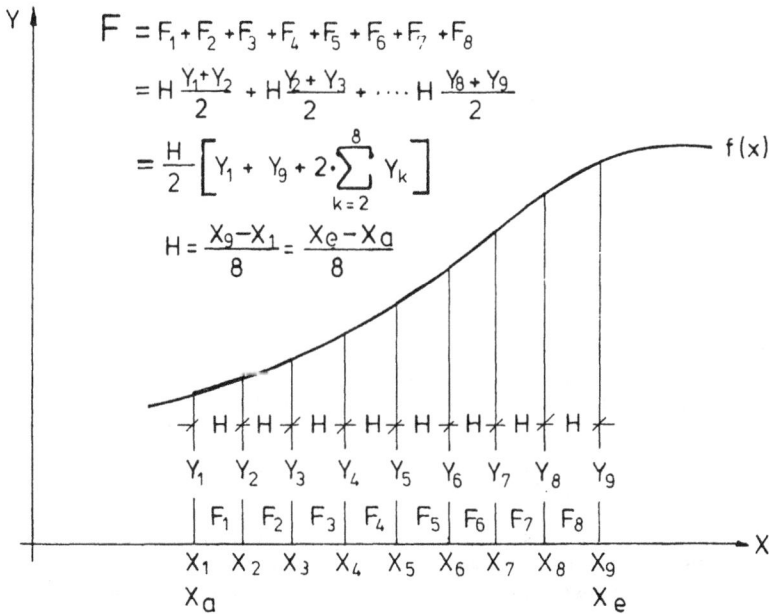

$$F = F_1 + F_2 + F_3 + F_4 + F_5 + F_6 + F_7 + F_8$$

$$= H\frac{Y_1 + Y_2}{2} + H\frac{Y_2 + Y_3}{2} + \ldots H\frac{Y_8 + Y_9}{2}$$

$$= \frac{H}{2}\left[Y_1 + Y_9 + 2 \cdot \sum_{k=2}^{8} Y_k\right]$$

$$H = \frac{X_9 - X_1}{8} = \frac{X_e - X_a}{8}$$

Gegeben sind n **Stützstellen** der Funktion

$$F = \frac{H}{2}\left[y_1 + 2\sum_{i=2}^{n-1} y_i + y_n\right] \qquad H = \frac{x_n - x_1}{n-1}$$

Die Gesamtfläche wird in n **Teilflächen** unterteilt

$$F = \frac{H}{2}\left[f(x_a) + 2\sum_{k=1}^{n-1} f(x_a + k \cdot H) + f(x_e)\right] \qquad H = \frac{x_e - x_a}{n}$$

Bild 9-1: Numerische Integration nach der Trapezregel

1. Aufgabe:

Gegeben seien n Stützstellen einer Funktion. Die Abszissenwerte sind gleichmäßig geteilt. Für eine numerische Integration nach der Trapezregel lese man zuerst die Grenzen des Integrals gleich Abszissenwerte der beiden äußersten Stützstellen Xa und Xe. Dann folgen in einer Schleife beliebig viele Ordinatenwerte der Stützstellen. Man gebe die Grenzen Xa und Xe, den Wert des Integrals und die Zahl der gelesenen Stützstellen aus.

2. Aufgabe:

Für die numerische Integration einer gegebenen Funktion ist die zu integrierende Funktion als Funktionsanweisung zu definieren, die Funktion ist als Text auszugeben. Man lese die Grenzen des Integrals Xa und Xe und die Zahl der zu summierenden Teilflächen und berechne das Integral nach der Trapezregel. Man gebe die Grenzen Xa und Xe, den Wert des Integrals und die Zahl der Teilflächen aus.

3. Aufgabe:

Führt man die Integration einer Funktion entsprechend Aufgabe 2 mit verschiedenen Teilflächen durch, so stellt man fest, daß die Genauigkeit mit steigender Anzahl der Teilflächen zunimmt. Daraus läßt sich das in **Bild 9-2** dargestellte Näherungsverfahren ableiten.

Zunächst teilt man die Fläche in 2 Teilflächen (Trapeze) mit 3 Stützstellen.

n = 2 Teilflächen

$$h = \frac{x_e - x_a}{2}$$

$$s = f(x_a) + 2 \cdot f(x_a + H) + f(x_e)$$

$$F = h \cdot s/2$$

Verdoppelt man die Zahl der Teilflächen auf 4, so erhält man 5 Stützstellen. Bei der Summation der Funktionswerte braucht man nicht alle 5 Werte neu zu berechnen, sondern es genügt, den im 1. Schritt bereits summierten 3 Werten die Werte für k = 1 und k = 3 (ungerade!) hinzuzufügen. Im nächsten Schritt werden bei n = 8 Teilflächen die Funktionswerte für k = 1 , 3 , 5 und 7 hinzugefügt. Allgemein gilt:

$$n = 2 \cdot n$$

$$h = h/2$$

$$s = s + f(x_a + k \cdot H) \quad \text{für k ungerade!}$$

$$F = h \cdot s/2$$

Das Verfahren kann abgebrochen werden, wenn zwei aufeinanderfolgende Berechnungen mit genügender Genauigkeit übereinstimmen.

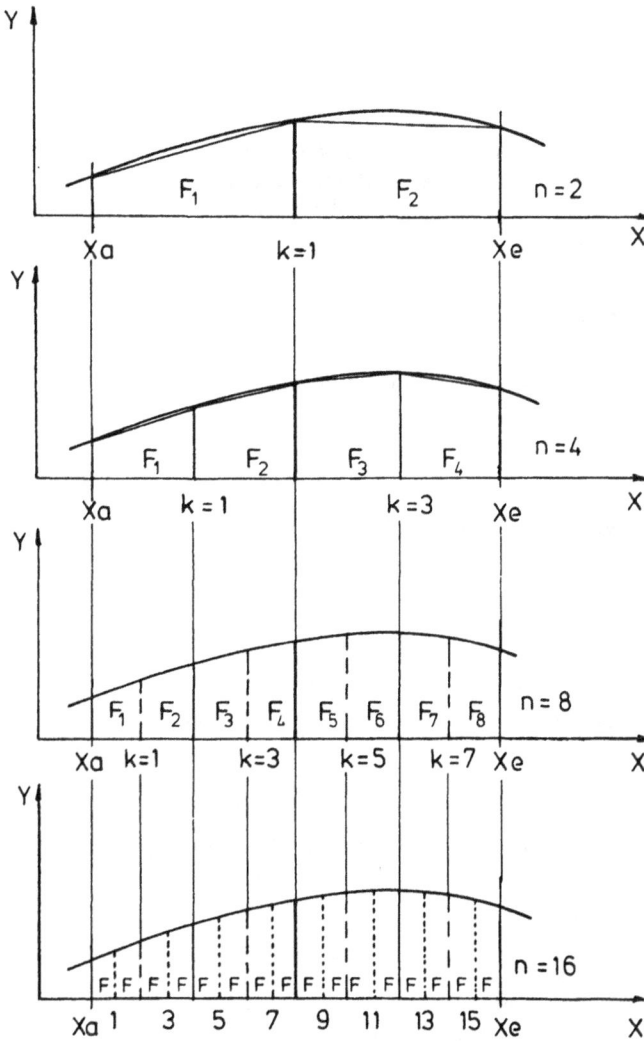

Bild 9-2: Näherungsverfahren nach der Trapezregel

Man entwerfe ein Programm zur numerischen Integration einer als Funktionsanweisung definierten Funktion nach dem Näherungsverfahren. Die Grenzen des Integrals sowie die geforderte Genauigkeit und eine Schranke für die Zahl der Durchläufe sind einzugeben.

4. Aufgabe:
Nähert man die zu integrierende Funktion nicht durch Geraden, sondern durch quadratische Parabeln an, so läßt sich die Genauigkeit der Integration wesentlich verbessern. In der Integrationsformel (Simpson) werden die geraden und die ungeraden Stützstellen verschieden bewertet.

ungerade   gerade

$$F = \frac{H}{3} \left[f(x_a) + 2 \sum_{i=3}^{n-2} f(x_i) + 4 \sum_{i=2}^{n-1} f(x_i) + f(x_e) \right]$$

Die Simpsonformel läßt sich wie die Trapezregel auf gegebene Stützstellen (wie Aufgabe 1), auf eine feste Zahl von Teilflächen einer Funktionsgleichung (wie Aufgabe 2) und als Näherungsverfahren einer Funktionsgleichung (wie Aufgabe 3) anwenden.

9.2 Fourieranalyse

Nach Fourier kann jede periodische Funktion durch folgende Reihe dargestellt werden:

$$f(x) = a_0 + a_1 \cdot \cos x + a_2 \cdot \cos 2x + \cdots + b_1 \sin x + b_2 \cdot \sin 2x + \cdots$$

Die Koeffizienten erhält man durch Integration:

$$a_0 = \frac{1}{T} \int_0^T f(t) dt$$

$$a_k = \frac{2}{T} \int_0^T f(t) \cdot \cos k \, \omega \, t \, dt \qquad\qquad b_k = \frac{2}{T} \int_0^T f(t) \cdot \sin k \, \omega \, t \, dt$$

Mit Hilfe der Trapezregel erhält man folgende Summenschreibweise:

$$a_0 = \frac{1}{N} \sum_{i=1}^{N} f(x_i) \qquad\qquad N = \text{Zahl der Teilflächen}$$

$$a_k = \frac{2}{N} \sum_{i=1}^{N} f(x_i) \cdot \cos \left[\frac{2\pi}{N} (i-1) \cdot k \right]$$

$$b_k = \frac{2}{N} \sum_{i=1}^{N} f(x_i) \cdot \sin \left[\frac{2\pi}{N} (i-1) \cdot k \right] \qquad k = 1, 2, 3, \cdots \frac{N}{2} - 1$$

Man beachte den Zusammenhang zwischen dem Grad des Koeffizienten k und der Zahl der Teilflächen N. Versucht man mehr Koeffizienten als möglich zu berechnen, so entstehen fehlerhafte Werte!

5. Aufgabe:
Man programmiere das Verfahren der Fourieranalyse für eine Funktion, von der Stützstellen einer Periode als Zahlenwerte einzugeben sind. Als Beispiel verwende man Sinus- und Cosinusfunktionen, von denen die Ergebnisse bekannt sind.

6. Aufgabe:
Man programmiere das Verfahren der Fourieranalyse für eine Funktion, die als Funktionsanweisung im Programm zu definieren ist. Als Beispiel wähle man Funktionen, bei denen sich die Ergebnisse leicht überprüfen lassen. Die Zahl der Teilflächen und der Grad der Koeffizienten sollen als Variable eingegeben werden. Man teste auch den Fall, mehr Koefizienten zu berechnen, als es die Zahl der Teilflächen zuläßt. Das Programm ist sehr rechenintensiv; es läßt sich gut zum Vergleichen von Rechnern verwenden.

9.3 Interpolation und Darstellung von Funktionen

7. Aufgabe:
Eine Funktion liegt als Wertetabelle an bestimmten Stützstellen vor. Die Werte sind einzulesen und in einem Feld zu speichern. In einer unendlichen Schleife sind beliebige Abszissenwerte einzulesen. Mit Hilfe der in **Bild 9-3** dargestellten Interpolationsformel sind die Ordinatenwerte zu berechnen und auszugeben.

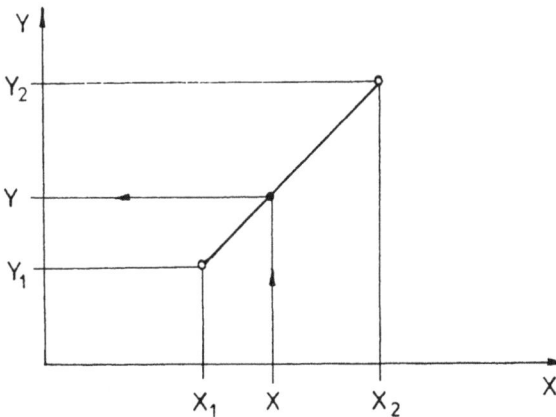

$$\frac{(X - X_1)}{(X_2 - X_1)} = \frac{(Y - Y_1)}{(Y_2 - Y_1)}$$

$$Y = \frac{(X - X_1)}{(X_2 - X_1)} \cdot (Y_2 - Y_1) + Y_1$$

Bild 9-3: Lineare Interpolation

Im Abschnitt 8.5 Textverarbeitung Bild 8-12 wurde ein Programmbeispiel zur Ausgabe einer Sinuskurve auf dem Bildschirm bzw. Drucker vorgestellt. Jeder Kurvenpunkt wurde durch das Zeichen "*" dargestellt. Die linear geteilte X-Achse (Abszisse) läuft senkrecht auf dem Bildschirm bzw. Drucker und kann beliebig lang sein. Für jeden Ordinatenwert ist die Position auf der Zeile zu berechnen, die durch einen "*" markiert wird.

```
C BILD 8-12 PROGRAMMBEISPIEL SINUSKURVE
          CHARACTER Z(51)
          DO 10 I = 1,51
             Z(I) = '.'
10        CONTINUE
          WRITE(*,100) Z
100       FORMAT(1X,51A1)
          DO 20 I = 1,51
             Z(I) = ' '
20        CONTINUE
          DO 30 I = 0,180,10
             Z(1) = '.'
             BOG = FLOAT(I)*3.1415927/180.
             IND = IFIX(SIN(BOG)*50. + 1.5)
             Z(IND) = '*'
             WRITE(*,100) Z
             Z(IND) = ' '
30        CONTINUE
          STOP
          END

B>TEST
```

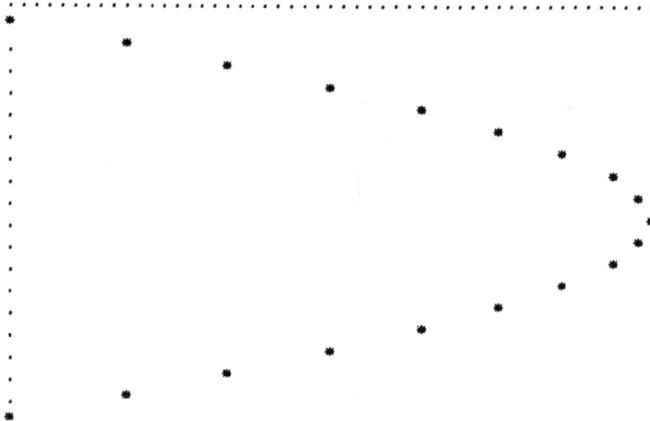

(**Bild 8-12** Programmbeispiel für die Ausgabe einer Sinuskurve)

Ausgehend von dem in Bild 8-12 dargestellten Beispiel sollen nun zwei Unterprogramme entwickelt werden, die nach dem gleichen Verfahren beliebige Funktionen ausgeben können. Die Funktionswerte sind in einem zweidimensionalen Feld TAB(2,n) zu übergeben. Es seien n Wertepaare vorhanden. Die Positionen TAB(1,n) enthalten die X-Werte, die Positionen TAB(2,n) enthalten die Y-Werte. Die Ausgabe erfolgt in 79 Bildschirmspalten. Zusätzlich wird eine Überschrift in einer Variablen vom Typ CHARACTER übergeben und über der Kurve ausgedruckt. Die Unterprogramme sollen die Lage der X-Achse aus den übergebenen Werten bestimmen. **Bild 9-4** zeigt die Formeln zur Bestimmung des Nullpunktes (NULL) und der Indexposition (IND).

```
YMAX = größter Y-Wert (REAL)
YMIN = kleinster Y-Wert (REAL)
   Y = Ordinatenwert (REAL)

NULL = Position des Nullpunktes (INTEGER)
 IND = Position des Zeichens "*" (INTEGER)
```

<u>Allgemeiner Fall positive und negative Y-Werte:</u>

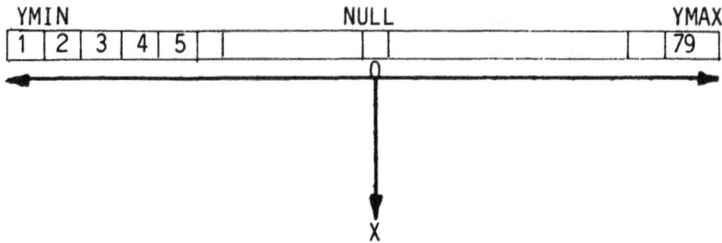

$$NULL = \left| \frac{YMIN * 78}{YMAX - YMIN} \right| + 1.5 \qquad IND = \left| \frac{YMIN * 78}{YMAX - YMIN} \right| + \frac{Y * 78}{YMAX-YMIN} + 1.5$$

<u>Nur positive Y-Werte: YMIN = 0</u>

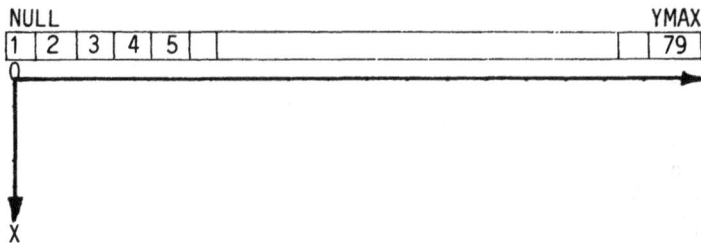

$$NULL = 1 \qquad\qquad IND = \frac{Y * 78}{YMAX} + 1.5$$

<u>Nur negative Werte: YMAX = 0</u>

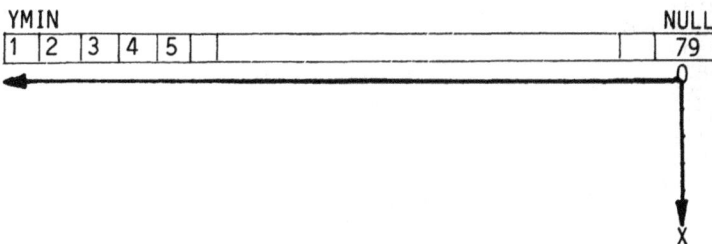

$$NULL = 79 \qquad\qquad IND = 79.5 - \frac{Y * 78}{YMIN}$$

Bild 9-4: Bestimmung des Nullpunktes und der Indexposition

8. Aufgabe:
Man entwickle ein Unterprogramm zur Ausgabe einer durch eine Wertetabelle gegebenen Funktion auf dem Bildschirm bzw. Drucker entsprechend **Bild 9-5** . Aufruf durch:

CALL KURZEI(TEXT,TAB,N)

TEXT ist eine CHARACTER-Größe aus 79 Zeichen mit einer Überschrift. TAB ist ein zweidimensionales Feld mit den auszugebenden Wertepaaren. TAB(1,.) enthält die X-Werte, TAB(2,.) enthält die Y-Werte. N ist die Zahl der Wertepaare. Die X-Werte müssen den gleichen Abstand haben. Die X-Achse verlaufe senkrecht in Richtung des Papiervorschubs auf dem Drucker.

```
FUNKTION SIN(X)+SIN(2*X)+SIN(3*X)+SIN(4*X)

    ABSZISSE     ORDINATE

    .00000        .00000
    5.0000        .86164
    10.000       1.6585
    15.000       2.3320
    20.000       2.8356
    25.000       3.1394
    30.000       3.2321
    35.000       3.1220
    40.000       2.8356
    45.000       2.4142
    50.000       1.9088
    55.000       1.3749
    60.000        .86603
    65.000        .42873
    70.000        .97673E-01
    75.000       -.10721
    80.000       -.18199
    85.000       -.13810
    90.000        .87423E-07
    95.000        .19864
    100.00        .41955
    105.00        .62484
    110.00        .78171
    115.00        .86625
    120.00        .86603
    125.00        .78107
    130.00        .62326
    135.00        .41421
    140.00        .18199
    145.00       -.42978E-01
    150.00       -.23205
    155.00       -.36231
    160.00       -.41955
    165.00       -.40010
    170.00       -.31116
    175.00       -.16969
    180.00        .41326E-06
```

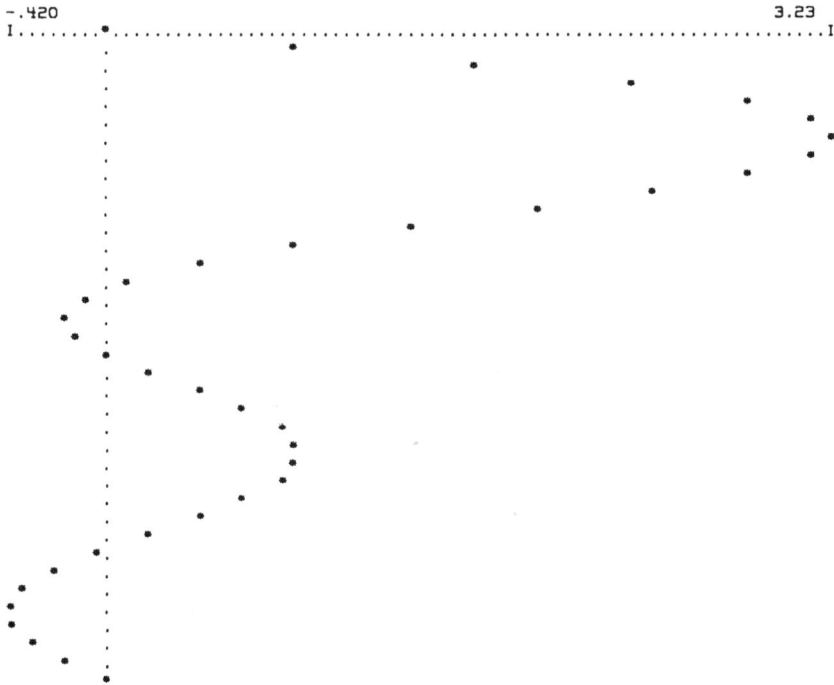

Bild 9-5: Beispiel einer Ausgabe mit senkrechter X-Achse

9. Aufgabe:
Für eine Betrachtung auf dem Bildschim ist es vorteilhafter, entsprechend **Bild 9-6** die X-Achse waagerecht und die Y-Achse senkrecht zu legen. Anstelle des eindimensionalen Feldes ZEILE (79) der 8. Aufgabe ist ein zweidimensionales Feld BILD (79,24) zu verwenden. Für jedes Wertepaar wird die Lage des Punktes in diesem Raster bestimmt und als "*" markiert.

```
FUNKTION SIN(X)+SIN(2*X)+SIN(3*X)+SIN(4*X)
YMAX=   3.232      YMIN=  -.4195      XMAX=   180.0      XMIN=    .0000
```

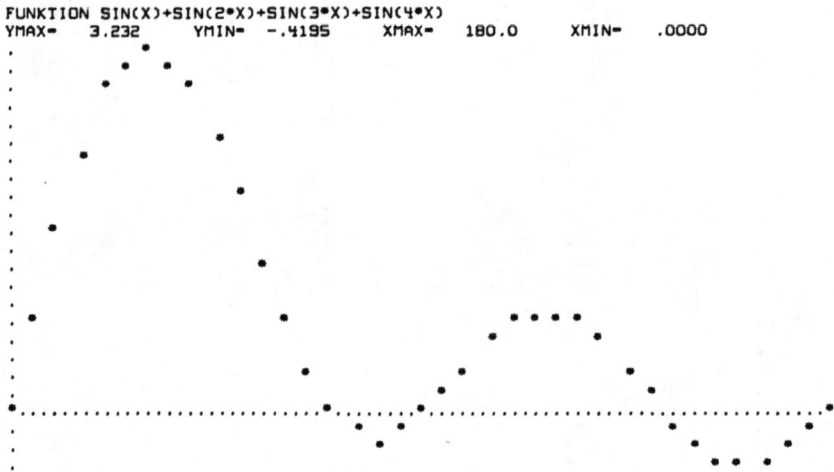

Bild 9-6: Beispiel eines Ausgabe mit waagerechter X-Achse

9.4 Elektrotechnische Aufgaben

10. Aufgabe:
Es ist die Spannung U2 am Ausgang der in **Bild 9-7** dargestellten Schaltung zu berechnen.

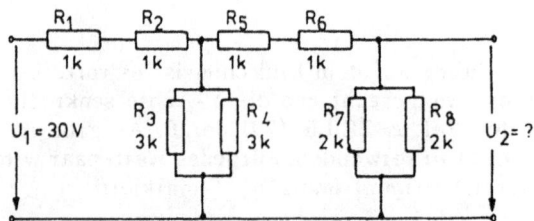

$$R_{78} = \frac{R_7 \cdot R_8}{R_7 + R_8}$$

$$R_{58} = R_5 + R_6 + R_{78}$$

$$R_{38} = \frac{1}{\dfrac{1}{R_3} + \dfrac{1}{R_4} + \dfrac{1}{R_{58}}}$$

$$I_1 = \frac{U_1}{R_1 + R_2 + R_{38}}$$

$$I_0 = \frac{U_1 - I_1(R_1 + R_2)}{\dfrac{R_3 \cdot R_4}{R_3 + R_4}}$$

$$U_2 = (I_1 - I_0) \cdot R_{78}$$

Bild 9-7: Ausgangsspannung einer Gleichstromschaltung

11. Aufgabe:

Den Zusammenhang zwischen dem normierten Strom In und der normierten Frequenz η eines Reihenschwingkreises liefert die in **Bild 9-8** dargestellte Gleichung. Den Parameter Q bezeichnet man als Kreisgüte. Es ist eine Tabelle auszugeben, aus der man den normierten Strom In für die Kreisgüten Q = 10 bis Q = 100 (Schrittweite 10) und η = 0.9 bis 1.1 (Schrittweite 0.005) ablesen kann.

$$I_n = \frac{1}{\sqrt{1 + Q^2 \left(\eta - \frac{1}{\eta} \right)^2}}$$

$$\eta = \frac{\omega}{\omega_0}$$

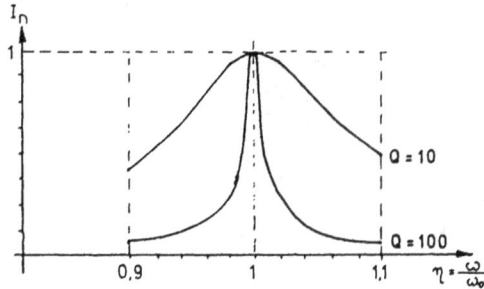

NORMIERTER STROM IN

KREISGUETE Q

ETA	10	20	30	40	50	60	70	80	90	100
.900	.428	.230	.156	.118	.094	.079	.068	.059	.053	.047
.905	.447	.243	.164	.124	.100	.083	.071	.062	.055	.050
.910	.468	.256	.174	.131	.105	.088	.075	.066	.059	.053
		.271	.184	.139	.112	.093	.080			.056
				.148	.119					

Bild 9-8: Normierte Größen eine Reihenschwingkreises

12. Aufgabe:

Es ist die Ortskurve einer Tiefpaß-Schaltung entsprechend **Bild 9-9** für Frequenzen von 0 bis 5000 Hz mit der Schrittweite 50 Hz zu berechnen. In einer Tabelle erscheine die Frequenz und der Gesamtwiderstand sowohl in der Komponenten- als auch in der Exponentialdarstellung. Die COMPLEX-Größen des Lösungsvorschlags Seite 215 sind in der Compiler Version 2.0 nicht verfügbar.

$$\underline{Z}_1 = R + j\omega L$$

$$\underline{Z}_2 = -j\frac{1}{\omega C}$$

$$\underline{Z}_g = j\omega L + \frac{\underline{Z}_1 \cdot \underline{Z}_2}{\underline{Z}_1 + \underline{Z}_2}$$

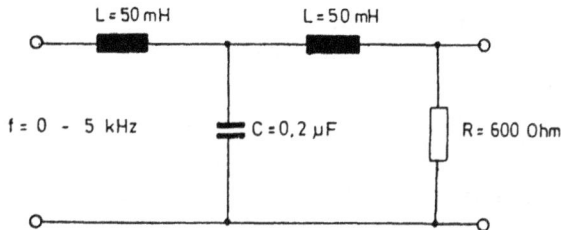

Bild 9-9: Tiefpaß-Schaltung

10 Ergänzende und weiterführende Literatur

J. Schärf
FORTRAN für Anfänger
R.Oldenbourg Verlag 4.Auflage 1981

J.Schärf, H.Schierer, W.Baron
FORTRAN-Übungen für Anfänger
R.Oldenbourg Verlag 1981

R. Herschel
FORTRAN
R.Oldenbourg Verlag 5.Auflage 1989

W. M. Pieper
Programmierpraktikum für Ingenieure
B.G.Teubner Studienskripten 1985

R. Ralston, H.S. Wilf
Mathematische Methoden für Digitalrechner Band I und II
R.Oldenbourg Verlag 2.Auflage 1972/1979

H. Späth
Spline-Algorithmen zur Konstruktion glatter Kurven und Flächen
R.Oldenbourg Verlag 2.Auflage 1983

H. Späth
Cluster-Formation und -Analyse
R.Oldenbourg Verlag 1983

E. O. Brigham
FTT Schnelle Fourier-Transformation
R.Oldenbourg Verlag 2.Auflage 1983

A. R. Miller
FORTRAN Programs for Scientists and Engineers
Sybex Verlag 1982

Firmenschrift UNIVAC
FORTRAN (ASCII) Level 10R1
Sperry Corporation 1982

Firmenschrift IBM
FORTRAN Compiler Version 2.00
IBM Corporation 1982

Firmenschrift IBM
Professional FORTRAN
IBM Corporation 1984

11 Lösungen der Übungsaufgaben

2.8 Übungen zum Abschnitt Grundlagen

```
C LOESUNG UEBUNG 2.8 AUFGABE 1 KUGEL
10      WRITE(*,*) 'DURCHMESSER D EINER KUGEL EINGEBEN'
        READ(*,*,END=20) D
        VOL = (3.1415927 * D**3)/6.
        OBER = 3.1415927 * D**2
        WRITE(*,*)'V =',VOL,'  M =',OBER
        GOTO 10
20      WRITE(*,*) ' BIN FERTIG'
        STOP
        END
```

1. Aufgabe: Volumen und Oberfläche der Kugel

```
C LOESUNG UEBUNG 2.8 AUFGABE 2 DROSSEL
        REAL L
        PI = 3.1415927
10      WRITE(*,*)'R (OHM) L (HENRY) F (HZ) EINGEBEN'
        READ(*,*,END=20) R , L , F
        Z = SQRT (R**2 + (2.0 * PI * F * L)**2)
        WRITE(*,*)'Z (OHM) =' , Z
        GOTO 10
20      STOP
        END
```

2. Aufgabe: Widerstand einer Drosselspule

```
C LOESUNG 2.8 AUFGABE 3 TRAEGER
        REAL L , M
10      WRITE(*,*)' Q (KP/M)  L (M) EINGEBEN'
        READ(*,*,END=20) Q , L
        A = Q * L / 2.
        M = (Q * L**2) / 8.
        WRITE(*,*)'Q (KP/M) =',Q,' L (M)   =',L
        WRITE(*,*)'A (KP)   =',A,' M (KPM) =',M
        WRITE(*,*)
        GOTO 10
20      STOP
        END
```

3. Aufgabe: Dimensionierung eines Trägers

```
C LOESUNG UEBUNG 2.8 AUFGABE 4 RC-SCHALTUNG
        REAL I
        WRITE(*,*) 'UO (VOLT) R (OHM) C (FARAD) EINGEBEN'
        READ(*,*) UO , R , C
        WRITE(*,*)
        WRITE(*,*) 'STROM DURCH RC ALS FUNKTION DER ZEIT'
        WRITE(*,*)'UO =', UO , '   (VOLT)'
        WRITE(*,*)'R  =', R  , '   (OHM)'
        WRITE(*,*)'C  =', C  , '   (FARAD)'
        WRITE(*,*)
10      WRITE(*,*)' ZEITPUNKT IN SEK'
        READ(*,*,END=20) T
        I = UO*EXP(-T / (R*C)) / R
        WRITE(*,*)' T (SEK)',T,'  I (A)',I
        GOTO 10
20      STOP
        END
```

4. Aufgabe: Strom einer RC-Schaltung

3.6 Übungen zum Abschnitt Programmverzweigungen

```
C LOESUNG UEBUNG 3.6 AUFGABE 1 DIODENKENNLINIE
        REAL I
        F1 = 0.001
        F2 = 0.1
10      WRITE(*,*) 'U (V) EINGEBEN'
        READ(*,*,END=20) U
        IF(U.LE.0.) I = 0.
        IF(U.GT.0. .AND. U.LT.1.) I = F1*U
        IF(U.GE.1.) I = F2*U
        WRITE(*,*) 'U (V) =' , U , '  I (A) =' , I
        GOTO 10
20      STOP
        END
```

1. Aufgabe: Diodenkennlinie

```
C LOESUNG UEBUNG 3.6 AUFGABE 2  TTL-PEGEL
10      WRITE(*,*) 'U (V) EINGEBEN'
        READ(*,*,END=20) U
        IF(U.GE.0. .AND. U.LT.0.4) THEN
          WRITE(*,*) 'U (V) =' , U , '  LOW'
        ELSE IF(U.GT.2.4 .AND. U.LE.5.) THEN
          WRITE(*,*) 'U (V) =' , U , '  HIGH'
        ELSE
          WRITE(*,*) 'U (V) =' , U , '  VERBOTEN'
        END IF
        GOTO 10
20      STOP
        END
```

2. Aufgabe: TTL - Pegel

```
C LOESUNG UEBUNG 3.6 AUFGABE 3 DIFFERENZ
10      WRITE(*,*) '2 WERTE EINGEBEN'
        READ(*,*,END=20) WERT1 , WERT2
        DIFF = WERT2 - WERT1
        IF (DIFF.GT.0.) THEN
          WRITE(*,*) 'D =' , DIFF , ' STEIGEND'
        ELSE IF (DIFF.LT.0.) THEN
          WRITE(*,*) 'D =' , DIFF , ' FALLEND'
        ELSE
          WRITE(*,*) 'D =' , DIFF , ' GLEICH'
        END IF
        GOTO 10
20      STOP
        END
```

3. Aufgabe: Differenz zweier Meßwerte

```
C ZUSATZLOESUNG UEBUNG 3.6 AUFGABE 3 DIFFERENZ
        WRITE(*,*) '1. WERT EINGEBEN'
        READ(*,*) WALT
10      WRITE(*,*) 'NEUEN WERT ENGEBEN'
        READ(*,*,END=20) WNEU
        DIFF = WNEU - WALT
        IF (DIFF.GT.0.) WRITE(*,*)'D=',DIFF,' STEIGEND'
        IF (DIFF.LT.0.) WRITE(*,*)'D=',DIFF,' FALLEND'
        IF (DIFF.EQ.0.) WRITE(*,*)'D=',DIFF,' GLEICH'
        WALT = WNEU
        GOTO 10
20      STOP
        END
```

3. Aufgabe: Zusatzlösung

```
C LOESUNG UEBUNG 3.6 AUFGABE 5 KENNLINIE
10      WRITE(*,*) 'UE (V) EINGEBEN'
        READ(*,*,END=20) UE
        IF (UE.LE.0.) UA = 0.
        IF (UE.GT.0. .AND. UE.LE.1.) UA = UE
        IF (UE.GT.1. .AND. UE.LE.10.) UA = UE**2
        IF (UE.GT.10.) UA = 100.
        WRITE(*,*)'UE (V)=',UE,' UA (V)=',UA
        GOTO 10
20      STOP
        END
```

5. Aufgabe: Kennlinie einer Schaltung

```
C LOESUNG UEBUNG 3.6 AUFGABE 4 FORMELN
10        WRITE(*,*) 'FORMEL Y=2.0*X     ZAHL 1 EINGEBEN'
          WRITE(*,*) 'FORMEL Y=X**2      ZAHL 2 EINGEBEN'
          WRITE(*,*) 'FORMEL Y=0.5*X**3 ZAHL 3 EINGEBEN'
          READ(*,*) N
          IF (N.LE.0 .OR. N.GT.3) THEN
             WRITE(*,*) 'EINGABEFEHLER'
             GOTO 10
          ELSE
20           WRITE(*,*) 'X EINGEBEN'
             READ(*,*,END=70) X
             GOTO (30 , 40 , 50) , N
C FALL     N = 1
30              Y = 2.0*X
                WRITE(*,*)'X=',X,' Y=',Y,' FORMEL Y=2.0*X'
                GOTO 60
C FALL     N = 2
40              Y = X**2
                WRITE(*,*)'X=',X,' Y=',Y,' FORMEL Y=X**2'
                GOTO 60
C FALL     N = 3
50              Y = 0.5*X**3
                WRITE(*,*)'X=',X,' Y=',Y,' FORMEL Y=0.5*X**3'
                GOTO 60
C ENDE DER FALLUNTERSCHEIDUNG
60              GOTO 20
          END IF
70        STOP
          END
```

4. Aufgabe: Auswahl von Formeln

4.5 Übungen zum Abschnitt Programmschleifen

```
C LOESUNG UEBUNG 4.5 AUFGABE 1   SUMME VON 1 BIS 100
          NSUM = 0
          DO 10 N = 1,100
             NSUM = NSUM + N
10        CONTINUE
          WRITE(*,*)'SUMME VON 1 BIS 100 =', NSUM
          STOP
          END
```

1. Aufgabe: Summe der Zahlen von 1 bis 100

```
C LOESUNG UEBUNG 4.5 AUFGABE 2 FAKULTAETEN
        DOUBLE PRECISION DFAK
5       WRITE(*,*) '1 FUER INTEGER-RECHNUNG'
        WRITE(*,*) '2 FUER REAL-RECHNUNG'
        WRITE(*,*) '3 FUER DOUBLE PRECISION-RECHNUNG'
        READ(*,*,END = 40) MARK
        IF (MARK.EQ.1) THEN
        WRITE (*,*) 'INTEGER-RECHNUNG'
        IFAK = 1
        DO 10 I = 1,100
            IFAK = IFAK * I
            WRITE(*,*) I,' ! =',IFAK
10      CONTINUE
        ELSE IF(MARK.EQ.2) THEN
        WRITE(*,*) 'REAL-RECHNUNG'
        FAK = 1.
        DO 20 I = 1,100
            FAK = FAK * FLOAT(I)
            WRITE(*,*) I,' ! =',FAK
20      CONTINUE
        ELSE IF(MARK.EQ.3) THEN
        WRITE(*,*) 'DOUBLE PRECISION-RECHNUNG'
        DFAK = 1.DO
        DO 30 I = 1,100
            DFAK = DFAK * DBLE(FLOAT(I))
            WRITE(*,*) I,' ! =',DFAK
30      CONTINUE
        END IF
        GOTO 5
40      STOP
        END
```

2. Aufgabe: Fakultäten von 1! bis 100!

```
C LOESUNG UEBUNG 4.5 AUFGABE 3 RC-SCHALTUNG
        REAL I
        INTEGER T,TA,TE,TS
        WRITE(*,*) 'UO (VOLT) R (OHM) C (FARAD) EINGEBEN'
        READ(*,*) UO , R , C
        WRITE(*,*)
        WRITE(*,*) 'STROM DURCH RC ALS FUNKTION DER ZEIT'
        WRITE(*,*)'UO =', UO , ' (VOLT)'
        WRITE(*,*)'R  =', R  , ' (OHM)'
        WRITE(*,*)'C  =', C  , ' (FARAD)'
        WRITE(*,*)
        WRITE(*,*) 'TA  TE  TS  IN uS EINGEBEN'
        READ(*,*) TA , TE , TS
        DO 10 T = TA , TE , TS
            I = UO*EXP(-FLOAT(T)*1.E-6 / (R*C)) / R
            WRITE(*,*) 'T (uSEK)',T,' I(A)',I
10      CONTINUE
        STOP
        END
```

3. Aufgabe: Tabelle des Einschaltstromes

```
C LOESUNG UEBUNG 4.5 AUFGABE 4 ZAHL e
        D = 0.0001
        EA = 0.
        N = 1
10      CONTINUE
        E = (1. + 1./FLOAT(N))**N
        DIFF = ABS(E - EA)
        WRITE(*,*) 'N =',N,'  e =',E
        EA = E
        N = N + 1
        IF (DIFF.GT.D) GOTO 10
        STOP
        END
```

4. Aufgabe: Berechnung der Zahl e

```
C LOESUNG UEBUNG 4.5 AUFGABE 5  e-REIHE
        D = 0.0001
        EA = 1.
        G = 1.
        N = 1
10      CONTINUE
        E = EA + G
        DIFF = ABS (E - EA)
        WRITE(*,*)' N =',N,'   e =',E
        N = N + 1
        EA = E
        G = G / FLOAT(N)
        IF (DIFF.GT.D) GOTO 10
        STOP
        END
```

5. Aufgabe: Reihenentwicklung für e

```
C LOESUNG UEBUNG 4.5 AUFGABE 6  3. WURZEL
        D = 1.E-3
10      WRITE(*,*) 'RADIKAND A UND XO EINGEBEN'
        READ(*,*,END=30) A,XO
        N = 0
20      CONTINUE
        X = (2.0*XO + A/(XO*XO)) / 3.0
        DIFF = ABS ((X-XO)/XO)
        XO = X
        N = N + 1
        WRITE(*,*)'N =',N,' X =',X,'  D =',DIFF
        IF (DIFF.GT.D) GOTO 20
        GOTO 10
30      STOP
        END
```

6. Aufgabe: Berechnung der 3. Wurzel

5.2 Übungen zum Abschnitt eindimensionale Felder

```
C LOESUNG UEBUNG 5.2 AUFGABE 1 INTEGRATION
        DIMENSION X(10) , Y(10)
        N = 10
C WERTE LESEN
        DO 10 I=1,N
            WRITE(*,*)I,'.WERTEPAAR EINGEBEN'
            READ(*,*) X(I) , Y(I)
10          CONTINUE
C SUMMENFORMEL
        SUM = 0.
        DO 20 K = 2,N-1
            SUM = SUM + Y(K)
20          CONTINUE
C INTEGRATIONSFORMEL UND ERGEBNIS AUSGEBEN
        H = (X(N) - X(1)) / FLOAT(N-1)
        F = 0.5 * ( Y(1) + Y(N) + 2.0*SUM)
        WRITE(*,*) ' INTEGERAL =', F , ' FUER N =', N
        STOP
        END
```

1. Aufgabe: Numerische Integration nach der Trapezregel

```
C LOESUNG UEBUNG 5.2 AUFGABE 2 SKALARPRODUKT
        DIMENSION A(10), B(10)
        NMAX = 10
        WRITE(*,*) NMAX , ' KOMPONENTEN VEKTOR A'
        READ (*,*) A
        WRITE(*,*) NMAX , ' KOMPONENTEN VEKTOR B'
        READ(*,*) B
        PROD = 0.
        DO 10 I = 1,NMAX
            PROD = PROD + A(I)*B(I)
10          CONTINUE
        WRITE(*,*)' SKLARPRODUKT =', PROD
        STOP
        END
```

2. Aufgabe: Skalarprodukt

```
C LOESUNG UEBUNG 5.2   AUFGABE 3   DRAHTTABELLE
        DIMENSION R(6)
        WRITE(*,*) 'DRAHTLAENGE IN M EINGEBEN'
        READ(*,*) LMAX
        WRITE(*,*)' WIDERSTAND EINES KUPFERDRAHTES IN OHM'
        WRITE(*,*)
        WRITE(*,*)'L(M) D=0.5MM D=0.6MM D=0.7MM D=0.8MM
        DO 20 L = 1,LMAX
           DO 10 I = 5,10,1
              D = FLOAT(I) / 10.
              A = 3.1415927*D*D/4.0
              R(I-4) = FLOAT(L) / (56.0 * A)
10            CONTINUE
           WRITE(*,100) L , R
100        FORMAT(1X,I4,6F8.3)
20      CONTINUE
        STOP
        END
```

3. Aufgabe: Drahttabelle

```
C LOESUNG UEBUNG 5.2 AUFGABE 4
        INTEGER WERT(49) , WMAX
        WMAX = 49
C ZAEHLER LOESCHEN
        DO 10 I = 1,WMAX
           WERT(I) = 0
10      CONTINUE
C EINGABESCHLEIFE
20      WRITE(*,*)' ZAHL VON 1 BIS',WMAX,' EINGEBEN'
        READ(*,*,END=30) IND
        IF (IND.LT.1 .OR. IND.GT.WMAX) THEN
           WRITE(*,*)' EINGABEFEHLER'
        ELSE
           WERT(IND) = WERT(IND) + 1
        END IF
        GOTO 20
C AUSGABE DER ZAEHLER
30      DO 40 I = 1,WMAX
           WRITE(*,*)' DIE ZAHL',I,' KAM',WERT(I),' MAL'
40      CONTINUE
        STOP
        END
```

4. Aufgabe: Häufigkeit der Lottozahlen

5.4 Übungen zum Abschnitt mehrdimensionale Felder

```
C LOESUNG UEBUNG 5.4 AUFGABE 1 WERTETABELLE
        REAL    MESS(20,10)
        NZ = 20
        NS = 10
100     FORMAT(1X,10F7.3)
C ZAHL DER MESSREIHEN UND WERTE LESEN
10      WRITE(*,*)'NZ EINGEBEN MAXIMAL',NZ
        READ(*,*) NMESS
        IF(NMESS.LT.1 .OR. NMESS.GT.NZ) GOTO 10
        DO 20 I = 1,NMESS
            WRITE(*,*)I,'.ZEILE MIT',NS,' WERTEN'
            READ(*,*)(MESS(I,J),J=1,NS)
20      CONTINUE
C SUMMIEREN UND MITTELWERT BERECHNEN
        SUM = 0.0
        DO 40 I = 1,NMESS
            DO 30 J = 1,NS
                SUM = SUM + MESS(I,J)
30          CONTINUE
40      CONTINUE
        WMITT = SUM/FLOAT(NMESS*NS)
C MITTELWERT UND MESSWERTE AUSGEBEN
        WRITE(*,*)
        WRITE(*,*)WMITT,' MITTELWERT'
        WRITE(*,*)
        WRITE(*,*)'MESSWERTE'
        WRITE(*,100)((MESS(I,J),J=1,NS),I=1,NMESS)
        STOP
        END
```

1. Aufgabe: Speicherung einer Wertetabelle

```
C LOESUNG UEBUNG 5.4 AUFGABE 2 MATRIZENADDITION
        DIMENSION A(4,5),B(4,5),C(4,5)
        NZ = 4
        NS = 5
100     FORMAT(1X,5F10.3)
C MATRIZEN EINLESEN
        DO 10 I= 1,NZ
            WRITE(*,*)I,'.ZEILE MATRIX A',NS,' WERTE'
            READ(*,*) (A(I,J),J=1,NS)
10      CONTINUE
        DO 20 I = 1,NZ
            WRITE(*,*)I,'.ZEILE MATRIX B',NS,' WERTE'
            READ(*,*) (B(I,J),J=1,NS)
20      CONTINUE
C SUMMENMATRIX BILDEN UND ELEMENTE SUMMIEREN
        SUMA = 0.0
        SUMB = 0.0
        SUMC = 0.0
        DO 40 I = 1,NZ
```

```
          DO 30 J = 1,NS
             C(I,J) = A(I,J) + B(I,J)
             SUMA = SUMA + A(I,J)
             SUMB = SUMB + B(I,J)
             SUMC = SUMC + C(I,J)
30        CONTINUE
40     CONTINUE
C SUMMEN UND MATRIZEN AUSGEBEN
       WRITE(*,*)
       WRITE(*,*)'MATRIX A  SUMME =',SUMA
       WRITE(*,100) ((A(I,J),J=1,NS),I=1,NZ)
       WRITE(*,*)
       WRITE(*,*)'MATRIX B  SUMME =',SUMB
       WRITE(*,100) ((B(I,J),J=1,NS),I=1,NZ)
       WRITE(*,*)
       WRITE(*,*)'MATRIX C  SUMME =',SUMC
       WRITE(*,100) ((C(I,J),J=1,NS),I=1,NZ)
       STOP
       END
```

2. Aufgabe: Matrizenaddition

```
C LOESUNG UEBUNG 5.4 AUFGABE 3 DRAHTTABELLE
       DIMENSION R(100,6)
       NZ = 100
       NS = 6
100    FORMAT(1X,I4,6F8.3)
C DRAHTLAENGE LESEN UND PRUEFEN
10     WRITE(*,*) 'DRAHTLAENGE IN M EINGEBEN'
       READ(*,*) LMAX
       IF(LMAX.LT.1 .OR. LMAX.GT.NZ) GOTO 10
C TABELLE BERECHNEN
       DO 30 L=1,LMAX
          DO 20 J = 1,NS
             D = FLOAT(J+4)/10.
             A = 3.1415927*D*D/4.0
             R(L,J) = FLOAT(L)/(56.0*A)
20        CONTINUE
30     CONTINUE
C TABELLE AUSGEBEN
       WRITE(*,*)' WIDERSTAND EINES KUPFERDRAHTES IN OHM'
       WRITE(*,*)
       WRITE(*,*)'L(M) D=0.5MM D=0.6MM D=0.7MM D=0.8MM
       DO 40 L = 1,LMAX
          WRITE(*,100)L,(R(L,J),J=1,NS)
40     CONTINUE
       STOP
       END
```

3. Aufgabe: Drahttabelle

6.6 Übungen zum Abschnitt Unterprogrammtechnik

```
C LOESUNG UEBUNG 6.6 AUFGABE 1 WINKELMASS
C FUNKTIONSANWEISUNG
        WSIN(X) = SIN(X*3.1415927/180.0)
C HAUPTPROGRAMM EINGABESCHLEIFE
10      WRITE(*,*)'WINKEL EINGEBEN'
        READ(*,*,END=20) ALFA
        FUNK = WSIN(ALFA)
        WRITE(*,*)FUNK
        GOTO 10
20      STOP
        END
```

1. Aufgabe: Sinusfunktion im Winkelmaß

```
C LOESUNG UEBUNG 6.6 AUFGABE 2 NOTEN
C HAUPTPROGRAMM
        INTEGER P,FORMEL
10      WRITE(*,*)'PUNKTE EINGEBEN'
        READ(*,*,END=20) P
        NOTE = FORMEL(P)
        WRITE(*,*)'NOTE:',NOTE
        GOTO 10
20      STOP
        END

B>TYPE L66A2U.FOR
C FUNCTION - UNTERPROGRAMM
        INTEGER FUNCTION FORMEL(P)
        INTEGER P
        IF (P.GT.35) X=(100.0-FLOAT(P))/15.0 + 1.0
        IF (P.LE.35) X = 6.0
        FORMEL = IFIX(X + 0.5)
        RETURN
        END
```

2. Aufgabe: Notenformel

```
C LOESUNG UEBUNG 6.6 AUFGABE 3 MAXIMALWERT
C HAUPTPROGRAMM
        INTEGER ZAHL(1000)
        NZ = 1000
        DO 20 I = 1,NZ
           WRITE(*,*)I,'.ZAHL EINGEBEN ENDE MIT TASTE F6'
           READ(*,*,END=30) ZAHL(I)
           N = I
20      CONTINUE
30      MAZAHL = MAX(ZAHL,N)
        WRITE(*,*)'MAXIMUM =',MAZAHL
        STOP
        END
```

```
C FUNCTION - UNTERPROGRAMM
        FUNCTION MAX(X,N)
        INTEGER X(N)
        MAX = X(1)
        DO 10 I = 2,N
           IF (X(I).GT.MAX) MAX = X(I)
10      CONTINUE
        RETURN
        END
```

3. Aufgabe: Suchen des Maximalwertes

```
C LOESUNG UEBUNG 6.6 AUFGABE 4 FAKULTAET
C HAUPTPROGRAMM
10      WRITE(*,*) 'GANZE ZAHL EINGEBEN'
        READ(*,*,END=20) N
        X = FAK(N)
        WRITE(*,*)N,' ! =', X
        GOTO 10
20      STOP
        END
```

```
C FUNCTION - UNTERPROGRAMM
        FUNCTION FAK(N)
        FAK = 1.0
        DO 10 I = 1,N
           FAK = FAK * FLOAT(I)
10      CONTINUE
        RETURN
        END
```

4. Aufgabe: Berechnung von n!

```
C LOESUNG UEBUNG 6.6 AUFGABE 5 KEGEL
C HAUPTPROGRAMM
10      WRITE(*,*)'HOEHE UND DURCHMESSER EINGEBEN'
        READ(*,*,END=20) H,D
        CALL KEGEL(H,D,AM,S,V)
        WRITE(*,*) AM , S , V
        GOTO 10
20      STOP
        END
```

```
C SUBROUTINE - UNTERPROGRAMM
        SUBROUTINE KEGEL(H,D,AM,S,V)
        PI = 3.1415927
        S = SQRT((D/2.0)**2 + H**2)
        AM = PI*D*S/2.0
        V = PI*D*D*H/12.0
        RETURN
        END
```

5. Aufgabe: Mantelfläche, Seitenlinie und Volumen eines Kegels

```
C LOESUNG UEBUNG 6.6 AUFGABE 6 QUADRATISCHE GLEICHUNG
C HAUPTPROGRAMM
10      WRITE(*,*)'P UND Q EINGEBEN'
        READ(*,*,END=20) P , Q
        CALL QUAGL(P,Q,X1,X2,MARKE)
        IF (MARKE.EQ.0) THEN
            WRITE(*,*)'LOESUNG KOMPLEX'
        ELSE
            WRITE(*,*)X1,X2
        END IF
        GOTO 10
20      STOP
        END


C SUBROUTINE - UNTERPROGRAMM
        SUBROUTINE QUAGL(P,Q,X1,X2,MARKE)
        RAD = P**2/4.0 - Q
        IF (RAD.LT.0.0) THEN
            MARKE = 0
        ELSE
            MARKE = 1
            X1 = -P/2.0 + SQRT(RAD)
            X2 = -P/2.0 - SQRT(RAD)
        END IF
        RETURN
        END
```

6. Aufgabe: Lösung der quadratischen Gleichung

```
C LOESUNG UEBUNG 6.6 AUFGABE 7 EXTREMWERTE
C HAUPTPROGRAMM
        DIMENSION X(1000)
        NZ = 1000
        WRITE(*,*)'ZAHLEN ZEILENWEISE EINGEBEN'
        READ(*,*,END=10) (X(I),I=1,NZ)
10      N = I - 1
        CALL EXTREM(X,N,XMAX,XMIN)
        WRITE(*,*)N,XMAX,XMIN
        STOP
        END


C SUBROUTINE - UNTERPROGRAMM
        SUBROUTINE EXTREM(A,N,AMAX,AMIN)
        DIMENSION A(N)
        AMAX = A(1)
        AMIN = A(1)
        DO 10 I=1,N
            IF (A(I).GT.AMAX) AMAX = A(I)
            IF (A(I).LT.AMIN) AMIN = A(I)
10      CONTINUE
        RETURN
        END
```

7. Aufgabe: Extremwerte bestimmen

7.8 Übungen zum Abschnitt Ein/Ausgabe von Daten

```
C LOESUNG UEBUNG 7.8   AUFGABE 1 SCHALTBILD

        WRITE(*,100)
100     FORMAT(/10X,'                          * *'
    1          /10X,'                          * *'
    2          /10X,'          *******         * *'
    3          /10X,'0******          ******* *******0'
    4          /10X,'          *******         * *'
    5          /10X,'                          * *'
    6          /10X,'                          * *'//)
        STOP
        END
```

1. Aufgabe: Zeichnen eines Schaltbildes

```
C LOESUNG UEBUNG 7.8 AUFGABE 2 TABELLE
        DIMENSION X(4)
        WRITE(*,100)
100     FORMAT(10X,51('*'))
        WRITE(*,200)(I,I=2,5)
200     FORMAT(10X,'*   X   ',4('! ',I1,'.WURZEL '),'*')
        WRITE(*,100)
        DO 20 I = 1,10
           DO 10 J = 2,5
              X(J-1) = FLOAT(I) ** (1.0/FLOAT(J))
10         CONTINUE
           WRITE(*,300) I , X
300        FORMAT(10X,'*',I3,2X,4('!',F9.4,1X),'*')
20      CONTINUE
        WRITE(*,100)
        STOP
        END
```

2. Aufgabe: Ausgabe einer Wurzeltabelle

```
C LOESUNG UEBUNG 7.8 AUFGABE 3 SEQUENTIELLE DATEI
        OPEN (10,FILE='TEST.DAT',STATUS='NEW',
    1   ACCESS='SEQUENTIAL',FORM='UNFORMATTED')
C DATEI BESCHREIBEN
        DO 10 I = 1,100
            WRITE(10) I
10      CONTINUE
        END FILE 10
        REWIND 10
C DATEI LESEN UND SUMMIEREN
        ISUM = 0
20      READ(10,END=30) I
        ISUM = ISUM + I
        GOTO 20
C SUMME AUSGEBEN
30      WRITE(*,*)' SUMME =', ISUM
        CLOSE (10,STATUS='DELETE')
        STOP
        END
```

3. Aufgabe: Aufbau einer sequentiellen Datei

```
C LOESUNG UEBUNG 7.8 AUFGABE 4 DIREKT-ZUGRIFFS-DATEI
        OPEN (10,FILE='TEST.DAT',STATUS='NEW',
    1   ACCESS='DIRECT',FORM='UNFORMATTED',RECL=4)
C DATEI BESCHREIBEN
        DO 10 I = 1,100
            WRITE(10,REC=I) I
10      CONTINUE
C DATEI LESEN UND SUMMIEREN
        ISUM = 0
        DO 20 I = 1,100
            READ(10,REC=I) IWERT
            ISUM = ISUM + IWERT
20      CONTINUE
C SUMME AUSGEBEN
        WRITE(*,*)' SUMME =', ISUM
        CLOSE (10,STATUS='DELETE')
        STOP
        END
```

4. Aufgabe: Aufbau einer Direkt-Zugriffs-Datei

8.6 Übungen zum Abschnitt Datentypen

```
C LOESUNG UEBUNG 8.6 AUFGABE 1 KOMPLEXE SCHALTUNG
        IMPLICIT COMPLEX (U,I,Z)
        WRITE(*,*) 'U Z1 Z2 Z3 ZB KOMPLEX EINGEBEN'
        READ(*,*) U , Z1 , Z2 , Z3 , ZB
        ZG = (Z2*(Z3+ZB))/(Z2+Z3+ZB)
        I = U/(Z1 + ZG)
        ABSI = CABS(I)
        WINK = ATAN2(AIMAG(I),REAL(I))*180./3.1415927
        WRITE(*,100) I , ABSI , WINK
100     FORMAT(/1X,F10.4,' +J',F10.4,5X,F10.4,' EHOCH J',F6.1)
        STOP
        END
```

1. Aufgabe: Berechnung einer komplexen Schaltung

```
C LOESUNG UEBUNG 8.6 AUFGABE 2 DIGITALSCHALTUNG
        IMPLICIT INTEGER (A-Z)
C LOGIKFUNKTIONEN DEFINIEREN
        UND(X,Y) = X*Y
        ODER(X,Y) = X + Y - X*Y
        NICHT(X) = 1 - X
C WAHRHEITSTAFEL
        WRITE(*,100)
100     FORMAT(1X,' A B C Z')
        DO 30 A = 0,1
           DO 20 B = 0,1
              DO 10 C = 0,1
                 Z = ODER(UND(A,B),NICHT(ODER(B,C)))
                 WRITE(*,200) A , B , C , Z
200              FORMAT(1X,4I2)
10            CONTINUE
20         CONTINUE
30      CONTINUE
        STOP
        END
```

2. Aufgabe: Berechnung einer digitalen Schaltung

```
C LOESUNG UEBUNG 8.6 AUFGABE 3  ZEILE MEHRFACH AUSGEBEN
        CHARACTER ZEILE*79
        WRITE(*,*) 'TEXT EINGEBEN'
        READ(*,100) ZEILE
100     FORMAT(A)
        DO 10 I = 1,25
           WRITE(*,200) ZEILE
200        FORMAT(1X,A)
10      CONTINUE
        STOP
        END
```

3. Aufgabe: Mehrfache Ausgabe einer Textzeile

9 Aufgabensammlung

```
C AUFGABENSAMMLUNG 1.AUFGABE TRAPEZREGEL STUETZSTELLEN
      DIMENSION Y(1000)
      NMAX = 1000
      WRITE(*,*) 'XA UND XE EINGEBEN'
      READ(*,*) XA,XE
      WRITE(*,*)'STUETZWERTE EINGEBEN'
      DO 10 I = 1,NMAX
         READ(*,*,END=20) Y(I)
         NS = I
10    CONTINUE
20    H = (XE - XA)/FLOAT(NS-1)
      SUM = 0.
      DO 30 I = 2,NS-1
         SUM = SUM + Y(I)
30    CONTINUE
      F = H*(Y(1) + Y(NS) + 2*SUM) / 2.
      WRITE(*,100) XA , XE , F , NS
100   FORMAT(/1X,'INTEGRAL VON',F8.3,' BIS',F8.3,' IST',F8.3
     1  ,' BEI ',I3,' STUETZSTELLEN')
      STOP
      END
```

1. Aufgabe: Trapezregel mit Stützstellen

```
C AUFGABENSAMMLUNG 2.AUFGABE TRAPEZREGEL FUNKTION
C FUNKTIONSANWEISUNG BEISPIEL PARABEL Y = X**2
      FUNC(X) = X**2
      WRITE(*,*)'FUNKTION Y = X**2'
      WRITE(*,*) 'XA  XE  ZAHL DER TEILFLAECHEN EINGEBEN'
      READ(*,*) XA,XE,NF
      H = (XE - XA)/FLOAT(NF)
      SUM = 0.
      DO 10 K = 1,NF-1
         SUM = SUM + FUNC(XA + FLOAT(K)*H)
10    CONTINUE
      F = H*(FUNC(XA) + FUNC(XE) + 2*SUM)/2.0
      WRITE(*,100) XA , XE , F , NF
100   FORMAT(/1X,'INTEGRAL VON',F9.3,' BIS',F9.3,' IST',F9.3
     1  ,' BEI ',I5,' TEILFLAECHEN')
      STOP
      END
```

2. Aufgabe: Trapezregel Funktion mit fester Zahl von Teilflächen

```
C AUFGABENSAMMLUNG 3.AUFGABE TRAPEZREGEL NAEHRUNGSVERFAHREN
C FUNKTIONSANWEISUNG BEISPIEL PARABEL Y = X**2
        FUNC(X) = X**2
        WRITE(*,*)'FUNKTION Y = X**2'
        WRITE(*,*) 'XA  XE  DIFF NMAX EINGEBEN'
        READ(*,*) XA,XE,DIFF,NMAX
C AUSGANGSWERTE FUER ZWEI TEILFLAECHEN
        N = 2
        H = (XE - XA) /  FLOAT(N)
        SUM = FUNC(XA) + 2.*FUNC(XA+H) + FUNC(XE)
        FA = H*SUM/2.0
C HALBIERUNG DER TEILFLAECHEN
        DO 20 N = 1,NMAX
          H = H/2.0
          KEND = 2**(N+1) - 1
          DO 10 K = 1,KEND,2
            SUM = SUM + 2.0*FUNC(XA+FLOAT(K)*H)
10        CONTINUE
          FN = H*SUM/2.0
          DELT = ABS((FA-FN)/FN)*100
          NS = N
          IF (DELT.LT.DIFF) GOTO 30
          FA = FN
20      CONTINUE
C AUSGABE DER ERGEBNISSE
30      WRITE(*,100) XA,XE,FN,DELT,NS
100     FORMAT(/1X,'INTEGRAL VON',F9.3,' BIS',F9.3,' IST',F9.3
     1  ,' AUF ',F8.4,'% GENAU', I5,' DURCHL')
        STOP
        END
```

3. Aufgabe: Trapezregel Funktion als Näherungsverfahren

```
C AUFGABENSAMMLUNG 4.AUFGABE SIMPSON NAEHERUNGSVERFAHREN
C FUNKTIONSANWEISUNG  BEISPIEL SINUSFUNKTION
        FUNC(X) = SIN(X)
        WRITE(*,*)'FUNKTION Y = SIN(X)'
        WRITE(*,*) 'XA  XE  DIFF NMAX EINGEBEN'
        READ(*,*) XA,XE,DIFF,NMAX
C AUSGANGSWERTE FUER VIER INTERVALLE
        N = 4
        H = (XE - XA) / FLOAT(N)
        SUM2 = FUNC(XA + 2.0*H)
        SUM4 = FUNC(XA+1.0*H) + FUNC(XA+3.0*H)
        ECKW = FUNC(XA) + FUNC(XE)
        FA = H*(ECKW + 2.0*SUM2 + 4.0*SUM4)/3.0
C HALBIERUNG DER TEILFLAECHEN
        DO 20 N = 1,NMAX
          H = H/2.0
          KEND = 2**(N+2) - 1
          SUM2 = SUM2 + SUM4
          SUM4 = 0.
```

```
          DO 10 K = 1,KEND,2
              SUM4 = SUM4 + FUNC(XA + FLOAT(K)*H)
10        CONTINUE
          FN = H*(ECKW + 2.0*SUM2 + 4.0*SUM4)/3.0
          DELT = ABS((FA-FN)/FN)*100
          NS = N
          IF (DELT.LT.DIFF) GOTO 30
          FA = FN
20        CONTINUE
C AUSGABE DER ERGEBNISSE
30        WRITE(*,100) XA,XE,FN,DELT,NS
100       FORMAT(/1X,'INTEGRAL VON',F9.3,' BIS',F9.3,' IST',G10.3
     1    ,' AUF ',F8.4,'% GENAU', I5,' DURCHL')
          STOP
          END
```

4. Aufgabe: Simpsonregel Funktion als Näherungsverfahren

```
C AUFGABESAMMLUNG 5. AUFGABE FOURIERANALYSE TABELLE
          DIMENSION TAB(2,100),A(50),B(50)
          NMAX = 100
          WRITE(*,*)'TABELLENWERT X UND Y EINGEBEN'
C LESEN DER TABELLENWERTE
          DO 10 I=1,NMAX
              READ(*,*,END=20) TAB(1,I),TAB(2,I)
              NWER = I
10        CONTINUE
C ZAEHLER UND FAKTOREN
20        N = NWER - 1
          M = N/2 - 1
          T = 6.2831854/FLOAT(N)
          SUM = 0.
C SUMMEN BERECHNEN
          DO 30 I = 1,N
              SUM = SUM + TAB(2,I)
30        CONTINUE
          AO = SUM/FLOAT(N)
          DO 50 K = 1,M
              SUMA = 0.
              SUMB = 0.
              DO 40 I = 1,N
                  SUMA = SUMA + TAB(2,I)*COS(T*FLOAT((I-1)*K))
                  SUMB = SUMB + TAB(2,I)*SIN(T*FLOAT((I-1)*K))
40            CONTINUE
              A(K) = 2.0*SUMA/FLOAT(N)
              B(K) = 2.0*SUMB/FLOAT(N)
50        CONTINUE
C ERGEBNISSE AUSGEBEN
          WRITE(*,100) AO
100       FORMAT(/1X,'AO=',1PE12.5)
          DO 60 I = 1,M
              WRITE(*,200) I,A(I),I,B(I)
200       FORMAT(1X,'A(',I2,')=',F12.5,'  B(',I2,')=',F12.5)
60        CONTINUE
          STOP
          END            5. Aufgabe: Fourieranalyse einer Funktion als Tabelle
```

```
C AUFGABENSAMMLUNG 6.AUFGABE FOURIERANALYSE FUNKTION
      DIMENSION A(100), B(100)
C FUNKTIONSANWEISUNG BEISPIEL
      FUNC(X)=1.5+1.6*COS(X)+1.7*COS(2.*X)+1.8*SIN(X)+1.9*SIN(2.*X)
      WRITE(*,*)'FUNC=1.5+1.6COSX+1.7COS2X+1.8SINX+1.9SIN2X'
      WRITE(*,*)'TEILFLAECHEN UND GRAD EINGEBEN'
      READ(*,*)N,M
      T=6.2831854/FLOAT(N)
      SUM=0.
C SUMMEN BILDEN
      DO 10 I=1,N
      SUM=SUM+FUNC(FLOAT(I-1)*T)
10    CONTINUE
      AO=SUM/FLOAT(N)
      DO 30 K=1,M
      SUMA=0.
      SUMB=0.
      DO 20 I=1,N
      SUMA=SUMA+FUNC(FLOAT(I-1)*T)*COS(T*FLOAT((I-1)*K))
      SUMB=SUMB+FUNC(FLOAT(I-1)*T)*SIN(T*FLOAT((I-1)*K))
20    CONTINUE
      A(K)=2.0*SUMA/FLOAT(N)
      B(K)=2.0*SUMB/FLOAT(N)
30    CONTINUE
C ERGEBNISSE AUSGEBEN
      WRITE(*,100) AO
100   FORMAT(/1X,'AO=',1PE12.5)
      DO 40 I=1,M
      WRITE(*,200) I,A(I),I,B(I)
200   FORMAT(1X,'A(',I2,')=',F12.5,'  B(',I2,')=',F12.5)
40    CONTINUE
      STOP
      END
```

6. Aufgabe: Fourieranalyse einer Formelfunktion

```
C AUFGABENSAMMLUNG 7. AUFGABE LINEARE INTERPOLATION
        DIMENSION X(100),Y(100)
        NMAX = 100
C TABELLE LESEN
        WRITE(*,*) 'ZAHL DER WERTEPAARE EINGEBEN'
        READ(*,*) N
        DO 10 I =1,N
            WRITE(*,100) I
100         FORMAT(1X,I3,'.WERTEPAAR >',\)
            READ(*,*) X(I) , Y(I)
10      CONTINUE
C X - WERTE IN SCHLEIFE LESEN
20      WRITE(*,200)
200     FORMAT(1X,'X-WERT EINGEBEN >',\)
        READ(*,*,END=50) XW
        IF(XW.LT.X(1) .OR. XW.GT.X(N)) THEN
            WRITE(*,*)'WERT AUSSERHALB DES BEREICHES'
        ELSE
            DO 30 I=1,N-1
            IF(XW.GE.X(I) .AND. XW.LE.X(I+1)) GOTO 40
30          CONTINUE
            I = I - 1
40          YW=(XW-X(I))*(Y(I+1)-Y(I))/(X(I+1)-X(I)) + Y(I)
            WRITE(*,300) YW
300         FORMAT(1X,'Y-WERT BERECHNET:',G10.5/)
        END IF
        GOTO 20
50      STOP
        END
```

7. Aufgabe: Lineare Interpolation

```
C AUFGABENSAMMLUNG   8.AUFGABE KURVEN ZEICHNEN
C HAUPTPROGRAMM       FUNKTIONEN BERECHNEN
        CHARACTER TEXT*79
        DIMENSION TAB(2,37)
        FUNC(X)=SIN(X)+SIN(2*X)+SIN(3*X)+SIN(4*X)
        TEXT='FUNKTION SIN(X)+SIN(2*X)+SIN(3*X)+SIN(4*X)'
        DO 10 I = 1,37
            X = FLOAT(I-1) * 5.
            TAB(1,I) = X
            TAB(2,I) = FUNC(X*3.1415927/180.)
10      CONTINUE
        CALL KURZEI(TEXT,TAB,37)
        STOP
        END
```

```
C AUFGABENSAMMLUNG  8. AUFGABE KURVEN ZEICHNEN
C UNTERPROGRAMM KURZEI(TEXT,TAB,N)
C TEXT = CHARACTER*79 MIT UEBERSCHRIFT
C TAB(1, ) = ABSZISSE LINEAR GETEILT
C TAB(2, ) = ORDINATE
C N = ZAHL DER WERTEPAARE
        SUBROUTINE KURZEI(TEXT,TAB,N)
        CHARACTER TEXT*79 , ZEILE(79)*1
        DIMENSION TAB(2,N)
        REAL MAX , MIN
C TABELLE AUSGEBEN UND EXTREMWERTE SUCHEN
        WRITE(*,100) TEXT
100     FORMAT(/1X,A//1X,'  ABSZISSE     ORDINATE'/)
        MAX = TAB(2,1)
        MIN = TAB(2,1)
        DO 10 I = 1,N
            WRITE(*,200) TAB(1,I) , TAB(2,I)
200         FORMAT(1X,2G12.5)
            IF(TAB(2,I).GT.MAX) MAX = TAB(2,I)
            IF(TAB(2,I).LT.MIN) MIN = TAB(2,I)
10      CONTINUE
C NULLPUNKT BESTIMMEN,ORDINATE ZEICHNEN
        IF(MIN.GT.0.) MIN = 0.
        IF(MAX.LT.0.) MAX = 0.
        YNULL = ABS(MIN*78./(MAX-MIN))
        NULL = IFIX(YNULL + 1.5)
        DO 20 I = 2,78
            ZEILE(I) = '.'
20      CONTINUE
        ZEILE(1) = 'I'
        ZEILE(79) = 'I'
        ZEILE(NULL) = '0'
        IND = IFIX(YNULL + TAB(2,1)*78./(MAX-MIN) + 1.5)
        ZEILE(IND) = '*'
        WRITE(*,300) MIN , MAX , ZEILE
300     FORMAT(//1X,G9.3,63X,G9.3/1X,79A1)
        DO 30 I = 1,79
            ZEILE(I) = ' '
30      CONTINUE
C AUSGABESCHLEIFE
        DO 40 I = 2,N
            IND = IFIX(YNULL + TAB(2,I)*78./(MAX-MIN) + 1.5)
            ZEILE(NULL) = '.'
            ZEILE(IND)  = '*'
            WRITE(*,400) ZEILE
400         FORMAT(1X,79A1)
            ZEILE(NULL) = ' '
            ZEILE(IND) = ' '
40      CONTINUE
        RETURN
        END
```

8. Aufgabe: Kurve mit senkrechter X-Achse ausgeben

```
C AUFGABENSAMMLUNG   9.AUFGABE BILDSCHIRMPLOT
C HAUPTPROGRAMM      FUNKTIONEN BERECHNEN
          CHARACTER TEXT*79
          DIMENSION TAB(2,37)
          FUNC(X)=SIN(X)+SIN(2*X)+SIN(3*X)+SIN(4*X)
          TEXT='FUNKTION SIN(X)+SIN(2*X)+SIN(3*X)+SIN(4*X)'
          DO 10 I = 1,37
              X = FLOAT(I-1) * 5.
              TAB(1,I) = X
              TAB(2,I) = FUNC(X*3.1415927/180.)
10        CONTINUE
          CALL XYPLOT(TEXT,TAB,37)
          STOP
          END

B>TYPE L9-9U.FOR
C AUFGABENSAMMLUNG   9.AUFGABE BILDSCHIRMAUSGABE
C UNTERPROGRAMM      XYPLOT(TEXT,TAB,N)
C TEXT = CHARACTER*79 MIT UEBERSCHRIFT
C TAB(1,  ) = ABSZISSE
C TAB(2,  ) = ORDINATE
C N = ZAHL DER WERTEPAARE
          SUBROUTINE XYPLOT(TEXT,TAB,N)
          CHARACTER TEXT*79,BILD(79,24)*1,FRAGE*1
          DIMENSION TAB(2,N)
C EXTREMWERTE SUCHEN
          XMAX = TAB(1,1)
          XMIN = TAB(1,1)
          YMAX = TAB(2,1)
          YMIN = TAB(2,1)
          DO 10 I = 1,N
              IF (TAB(1,I).GT.XMAX) XMAX = TAB(1,I)
              IF (TAB(1,I).LT.XMIN) XMIN = TAB(1,I)
              IF (TAB(2,I).GT.YMAX) YMAX = TAB(2,I)
              IF (TAB(2,I).LT.YMIN) YMIN = TAB(2,I)
10        CONTINUE
C NULLPUNKT BESTIMMEN BILD LOESCHEN ACHSEN ZEICHNEN
          IF(XMIN.GT.0.) XMIN = 0
          IF(XMAX.LT.0.) XMAX = 0
          IF(YMIN.GT.0.) YMIN = 0.
          IF(YMAX.LT.0.) YMAX = 0.
          XNULL = ABS(XMIN*78./(XMAX - XMIN))
          NULLX = IFIX (XNULL + 1.5)
          YNULL = ABS(YMIN*23./(YMAX - YMIN))
          NULLY = IFIX (YNULL + 1.5)
          DO 20 I = 1,79
              DO 20 J = 1,24
                  BILD (I,J) = ' '
20        CONTINUE
          DO 40 I = 1,79
              BILD(I,NULLY) = '.'
40        CONTINUE
          DO 50 J = 1,24
              BILD(NULLX,J) = '.'
50        CONTINUE
          BILD(NULLX,NULLY) = '0'
```

```
C PUNKTE ZEICHNEN
        DO 60 I = 1,N
            INDX= IFIX(XNULL + TAB(1,I)*78./(XMAX-XMIN) + 1.5)
            INDY= IFIX(YNULL + TAB(2,I)*23./(YMAX-YMIN) + 1.5)
            BILD(INDX,INDY) = '*'
60      CONTINUE
C UEBERSCHRIFT FAKTOREN UND BILD AUSGEBEN
        WRITE(*,100) TEXT
100     FORMAT(1X,A)
        WRITE(*,200) YMAX,YMIN,XMAX,XMIN
200     FORMAT(1X,'YMAX=',G12.4,' YMIN=',G12.4,
     1     ' XMAX=',G12.4,' XMIN=',G12.4)
        DO 70 J = 24,1,-1
            WRITE(*,300) (BILD(I,J),I=1,79)
300         FORMAT(1X,79A1)
70      CONTINUE
        READ(*,400) FRAGE
400     FORMAT(A1)
        RETURN
        END
```

9. Aufgabe: Bildschirmausgabe mit waagerechter X-Achse

```
C AUFGABENSAMMLUNG   10. AUFGABE   SCHALTUNG
        REAL I1,IO
10      WRITE(*,*) 'U1 EINGEBEN'
        READ(*,*,END=20) U1
C WIDERSTANDSWERTE SIND KONSTANT
        R1 = 1000.
        R2 = 1000.
        R3 = 3000.
        R4 = 3000.
        R5 = 1000.
        R6 = 1000.
        R7 = 2000.
        R8 = 2000.
C FORMELN
        R78 = R7*R8/(R7+R8)
        R58 = R5 + R6 + R78
        R38 = 1./(1./R3 + 1./R4 + 1./R58)
        I1 = U1/(R1 + R2 + R38)
        IO = (U1 - I1*(R1 + R2))/(R3*R4/(R3+R4))
        U2 = (I1 - IO)*R78
C ERGEBNIS AUSGEBEN
        WRITE(*,*) 'U2 = ',U2
        GOTO 10
20      STOP
        END
```

10. Aufgabe: Gleichstromschaltung

```
C AUFGABENSAMMLUNG  11.AUFGABE  RESONANZKURVEN
          REAL IN(10)
          INTEGER Q
          WRITE(*,100) (Q,Q=10,100,10)
100       FORMAT(1X,'NORMIERTER STROM IN'//
     1    30X,'KREISGUETE Q'//5X,'ETA',2X,10I7/1X,79('-'))
          DO 30 J = 900,1100,5
             ETA = FLOAT(J)/1000.
             IND = 0
             DO 20 Q = 10,100,10
                IND = IND + 1
                IN(IND) = 1./SQRT(1.+FLOAT(Q**2)*(ETA-1./ETA)**2)
20           CONTINUE
             WRITE(*,200) ETA,IN
200          FORMAT(1X,F7.3,2X,10F7.3)
30        CONTINUE
          STOP
          END
```

11. Aufgabe: Normierte Resonanzkurven

```
C AUFGABENSAMMLUNG  12. AUFGABE  ORTSKURVE TIEFPASS
          REAL L
          INTEGER F,FA,FE,FS
          COMPLEX Z1,Z2,ZG
          ZPI = 6.2831854
C KONSTANTEN
          L = 50.E-3
          C = 0.2E-6
          R = 600.
          FA = 0
          FE = 5000
          FS = 50
          WRITE(*,100)
100       FORMAT(' F(HZ) ZGREAL(OHM) ZGIMAG(OHM)  ZGABS(OHM)'
     1    ,' ZGWINK(GRD)'//)
C SCHLEIFE
          DO 10 F = FA,FE,FS
             OM = ZPI*FLOAT(F)
             Z1 = CMPLX(R,OM*L)
             IF (F.EQ.0) THEN
                XC = 1.0E38
             ELSE
                XC = 1./(OM*C)
             END IF
             Z2 = CMPLX(0.,-XC)
             ZG = CMPLX(0.,OM*L) + Z1*Z2/(Z1+Z2)
             ZGA = CABS(ZG)
             WIN = ATAN2(AIMAG(ZG),REAL(ZG))*360./ZPI
             WRITE(*,200) F,ZG,ZGA,WIN
200          FORMAT(1X,I5,4E12.5)
10        CONTINUE
          STOP
          END
```

12. Aufgabe: Ortskurve einer Tiefpaß-Schaltung

12 Anhang

Mathematische Bibliotheksfunktionen

Funktion	Aufruf	Typ der Argum	Funkt	Funktion	Aufruf	Typ der Argum	Funkt
Trigonom. Sinus Arg Bogen	SIN(X)	REAL	REAL	Hyperbol. Cosinus	COSH(X)	REAL	REAL
	DSIN(X)	D-P	D-P		DCOSH(X)	D-P	D-P
	CSIN(X)	COM	COM		CCOSH(X)	COM	COM
Trigonom. Cosinus Arg Bogen	COS(X)	REAL	REAL	Hyperbol. Tangens	TANH(X)	REAL	REAL
	DCOS(X)	D-P	D-P		DTANH(X)	D-P	D-P
	CCOS(X)	COM	COM		CTANH(X)	COM	COM
Trigonom. Tangens Arg Bogen	TAN(X)	REAL	REAL	e-Funkt. e^x	EXP(X)	REAL	REAL
	DTAN(X)	D-P	D-P		DEXP(X)	D-P	D-P
	CTAN(X)	COM	COM		CEXP(X)	COM	COM
Cotangens	COTAN(X)	REAL	REAL	Logarith. Basis e	ALOG(X)	REAL	REAL
Trigonom.	ASIN(X)	REAL	REAL		DLOG(X)	D-P	D-P
Arcussin	DASIN(X)	D-P	D-P		CLOG(X)	COM	COM
Trigonom. Arcuscos	ACOS(X)	REAL	REAL	Logarith. Basis 10	ALOG10(X)	REAL	REAL
	DACOS(X)	D-P	D-P		DLOG10(X)	D-P	D-P
Trigonom. Arcustan	ATAN(X)	REAL	REAL	Quadrat- wurzel	SQRT(X)	REAL	REAL
	DATAN(X)	D-P	D-P		DSQRT(X)	D-P	D-P
	ATAN2(X,Y)	REAL	REAL		CSQRT(X)	COM	COM
	DATAN2(X,Y)	D-P	D-P	Kubik- wurzel	CBRT(X)	REAL	REAL
Hyperbol. Sinus	SINH(X)	REAL	REAL		DCBRT(X)	D-P	D-P
	DSINH(X)	D-P	D-P		CCBRT(X)	COM	COM
	CSINH(X)	COM	COM	Absolutw. kompl. Z.	CABS(X)	COM	REAL

D-P ≙ DOUBLE PRECISION   COM ≙ COMPLEX

Mathematische Einbaufunktionen

Name	Arg.	Bedeutung der Funktion	Typ der Arg.	Typ der Funkt.
ABS IABS DABS CABS	1	Bestimmung des absoluten Wertes des Argumentes CABS ist Bibliotheksfunktion	REAL INT D-P COM	REAL INT D-P REAL
AINT INT IDINT DINT	1	Die Stellen hinter dem Dezimalpunkt des Argumentes werden abgeschnitten	REAL REAL D-P D-P	REAL INT INT D-P
AMOD MOD DMOD	2	Berechnung des Restes bei Division 1.Arg./2.Arg.	REAL INT D-P	REAL INT D-P
AMAXO AMAX1 MAXO MAX1 DMAX1	≥2	Ermittlung des größten der in der Liste aufgeführten Argumente	INT REAL INT REAL D-P	REAL REAL INT INT D-P
AMINO AMIN1 MINO MIN1 DMIN1	≥2	Ermittlung des kleinsten der in der Liste aufgeführten Argumente	INT REAL INT REAL D-P	REAL REAL INT INT D-P
FLOAT	1	Verwandle INTEGER nach REAL	INT	REAL
IFIX	1	Verwandle REAL nach INTEGER·	REAL	INT
DBLE	1	Verwandle REAL nach D-P	REAL	D-P
CMPLX	2	Verwandle 2 REAL-Argumente in eine COMPLEX-Größe	REAL	COM
SIGN ISIGN DSIGN	2	Ersetze das Vorzeichen des 1. Argumentes durch das des 2.	REAL INT D-P	REAL INT D-P
DIM IDIM DDIM	2	Bilde die positive Differenz durch Abziehen des kleineren vom größeren Argument	REAL INT D-P	REAL INT D-P
SNGL	1	Verwandle D-P nach REAL	D-P	REAL
REAL	1	Ermittlung des reellen Teils einer COMPLEX-Größe	COM	REAL
AIMAG	1	Ermittlung des imaginären Teils einer COMPLEX-Größe	COM	REAL
CONJ	1	Ermittlung der conjugiert-komplexen Größe	COM	COM

INT ≙ INTEGER   D-P ≙ DOUBLE PRECISION   COM ≙ COMPLEX

Sinnbilder für Programmablaufpläne und Datenflußpläne

Sinnbilder für Datenflußpläne		Sinnbilder für Datenflußpläne	
	Bearbeiten, allgemein (process) insbesondere für jede Art des Bearbeitens, z. B. Rechnen		Datenträger, allgemein (input/output)
	Ausführen einer Hilfsfunktion (auxiliary operation) unter Verwendung maschineller Hilfsmittel, z. B. das manuelle Erstellen von Lochkarten und Lochstreifen		Datenträger, gesteuert vom Leitwerk der Datenverarbeitungsanlage (online storage)
	Eingreifen von Hand (manual operation) z. B. Eintragungen in eine Liste, Bandwechsel		Datenträger, nicht gesteuert vom Leitwerk der Datenverarbeitungsanlage (offline storage) z. B. Ziehkartei
	Eingaben von Hand (manual input)		Schriftstück (document)
	Mischen (merge)		Lochkarte (punched card)
	Trennen (extract)		Lochstreifen (punched tape)
	Mischen mit gleichzeitigem Trennen (collate)		Magnetband (magnetic tape)
	Sortieren (sort)		Trommelspeicher (magnetic drum)
	Bemerkung (comment, annotation) Dieses Sinnbild kann an jedes Sinnbild dieser Norm angefugt werden		Plattenspeicher (magnetic disk)

Sinnbilder für Datenflußpläne		Sinnbilder für Programmablaufpläne	
	Matrixspeicher (core storage) Dieses Sinnbild kann für Kernspeicher und andere Speicher mit gleichartigem Zugriffsverhalten benutzt werden		Programmodifikation (preparation) z. B. das Stellen von programmierten Schaltern oder das Ändern von Indexregistern
	Anzeige (display), in optischer oder akustischer Form, z. B. Ziffernanzeige, Kurvenschreiber, Summer		Operation von Hand (manual operation) z. B. Formularwechsel, Bandwechsel, Eingriff des Bedieners bei einer Prozeßsteuerung
	Flußlinie (flow line) Die Linie kann beliebig geführt sein. Die Pfeilspitze darf nicht weggelassen werden		Eingabe, Ausgabe (input/output) Ob es sich um maschinelle oder manuelle Eingabe oder Ausgabe handelt, soll aus der Beschriftung des Sinnbildes hervorgehen
	Transport der Datenträger Dieses Sinnbild ist anzuwenden, wenn der Transport der Datenträger besonders kenntlich gemacht werden soll		Ablauflinie (flow line) Vorzugsrichtungen sind: a) von oben nach unten, b) von links nach rechts
	Datenübertragung (communication link)		Zusammenführung (junction)
	Übergangsstelle (connector) Zusammengehörige Übergangsstellen müssen die gleiche Bezeichnung tragen		Übergangsstelle (connector) Zusammengehörige Übergangsstellen müssen die gleiche Bezeichnung tragen
Sinnbilder für Programmablaufpläne			Grenzstelle (terminal, interrupt) Für A kann z. B. Beginn, Ende, Zwischenhalt eingeschrieben werden
	Operation, allgemein (process)		
	Bemerkung (comment, annotation) Dieses Sinnbild kann an jedes Sinnbild dieser Norm angefügt werden		Synchronisation bei Parallelbetrieb (parallel mode)
	Verzweigung (decision) Ein Sonderfall der Verzweigung ist der programmierte Schalter		Aufspaltung Ein ankommender Zweig, mehrere abgehende Zweige
	Unterprogramm (predefined process) Es können mehrere Eingänge und Ausgänge vorhanden sein		Sammlung Mehrere ankommende Zweige, ein abgehender Zweig

Sinnbilder für Struktogramme

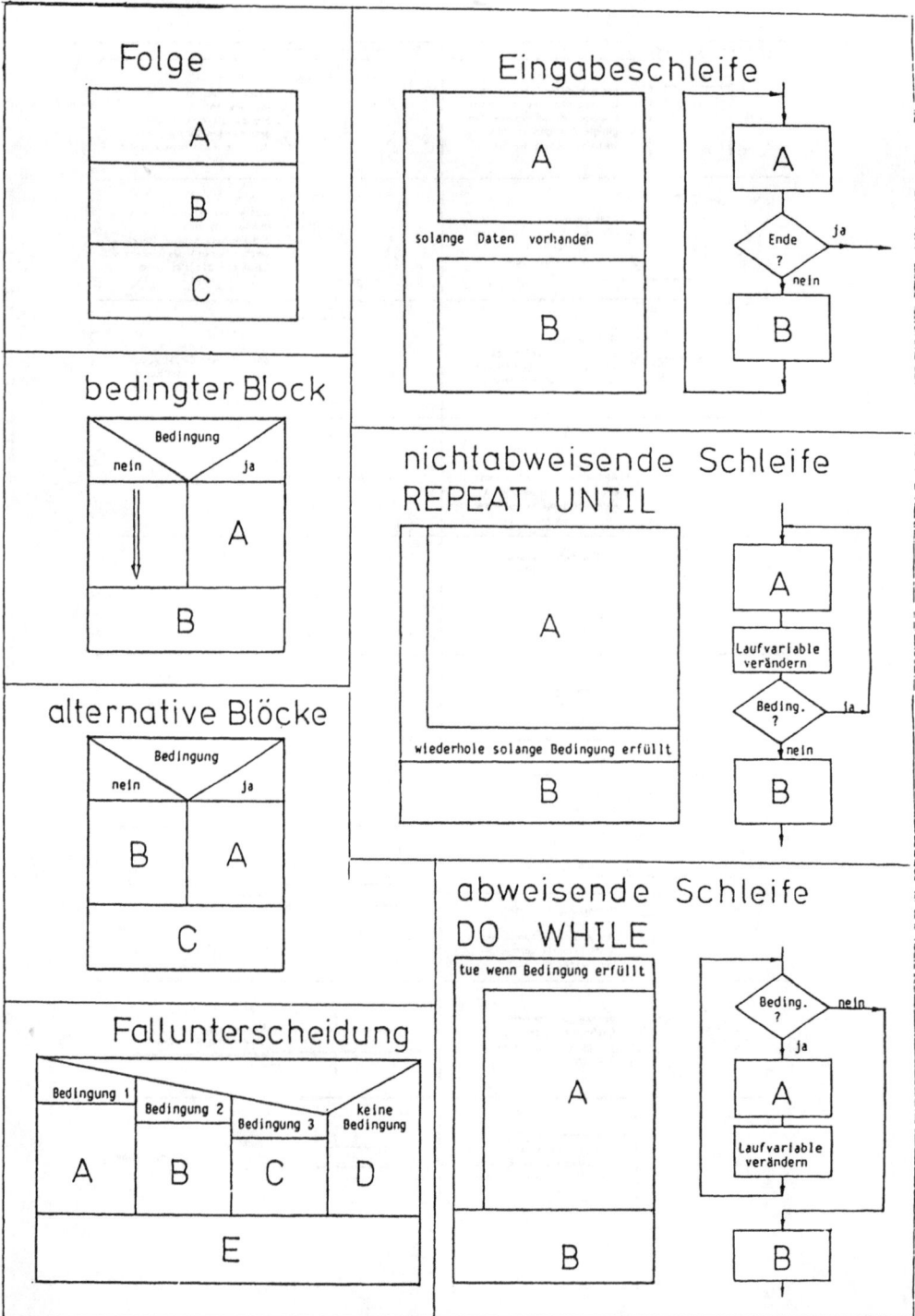

Folge

A
B
C

bedingter Block

Bedingung / nein / ja

A

B

alternative Blöcke

Bedingung / nein / ja

B / A

C

Fallunterscheidung

Bedingung 1 / Bedingung 2 / Bedingung 3 / keine Bedingung

A / B / C / D

E

Eingabeschleife

A

solange Daten vorhanden

B

A

Ende ?   ja

nein

B

nichtabweisende Schleife
REPEAT UNTIL

A

wiederhole solange Bedingung erfüllt

B

A

Laufvariable verändern

Beding. ?   ja

nein

B

abweisende Schleife
DO WHILE

tue wenn Bedingung erfüllt

A

B

Beding. ?   nein

ja

A

Laufvariable verändern

B

Verzeichnis der Beispiele und Aufgaben
auf der Programmdiskette

Zu diesem Buch ist eine Programmdiskette erschienen, die alle Beispielprogramme und Lösungen der Übungsaufgaben enthält. Sie kann für alle Arbeitsplatzrechner (Personal Computer) verwendet werden, die mit dem Betriebssystem
MS-DOS arbeiten und einen entsprechenden FORTRAN-Compiler besitzen. Dazu zählen z.B. die Rechner IBM PC, XT und AT. Es wird eine mit 360 KByte
formatierte Diskette verwendet; davon sind noch etwa 173 KByte frei. Alle Programme liegen als FORTRAN-Quellprogramme vor. Compiler und Binder (Linker) sind **nicht** auf der Programmdiskette enthalten. Die Unterdatei BEISP enthält die Beispiele, die Unterdatei LOESG enthält die Lösungen der Übungsaufgaben.

```
B>DIR

   Kennsatz in Laufwerk B : FORTRAN-KUR
   Verzeichnis von B:\

BEISP        <DIR>      10.07.85    9.07
LOESG        <DIR>      10.07.85    9.08
        2 Datei(en)     173056 bytes frei
```

Hauptinhaltsverzeichnis der Diskette

Beispielprogramme

Alle Beispielprogramme des Textes liegen in der Unterdatei BEISP. Die Namen
der Programme beginnen mit dem Buchstaben B. Dann folgt die Bezeichnung
des Bildes, das die Programmliste enthält. Hauptprogramme werden durch ein
"H", Unterprogramme werden durch ein "U" gekennzeichnet. Alle Programme
haben die Erweiterung ".FOR".

```
Einführendes Beispiel Mittelwert aus 5 Meßwerten
Liste Seite 17   Programm B1-9.FOR


Formel Satz des Pythagoras als lineares Programm
Liste Seite 33   Programm B2-5.FOR


Formel Satz des Pythagoras als unendliche Schleife
Liste Seite 36   Programm B2-8.FOR


Formel Satz des Pythagoras als Schleife mit Abbruchbedingung
Liste Seite 38   Programm B2-10.FOR


Widerstand einer Drosselspule für einzugebende Frequenzen
Liste Seite 39   Programm B2-11.FOR
```

Testprogramm zeilenorientierte Datendatei
Liste Seite 137   Programm B7-8.FOR

Testprogramm sequentieller Dateizugriff
Liste Seite 139   Programm B7-SEQUE.FOR

Sequentielle Datei "Literaturverzeichnis"
Aufbau der Datei und Eingabe von Literaturstellen
Liste Seite 140   Programm B7-9.FOR

Ausgabe der gesamten Datei
Liste Seite 141   Programm B7-10.FOR

Suchen nach Literaturstellen
Liste Seite 142   Programm B7-11.FOR

Aufnahme neuer Literaturstellen
Liste Seite 143   Programm B7-12.FOR

Löschen und Ändern von Literaturstellen
Liste Seite 144   Programm B7-13.FOR

Testprogramm Direkt-Zugriffs-Datei
Liste Seite 146   Programm B7-DIRE.FOR

Direkt-Zugriffs-Datei "Verwaltung eines Bauteilelagers"
Aufbau der Datei und Eingabe von Lagerbeständen
Liste Seite 147   Programm B7-15.FOR

Ausgabe der gesamten Lagerbestandes
Liste Seite 148   Programm B7-16.FOR

Änderungen des Lagerbestandes
Liste Seite 149   Programm B7-17.FOR

Suchen nach Bauteilen
Liste Seite 150   Programm B7-18.FOR
Liste Seite 152   Programm B7-20.FOR

Testprogramm interne Datei im Arbeitsspeicher
Liste Seite 151   Programm B7-19.FOR

1 Fakultät bis 100 Fakultät und PI doppelt genau
Liste Seite 158   Programm B8-1.FOR

Ortskurve eines Reihenschwingkreises
Liste Seite 161   Programm B8-3.FOR

Lösungen der Übungsaufgaben

Die Lösungen der Übungsaufgaben liegen in der Unterdatei LOESG. Die Namen beginnen mit dem Buchstaben "L". Die folgenden Ziffern kennzeichnen den Abschnitt der Aufgabenstellung. Hauptprogramme haben ein "H" am Ende, Unterprogramme ein "U". Für alle Programme gilt die Erweiterung ".FOR".

TTL-Pegel bestimmen
Aufgabe Seite 58   Liste Seite 192   Programm L3A2.FOR

Differenz zweier Meßwerte bestimmen
Aufgaben Seite 59   Listen Seite 193   Programme L3A3.FOR und L3A3Z.FOR

Auswahl von Formeln
Aufgabe Seite 59   Liste Seite 194   Programm L3A4.FOR

Übertragungsschaltung mit verschiedenen Kennlinienbereichen
Aufgabe Seite 59   Liste Seite 193   Programm L3A5.FOR

Summe der Zahlen von 1 bis 100
Aufgabe Seite 71   Liste Seite 194   Programm L4A1.FOR

Fakultäten für INTEGER, REAL und DOUBLE PRECISION
Aufgabe Seite 71   Liste Seite 195   Programm L4A2.FOR

Berechnung der Zahl e
Aufgabe Seite 71   Liste Seite 196   Programm L4A4.FOR
Aufgabe Seite 72   Liste Seite 196   Programm L4A5.FOR

Berechnung der 3. Wurzel nach Newton
Aufgabe Seite 72   Liste Seite 196   Programm L4A6.FOR

Skalarprodukt zweier Vektoren aus je 10 Komponenten
Aufgabe Seite 85   Liste Seite 197   Programm L52A2.FOR

Widerstandstabelle für Kupferdrähte
Aufgabe Seite 85   Liste Seite 198   Programm L52A3.FOR
Aufgabe Seite 90   Liste Seite 200   Programm L54A3.FOR

Häufigkeit der Lottozahlen
Aufgabe Seite 85   Liste Seite 198   Programm L52A4.FOR

Speicherung und Verarbeitung von Meßwerten
Aufgabe Seite 90   Liste Seite 199   Programm L54A1.FOR

Matrizenaddition
Aufgabe Seite 90   Liste Seite 199   Programm L54A2.FOR

Umrechnung Winkelmaß nach Bogenmaß mit Funktionsanweisung
Aufgabe Seite 108   Liste Seite 201   Programm L66A1.FOR

Auswertung einer Notenformel im Unterprogramm
Aufgabe Seite 108   Liste Seite 201   Programme L66A2H.FOR und L66A2U.FOR

Maximalwert suchen im Unterprogramm
Aufgabe Seite 108   Liste Seite 201   Programme L66A3H.FOR und L66A3U.FOR

Lineare Interpolation
Aufgabe Seite 183   Liste Seite 211   Programm L9-7.FOR

Ausgabe von Kurven auf dem Bildschirm bzw. Drucker Seite 183ff

Ausgabe mit Tabelle und senkrechter X-Achse
Aufgabe Seite 186   Liste Seite 211   Programme L9-8U.FOR und L9-8H.FOR

Ausgabe mit waagerechter X-Achse auf einer Bildschirmseite
Aufgabe Seite 187   Liste Seite 213   Programme L9-9U.FOR und L9-9H.FOR

Elektrotechnische Aufgaben Seite 188ff

Berechnung einer Gleichstromschaltung
Aufgabe Seite 188   Liste Seite 214   Programm L9-10.FOR

Tabelle für normierte Größen eines Reihenschwingkreises
Aufgabe Seite 189   Liste Seite 215   Programm L9-11.FOR

Ortskurve einer Tiefpaß-Schaltung
Aufgabe Seite 189   Liste Seite 215   Programm L9-12.FOR

```
B>DIR BEISP/W

Kennsatz in Laufwerk B : FORTRAN-KUR
Verzeichnis von B:\BEISP

.                  ..         B4-7    FOR  B2-5    FOR  B2-11   FOR
B1-9    FOR  B2-8    FOR  B2-10   FOR  B3-2    FOR  B3-4    FOR
B3-8    FOR  B3-10   FOR  B3-6    FOR  B3-13   FOR  B3-11   FOR
B3-16   FOR  B3-15   FOR  B4-4    FOR  B4-9    FOR  B4-2    FOR
B4-12   FOR  B4-10   FOR  B4-1    FOR  B5-3    FOR  B5-1    FOR
B5-2    FOR  B5-4    FOR  B5-7    FOR  B5-12   FOR  B5-8    FOR
B5-13   FOR  B5-9    FOR  B5-10   FOR  B5-11   FOR  B6-5H   FOR
B6-6H   FOR  B7-10   FOR  B6-7H   FOR  B6-6U   FOR  B6-4    FOR
B7-20   FOR  B8-3    FOR  B6-5U   FOR  B8-8A   FOR  B6-7U   FOR
B7-13   FOR  B6-8H   FOR  B6-8U   FOR  B7-19   FOR  B6-11AU FOR
B7-1    FOR  B7-8    FOR  B7-7    FOR  B6-13U1 FOR  B8-4U   FOR
B6-12U1 FOR  B6-12U2 FOR  B6-13H  FOR  B8-1    FOR  B6-13U2 FOR
B6-12H  FOR  B6-11AH FOR  B7-17   FOR  B7-15   FOR  B7-DIRE FOR
B7-SEQU FOR  B7-12   FOR  B8-0    FOR  B8-6    FOR  B7-18   FOR
B8-9    FOR  B8-5    FOR  B8-6    FOR  B8-8    FOR  B8-8    FOR
B7-9    FOR  B7-11   FOR  B8-10   FOR  B8-11   FOR  B8-12   FOR

        80 Datei(en)  150528 bytes frei
```

```
DIR LOESG/W

Kennsatz in Laufwerk B : FORTRAN-KUR
Verzeichnis von B:\LOESG

.                  ..         L3A5    FOR  L2A2    FOR  L2A1    FOR
L2A3    FOR  L2A4    FOR  L3A1    FOR  L3A2    FOR  L3A3    FOR
L3A3Z   FOR  L3A4    FOR  L4A1    FOR  L4A4    FOR  L4A2    FOR
L4A5    FOR  L4A3    FOR  L4A6    FOR  L52A2   FOR  L52A1   FOR
L52A4   FOR  L52A3   FOR  L66A3U  FOR  L54A1   FOR  L54A2   FOR
L54A3   FOR  L66A2U  FOR  L78A1   FOR  L66A2H  FOR  L66A1   FOR
L9-2UFH FOR  L9-9U   FOR  L66A3H  FOR  L66A4H  FOR  L66A4U  FOR
L66A5H  FOR  L66A5U  FOR  L66A6U  FOR  L66A6H  FOR  L66A7U  FOR
L66A7H  FOR  L9-12   FOR  L78A2   FOR  L78A4   FOR  L78A3   FOR
L9-8U   FOR  L9-10   FOR  L86A1   FOR  L86A2   FOR  L9-3    FOR
L86A3   FOR  L9-1    FOR  L9-2    FOR  L9-4    FOR  L9-7    FOR
L9-5    FOR  L9-6    FOR  L9-8H   FOR  L9-2UFU FOR  L9-9H   FOR
L9-11   FOR

        61 Datei(en)  150528 bytes frei
```

Inhaltsverzeichnis der Unterdateien BEISP und LOESG

13 Stichwortverzeichnis